予算｜知名度｜センスに頼らず
成果を得る方法

Webマーケティング最強の1冊目

西 俊明
Toshiaki Nishi

JN196266

技術評論社

●免責

　本書に記載された内容は、情報の提供のみを目的としています。したがって、本書を用いた運用は、必ずお客様自身の責任と判断によって行ってください。これらの情報の運用の結果について、技術評論社および著者はいかなる責任も負いません。

　本書記載の情報は、2024年10月1日現在のものを掲載していますので、ご利用時には、変更されている場合もあります。

　以上の注意事項をご承諾いただいた上で、本書をご利用願います。

これらの注意事項をお読みいただかずに、お問い合わせいただいても、技術評論社および著者は対処しかねます。あらかじめ、ご承知おきください。

●商標、登録商標について

　本文中に記載されている製品の名称は、一般に関係各社の商標または登録商標です。なお、本文中では ™、® などのマークを省略しています。

はじめに

「"最強の1冊目"って本当だろうか？」

　この本を手に取って表紙をめくったあなたの気持ちは、そのようなものではないでしょうか。サブタイトルのとおり、本書では経営資源（ヒト、モノ、カネ、情報）が潤沢ではない方を対象にしています。具体的には以下のような方々です。

- 中小企業のWeb担当者（新規担当など経験のないor浅い方）
- 個人事業主（Web周りにあまり詳しくない方）
- 副業や趣味でWebやSNSを活用したい個人　など

　こうした方々は、経営資源が潤沢な「強者」である大企業と対比して「弱者」と呼ばれることがあります。つまり、この本は弱者がWebマーケティングを駆使してビジネス上の目標を達成することが最大の目的です。

●弱者はWebとソーシャルメディアを主戦場にする

　現在、Webに限らずデジタル技術全般を活用するデジタルマーケティングと呼ばれるマーケティング手法があります。従来のWebマーケティング手法に加え、AIやIoT、メタバースなどの先進技術を徹底活用したり、ビッグデータを収集・分析して事実に基づく運用をしたり……。非常に広範な活動です。

　当然、このようなデジタルマーケティングを徹底的に実践しようとすれば予算も人手もかかってしまいますね。弱者の私たちで

は手が出しにくい、と思うのも無理はないでしょう。

　それでは弱者は打つ手がないのでしょうか？　そんなことはありません。弱者には「弱者のマーケティング戦略」があります。

　大企業ほど膨大なデータは取得できなくとも、WebやSNSを実践するうえで中核となるようなデータは、Googleや各ソーシャルメディアなどのプラットフォームから無料で取得できます。さらにデータに関していえば、多くの種類のデータを取得することが目的ではなく、**本当に必要なデータをいかに効果的に分析するか**が重要です。大企業と比べて圧倒的に不利ということはありません。

　広告や外部リソース活用の原資となる資金量は、たしかに強者と弱者で大きな差があるかも知れません。しかし、大企業のようなマスでは戦わず、大企業よりさらにターゲットを深堀し、そのターゲット層に刺さるきめ細かな対応をすることで、自社独自の強みを活かせるはずです。

　そのために、**ソーシャルメディア（SNS）の活用**は弱者にとって大企業以上に重要です。ソーシャルメディアはさまざまな手法で直接顧客の気持ちに寄り添えるツール。弱者がきめ細かく顧客に対応するためには欠かせません。

　つまり、弱者のマーケティング戦略とは、Webやソーシャルメディアを中心としながら、限られた経営資源から知恵と工夫で最大限成果を生むマーケティング活動のことなのです。

●大きな枠組みから小さな施策を設計し成功に導く

　本書では弱者のWebマーケティング戦略（勝ちパターン）を解説します。Webマーケティング戦略の大きな枠組みから、小さ

い施策レベルまで、丁寧に扱います。これらはバラバラで理解するものではありません。全体のバランスを考えながら、それら1つひとつを適切に実施したうえでサイトを構築しないと、求めている成果がでるはずがないのです。つまり全体のバランスを考えながら、それぞれのベストプラクティスを組み合わせることで、

「弱者のWebマーケティング戦略」

を作り上げることができるのです。
　現在私は、下記のように公私ともにWebマーケティングにどっぷり浸かった日々を過ごしています。

- 新卒で富士通株式会社のパーソナルプロダクトマーケティング部門に配属して以降、33年間一貫してマーケティングに関わってきた
- その後、中小企業診断士として独立し、ITとマーケティングを専門とする経営コンサルタントとして、270社のコンサルティング、250回以上の研修セミナー講師として登壇の実績がある
- その他、ソーシャルメディア (SNS) 総フォロワー4万7,000人超、完全趣味で運営している資格勉強法サイトで毎年1,000万円以上を売り上げる

　以上のように、経営戦略からさまざまなマーケティング施策について多くの経験から知見を得てきました。この知見を本書であますことなくお伝えしますので、ぜひ本書の内容を血肉として、あなたのWebマーケティングの成功を確実なものにしてください。

2024年11月　西俊明

目 次

はじめに *003*

特典ファイルダウンロードのご案内 *012*

戦略編

Webマーケティングを成功に導く"勝ちパターン"

第1章

あなたの「成功」はどこにあるのか *015*

1-1　Webマーケティングは信頼獲得がすべて *016*

1-2　定性＆定量の観点から「成功」を定める *021*

事例 1　リニューアルするＡ眼鏡店ネットショップの売上目標 *029*

Contents

第2章
リサーチから自社の「顧客」と「強み」を洗い出す 031

2-1	Webマーケティング戦略は「リサーチが8割」	032
事例 2	A眼鏡店ネットショップをとりまく環境	038
2-2	自社商品を買ってもらう「顧客」を知り尽くす	040
事例 3	A眼鏡店の顧客リサーチとペルソナの設定	044
2-3	競合に負けない自社の「強み」を再認識する	046
事例 4	A眼鏡店の魅力的なUSP抽出	052
column	商品・サービスのUSP	058
2-4	抽出した「ペルソナ」と「USP」をすりあわせよう	059
事例 5	A眼鏡店のペルソナとUSPのすり合わせ	061

第3章
「商品の認知」から「購入」まで誘引するには 063

3-1	「購買」に至る過程にはパターンがある	064
事例 6	A眼鏡店のWebマーケティング戦略の全体像	073
3-2	USPを源泉とした「コンテンツ／メッセージ」を提供する ...	076
事例 7	A眼鏡店の戦略を活かすオファー	084
3-3	Webマーケティングの大きい運用と小さな運用	086

目次

施策編　知名度ゼロから確実に成功を積む6つの施策

第4章
すべての礎になる「Webサイト」の構築と運用 *091*

事例 8　街の眼鏡店のWebサイト　〜顧客の疑問を先回りして説明する設計に ... *092*

4-1　ユーザーの動線を意識したWebサイトの設計 *096*

4-2　「結果・共感・保証」を書き、ユーザーの信頼を勝ち取る ... *102*

事例 9　街の眼鏡店のネットショップ　〜分析の結果、購入成約率が高い動線を発掘 ... *115*

4-3　戦略性のある試行錯誤だけがWebマーケティングを成功に導く ... *117*

column　競合他社分析ができるツール *124*

4-4　Googleアナリティクス（GA4）を最大限活用するために ... *125*

第5章
ユーザーが読みたくなる「記事やコンテンツ」の作り方 ... *137*

5-1　「読まれる記事」を作成するためのキホン *138*

column　マイクロモーメント *144*

column　キーワード選定に使えるツール *150*

事例 10　中小不動産会社のブログ　〜記事の専門性を高めてアクセス数上昇 ... *151*

5-2　弱者が取り組むべきコンテンツ戦略 *153*

column　ドメインパワーとは *154*

5-3　1冊の本を書きあげるように、記事群で価値を高める ... *161*

5-4　ユーザーの「背中を押す」ためのライティングテクニック ... *167*

事例 11　Dネットショップのブログ　〜掲載順位が急落した記事をリライトする ... *172*

column　Google 検索コアアップデート *174*

5-5　リライトする記事を見極めるサーチコンソールの使い方 ... *175*

第6章

「ソーシャルメディア」で顧客との信頼を積み重ねる ... *179*

事例 12　中小IT企業のSNS活用　〜社内の様子を発信し過去最高の求人を獲得 ... *180*

6-1　「ソーシャルメディア」は「スマイル0円」と同じ *182*

column　アルゴリズムはどこまで追うべきか？ *190*

6-2　あなたのビジネスに最適なソーシャルメディアを使いこなす ... *191*

事例 13　国家資格講師のSNS活用　〜ユーザーとの交流を経て多くの反応を得る ... *199*

6-3　拡散性が高く気軽に使えるX *201*

6-4　世界観やこだわりのあるブランド・商品はInstagram ... *204*

6-5　YouTubeのビジネス活用で顧客の心をつかむ *213*

6-6　LINE公式アカウントは開封率の高さを活かす *219*

事例 14　ラーメン屋のGoogleビジネスプロフィール　〜SNSとの併用で行列のできる人気店へ ... *222*

目次

6-7 店舗を経営されている方は、今すぐMEOをはじめよう ... *224*

6-8 メルマガで価値ある情報をしっかり届ける *230*

第7章

検索エンジンに評価してもらう「SEO」の勘どころ ... *235*

事例 15 経営コンサルタントのWebサイト ～信頼性を高める施策で問い合わせ急増 *236*

7-1 もはやSEOはパソコンに向かうだけのものではない ... *239*

column Google検索品質評価ガイドライン *243*

7-2 SEOのベースになる「テクニカルSEO」 *246*

column クロールバジェットのコントロール *253*

column Googleに「エンティティ」として認識されることが重要 ... *253*

7-3 ギリギリまで最適化する「オンページSEO」 *254*

7-4 サーチコンソールで内部施策の状況をチェックする ... *261*

column 画像の設置にはalt属性を加える *266*

7-5 良質なリンクを集める「オフページSEO」 *267*

第8章

ムダなく最速で集客を増やす「Web広告」の秘訣 *271*

事例 16 結婚相談所のWeb広告 ～アラサー会社員I子が入会するまで *272*

Contents

8-1 中小企業がまず実施すべきWeb広告とは *275*

column 広告とPR *278*

8-2 成約率がアップするランディングページの法則 *279*

8-3 クリック費用最小化のカギを握る品質スコア *284*

事例 17 婚活イベントのWeb広告 ～目標値を決めて試行錯誤。売上10億円に ... *294*

8-4 「利益を出すための計算」をしよう *296*

column リスティング広告と広告代理店 *299*

8-5 広告の運用／評価ツールを使いこなす *300*

8-6 さまざまなWeb広告の強みを理解して使いこなす *306*

◆

第9章

リスクを回避する「守り」のマーケティング *313*

9-1 急にアクセスがこなくなったら……SEOの対策と分析 *314*

9-2 "Web専門家"としての「情報セキュリティ」施策 *317*

9-3 企業の信頼を崩壊させる「炎上」への対策 *322*

9-4 Webマーケッターがおさえたい法規制 *325*

おわりに *328*

索引 *331*

011

特典ファイルダウンロードのご案内

　本書をご購入いただいた方は、著者により継続的に追加される**特典PDFファイル**をダウンロードできます。本書には掲載していないWebマーケティングの最新動向、特定の属性の方向けの特別ノウハウなどを逐次追加提供いたします。第1弾として「資格受験生＆士業希望者向けパーソナルブランディング実践法」を提供いたします。

　今後の特典ファイルの提供予定などは決まり次第、著者YouTubeやX（旧Twitter）でもお知らせいたします。YouTube・Xの詳細は本書P.335をご参照ください。

　なお、本特典はPDFファイルで提供しており、ご利用の際は「Adobe Acrobat Reader」アプリが必要です。

①本書のサポートページ（下記URL）にアクセス

https://gihyo.jp/book/2024/978-4-297-14567-5/support

②下記のパスワードを入力

Web137tz　　パスワードは英数半角でご入力ください。大文字と小文字は区別されます

【ご注意】
・ダウンロードの際、通信費は別途発生いたします。
・本書で提供するファイルは本書の購入者に限り、個人、法人を問わず無料で使用できますが、再転載や二次使用は禁止いたします。
・ファイルのご使用は、必ずお客様ご自身の責任と判断によって行ってください。ファイルを使用した結果生じたいかなる直接的・間接的損害も、技術評論社、著者、ファイルの製作に関わったすべての個人と企業は、いっさいその責任を負いかねます。
・本サービスは予告なく変更または終了する場合がございます。あらかじめご了承ください。

Webマーケティングを
成功に導く
"勝ちパターン"

1. ゴールから逆算

2. 外部環境のリサーチ

3. 顧客のリサーチ

4. USPの洗い出し

5. ペルソナとUSPのすり合わせ

6. 購買プロセスと顧客育成

7. コンテンツ／メッセージ

8. 2つの運用

戦略編

Webマーケティングを
成功に導く
"勝ちパターン"

　前ページはWebマーケティングを成功に導くための「勝ちパターン」です。たとえば、クッキーを作るときの型やカレーライスのレシピ、プラモデルの組立説明書のように、**だれでも同じ目的物をまちがいなく再現できる**ベストプラクティスです。

　ただし、この勝ちパターンをベースに成功することは、そこまでカンタンなものではありません。そんなにカンタンであれば、今ごろ、Webマーケティングにもっと多くの企業が成功しているはず。現実には、Webマーケティングで成功している企業のほうが、失敗している企業よりずっと少ないのです。それはなぜでしょうか？

　理由は、勝ちパターンは共通していても、そこから「自社に最適なWebマーケティングの戦略」を練るのが難しいから。たとえるなら、

必要な材料の調達が超難しい、あなたの家に先祖代々伝わる秘伝の調味料

みたいなものです。ここで言う「必要な材料」とは**必要な情報**のこと。自社の顧客や競合会社、自社商品の強みなどの材料（情報）を徹底的に集めて分析し（リサーチして）、はじめて一子相伝の調味料（自社独自の最高のWebマーケティング戦略）が完成します。そのためのレシピが「Webマーケティングの勝ちパターン」にあたります。

　最初に提示した8つのポイントを適切に展開したり、具体化させたりすることで、自社だけのWebマーケティング戦略が完成します。この「戦略編」で順番に説明していきましょう。

戦略編

第1章

あなたの「成功」は
どこにあるのか

1. ゴールから逆算

2. 外部環境のリサーチ

3. 顧客のリサーチ

4. USPの洗い出し

5. ペルソナとUSPのすり合わせ

6. 購買プロセスと顧客育成

7. コンテンツ／メッセージ

8. 2つの運用

1-1
Webマーケティングは信頼獲得がすべて

Webマーケティングの勝ちパターンを理解するために、かならずおさえてほしい3つのことをお話させてください。この3つは、WebやSNSマーケに限らず、すべてのビジネス・マーケティングにおいて非常に重要なことです。
多くの方が「なんとなく感じている」と思うこともあるでしょうが、そんなふうにボンヤリとした意識では、成功できません。常に明確に意識し、あなたのビジネスにおける行動原理にしてほしいと思います。

すべての消費者は「信頼」を求めている

あなた自身のお客様のインサイト（深層心理）については、くわしく知ることを意識し、顧客アンケート調査などを実施している方も多いのではないでしょうか。調査までいかなくても、顧客の声を聴くことの重要性はほとんどの方が理解されているでしょう。

それらはもちろん重要ですが、ここでは現在を生きるすべての顧客、すべての消費者（≒ほぼすべての国民）が共通して保有する根源的なインサイトについて説明します。

現在、ネットを中心に世の中には売込や営業の情報があふれかえっています。我々が1日に接する売込情報（企業名、ブランド名、商品名、キャッチコピーなど）はいくつあると思いますか？

一説にはなんと「2,000件を超える」とも言われています。ネットをはじめテレビ、新聞・雑誌、そして街中のあらゆるポイントに売込情報が出現して、すべての商品・サービスを知覚することすらままならない状況におかれています。

そして、これらの売込情報はすべて正しいとは限りません。そのことは消費者もよくよく理解していて、非常に疑い深くなっています。

私たちはなにを信用し、なにを選んだらよいかわからない……。

そんな状況に晒されている今、どうなってしまったか？すべての顧客、すべての消費者としての共通意識は、

「本当によいものなら購入する」
「信頼できる人・店からならば（よいものだろうから）購入する」
「信頼できる人の紹介ならば購入する」
「よいものなら相応のお金を払う意思はある（＝日ごろから財布の紐が固いので、まったく資金がないというわけではない）」
「よくないものにお金を払うのは絶対イヤ。騙されるのも絶対イヤ」

という状態になっているのです。当然、この本を読んでいるあなたにも、意識しているか無意識かに関わらず、こうした心理が存在しています。ぜひ、胸に手を当てて考えてみてください。

以上からわかること、それは、すべての顧客・消費者が共通して求めているものは信頼ということです。

1人ひとりの消費者の発信や、消費者同士の結びつきを可視化するSNSが今、大きな盛り上がりを見せているのも、私は決して偶然とは思っていません。人々が心から信用・信頼を渇望している結果であり必然と考えています。

Googleやソーシャルメディアも信頼を重視している

Googleやソーシャルメディアといった、あなたがWebマーケティング、SNSマーケティングに活用する各プラットフォームの思惑について考えてみましょう。

私たちは消費者・顧客に向けて検索エンジン対策（SEO）をおこなったり、各SNSに投稿したりします。「プラットフォームありき」で施策をしているので、当然ながら、各プラットフォームが推奨する施策に最適化する必要があります。そうしなければ、多くの競合の中から飛び出し、顧客にあなた自身の情報を伝えることは難しいでしょう。

それでは、各プラットフォームが推奨する施策とはなんでしょうか？

それを知るにあたり、まずGoogleについて考えてみましょう。Googleは現在E-E-A-Tという基準を重要視して、Webサイトやコンテンツの品質を評価しています。当然、Webサイトの検索ランキングの結果に大きな影響を与えます。

このE-E-A-Tとは、Experience（経験）、Expertise（専門知識）、Authoritativeness（権威性）、Trust（信頼性）の4つの用語の頭文字を取ったものであり、Googleは下図のように表現しています。

E-E-A-T

出典：Google検索品質評価ガイドライン

この図の中心にTrust（信頼性）があるように、信頼性は豊富な経験や専門知識の蓄積、そして広く認められた権威性の上に成り立つものであり、E-E-A-Tのなかで最終的に目指すもの、と言っても過言ではありません。

それでは、なぜGoogleは「信頼性」を上位の基準としているのでしょうか？それは、Google自身も「顧客による信頼」がなければ、これからも自社サービスを使い続けてもらうことが難しいとよく認識しているからでしょう。

どんな消費者・顧客でも、詐欺・怪しい情報・うさん臭い情報ばかりが上位にランキングされる検索エンジンなど使いたいわけがありません。検索サービ

スを選ぶなかで、信頼性は**もっとも重要な判断基準の1つ**であることはまちがいないわけです。つまり、Googleもすべてのユーザーのインサイトを正しく理解した結果、E-E-A-Tという概念を全面に押し出しているといえます。

そして、基本的な考え方はほかのSNSも同じ。各SNSは競い合って、**ユーザーの可処分時間**のとり合いをしています。多くのユーザーの可処分時間を獲得できた（＝利用時間が多い）SNSほど、そのプラットフォームの価値が向上し、広告をはじめとする売上収入の増加が見込めるためです。　そのため、各SNSプラットフォームとも、ユーザーが信頼し、安心して使える環境を一番に考えています。ここでも、最重要視されているのは「信頼」ということです。

Webマーケティングの最終目的は顧客からの信頼を獲得すること

Webマーケティングは、大きくアナログ的な側面とデジタル的な側面の2つにわけて考えることができます。

アナログ的なマーケティングとは**質を高めるマーケティング**。製品・サービスの品質からプロモーションやキャッチコピーの一字一句まで、その質を高めていきます。そのすべては、お客様に信頼してもらうため。

一方、デジタル的なマーケティングとは**量を増やす（拡散させる）マーケティング**。デジタルならではの特徴として、すべての施策は数値レベルで解析可能です。その数値をみながら、仮説を実行したり、PDCAを高速回転させたりして、より多くのお客様に必要なタイミングで情報を届け、認知や被選択のボリュームを増大させます。

どちらのほうが大切、というものではありません。お客様とのコミュニケーションの質と量、両方を高めて信頼関係を築く必要があります。最終的には、お客様があなた自身やあなたの商品・サービスを思い浮かべたとき、

「ああ、あの人なら（あの人の商品・サービスなら）、信頼できる」

と自動的にイメージ（想起）してもらえる存在になっていれば、売上は後からついてきます。あなたの企業や商品が成功している状態、それは**確実にお客様に信頼してもらえている状態**であることに異論を唱える方はいないでしょう。

ここまで、以下3点について説明しました。

- お客様のインサイト（深層心理）
- 検索サイトやSNSプラットフォームの求めているもの
- Webマーケティングの最終目的

これらは結局どれも「お客様から信頼を得ること」にたどり着きます。

Webマーケティングは、これまでも、そしてこれからも、枝葉の部分であるトレンドや最新情報・ノウハウなどは、常に移り変わっていきます。そういったものを追い続けることより、**どの方法がお客様に一番信頼してもらえるか**を念頭にやるべきことを判断していれば、決して道を誤ることはありません。

本書で紹介する勝ちパターンは、Webマーケティングの枝葉ではなく、幹となる本質的な戦略体系です。ぜひ、ここまで書いてあったことを念頭において読み進めてください。

1-2
定性＆定量の観点から「成功」を定める

Webマーケティング戦略の策定で最初にやるべきことは「最終ゴール」を設定することです。このゴールから逆算してプロセスを考えていきます。
あなたが本当に達成したい、使命となるべき魅力的なゴールはなんでしょうか？ 「定性」「定量」2つの側面から具体的なゴールを設定できたとき、実現へのモチベーションが高まり、その姿勢に共感する応援者からの「信頼」を獲得できるはずです。

経営理念なんてキレイごと？

　当然のことですが、それぞれの会社のWebマーケティングの目的（ゴール）は、**経営理念と一気通貫、整合性があるもの**でなければいけません。経営理念とは、企業の信念、存在意義、企業活動の指針となるものです。

「経営理念なんてただの建前でしょう。売上が上がればそれが一番だよ」

　そんな考えが少しでも頭をよぎったのであれば、即反省してください。その理由は、お客様の立場になればすぐにわかります。お金のことしか考えていない人が経営する会社を、だれが信頼できるでしょうか。応援したいと思うでしょうか？ お客様から信頼されず、応援もされず、最悪のブランディングといっても過言ではありません。お客様だけでなく、社員の心をつなぐためにも、お金だけではなく、事業に対する志は重要です。
　くりかえしになりますが、**お客様と適切な信頼関係を築くこと**だけが、Webに限らず経営・マーケティング全般で最大の成功要因であり、そのために欠かせないのが経営理念です。

「とはいえ、Webマーケティングを実施するからには、売上や利益を無視するわけにはいかないのでは？」

そのとおりです。そこで重要になるのが「経営上の定量目標（数値目標）」になります。
　しかし、数値目標と経営理念はそれぞれ独立した関係ではありません。経営理念を実現するために数値目標を立てるのです。構造は以下のようになっています。

経営戦略（広義）の三層構造

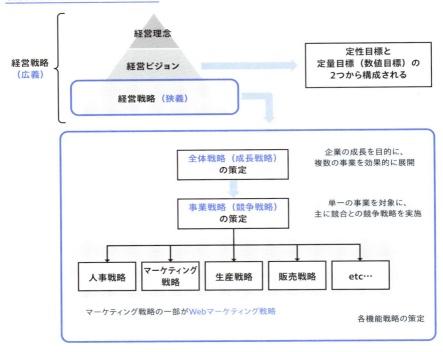

　数値目標を含む概念を**経営ビジョン**と言います。経営理念を実現するための「企業の理想像」を指し、経営上の目標でもあります（定性目標を「経営ビジョン」、定量目標を「経営目標」と使い分ける場合もあります）。
　さらに、経営ビジョンを実現するための戦略が**経営戦略（狭義）**です。経営戦略は図中のとおり三層構造。企業の成長戦略や他社との競争戦略を支えるために、営業戦略、人事戦略、生産戦略、マーケティング戦略など各機能戦略が部門ごとに実行されるわけです。Webマーケティングに関して言えば、マー

ケティング戦略の一部という位置づけですね。

　本書では、経営理念はすでに定まっているものとして解説します。信頼にもとづいたWebマーケティングを実行するために、今一度経営理念をふりかえりましょう。

すべての施策はゴールから逆算

　前項で「経営理念、経営ビジョン〜Webマーケティング」までの関係性は理解できたと思います。そして、重要なことは**すべての施策は、ゴールから逆算する**ということ。ここでいうゴールとは、経営上の目標である**経営ビジョン（定量目標）**。Webマーケティングを含むすべての戦略は、このゴールを達成するために逆算して考える必要があるわけです。

　シンプルな例で考えてみましょう。ある眼鏡チェーン店では、以下の目標を定めています。

　・眼鏡店全体の定量（数値）目標を年商3億円
　・そのうち30%の売上はネットショップで達成

　つまり、ネットショップでの売上は年商9,000万円を達成しなければなりません。これは月商で考えると750万円です。

　さらに、過去のアクセス実績から1万円を売り上げるには、ネットショップに100人の来訪が必要だったとします。では、月商750万円を売り上げるには、月にネットショップにどのくらい集客できればいいのでしょうか。

750万円 ÷ 100 = 7.5万セッション　（訪問数のこと。P.126参照）

　1ヶ月あたり7.5万セッション集客できれば、Webマーケティングで月商750万円（年商9,000万円）を達成できるはずです。

　このように、年商900万円目標（KGI：重要目標達成指標）から、月ごとのネットショップ集客目標（KPI：重要業績評価指標）を求めました。なぜこのように複数の目標（指標）を設定するのでしょうか？　それは、最終的な目標

であるKGIだけでは、あまりにも漠然としているからです。

KGI／KPI

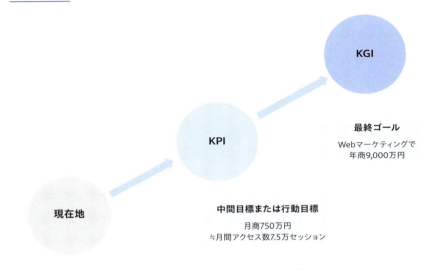

　考えてもみてください。いきなり「年商9,000万円をネットショップで達成しろ」と言われても、具体的にどう動いてよいのかわからないですよね。しかし、中間目標として、

1日2,500人のユーザーのサイト訪問が必要（＝1ヶ月でのべ7.5万人）

と設定すれば、施策を立案しやすくなります。以上のように、Webマーケティングでは会社全体のゴールから逆算し、Webマーケティングの日々の施策まで一気通貫に連動させる必要があります。
　中間目標や日々の施策などの細かいものほど、戦略を細分化して実施レベルに落とし込まなければ設定できない部分もあるでしょう。そのため、まずはゴールを設定し、経営戦略からWebマーケティング戦略を詳細化しながら、KPIも具体的に設定していくのが定石となります。

最適なKPIは常に変わる

「KPIが決まれば、その目標だけを考えてがんばればいい」

と思いがちですが、**KPI／KGIは常に同じではありません**。ビジネス目標に強く連動するKGIは比較的変更は少ないでしょうが、中間目標／行動目標であるKPIは、ビジネスのプロセスの進捗により最適な指標が常に変化します。

たとえば、ビジネス目標を達成するために新しくWebサイトを立ち上げたとしましょう。立ち上げ当初は、Webサイトのアクセス数をKPIとするはずです。

ある程度アクセス数が増加した場合、次はチャネル（ユーザーがWebサイトの訪問に至った経路）別にコンバージョン（成約）数をリサーチし、コンバージョンに寄与するチャネルの割合を高めようとするでしょう。コンバージョンの絶対数が少なくても、CVR（成約率）が高いチャネルについては、重点的にアクセス数アップを検討すべきかもしれません。

このように、最適なKPIをタイムリーに設定・追跡し、ビジネス目標をできるだけ速く確実に達成するためには、GA4（Googleアナリティクス4、P.125参照）のようなユーザー行動計測ツールを使った日々効果測定と改善が欠かせません。ぜひ、あなたも効果的に活用してください。

戦略全体をゴールから逆算する重要性

ここまで、最終数値目標（KGI）の達成に有効な中間目標／行動目標（KPI）の設定と遂行の重要性を説明しました。それでは、KPIを遂行するための「具体的な施策」は都度検討するのでしょうか？　もちろん、そんな行き当たりばったりでよいわけがありません。

ここで必要となるのが、本編冒頭で説明した**自社独自のWebマーケティング戦略**です。これは8つのプロセスからなる勝ちパターンを検討していくことで導き出される、戦略＝長期的な実行計画です。

たとえば、次ページの図は第3章で説明する「ある眼鏡店のWebマーケティング戦略」の概要です。

ある眼鏡店のWebマーケティング戦略

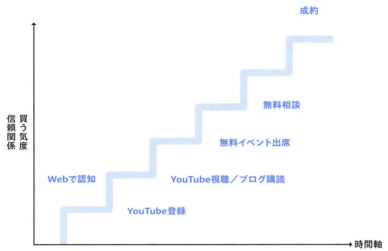

顧客に安心して、1歩ずつ自動的に進んでもらう設計図を描く

　基本的には、この自社独自のWebマーケティング戦略から導き出された施策にしたがって日々の活動を実施します。この変化の激しい世の中、すべてが計画どおりに進むことはありません。だからといって、経営活動スタート時に緻密に計算された経営戦略や施策を練らなくていい、とはならないのです。理由は2つあります。

　1つめの理由は、魅力的なゴール（報酬）が設定され「現在のがんばりがそのゴールに必ず結びつく」と確信できたときに、個人や組織のモチベーションはもっとも高まるからです。これはブルームという人の提唱した期待理論からの引用ですが、あなたも納得できる考えでしょう。

　2つめの理由は、志ある目標に向かって努力をつづけていると、幸運な偶然が必然的に起こるということ。「経営」とは社会的に意義がある経営理念に向かって走りつづけることで、経営のゴールとは「共感・信頼していただける顧客の輪を広げること」と言い換えられます。そのような顧客は経営活動スター

トとともに少しずつあなたの存在に気づき、応援してくれるようになります。

そして一般的に、**当初からの顧客のほうが応援の熱量が大きい**もの。つまり、社会的に価値があり、かつ一貫性のある活動をつづけていると、顧客の応援で「予期しなかった経営の上ブレ要因」が高い確率で発生します。

Webマーケティングを実施するうえで良いことばかりではなく、まったく意図しなかった悪いこともたくさん起こるでしょう。しかし、成功するためには、おもに初期顧客から与えられた偶然の機会をうまく取り込み、戦略を都度アップデートしてゴールへの道筋を加速させます。

このように、まず**「これ以上最良の戦略（計画）はない」と自信を持てるほどの戦略を策定する**ことが大事です。そのうえで、戦略実行フェーズで降りかかってくる、さまざまな追い風や逆風にうまく乗ったりかわしたりしながら、立ち止まることなく、さらに最良の戦略にアップデートを続けるのです。必要に応じてゴールの修正や変更もありえるでしょう。これが戦略のPDCAでもあります。

マーケティング ≒ 経営そのもの

マーケティングについて、注意してほしいことがあります。前述のとおり、多くの企業でマーケティング部門は「経営戦略（狭義）を支える機能の1つ」として位置づけられます。そうした事実はあるとしても**「マーケティングこそ、経営戦略そのものだ」**と考えることが重要です。

たとえば、かつてヒューレットパッカードの創業者デビット・パッカードは、

「マーケティングは重要すぎて、マーケティング部門だけに任せておけない」

という言葉を残しました。現在ではより過激に「マーケティング部門がある企業は信用できない」と公然と口にする経営者もいます。たしかに、マーケティングとは「顧客のことをもっとも理解し、顧客に最高の価値を提供することで、顧客から対価を得る活動全般」のことですから、これは**企業の目的そのもの**ですし、**企業の活動全般**と言えるでしょう。

それでは、なぜいち部門としてマーケティング部門が存在するのでしょうか？

　これに対する回答は、マーケティング部門とは便宜的に存在するもの、と答えるのが適切でしょう。どんな企業でも、市場調査を専門に行ったり、商品企画やプロモーション活動の実務をまとめたりする役割は必要です。そうした担当者が集まった部門がマーケティング部門であり、けっして**企業のマーケティング活動はマーケティング部門だけの仕事ではない**のです。

　一流の経営者はそのことをよく認識しており、専門の活動はそれぞれのマーケティング担当者に権限移譲しながらも、マーケティングの中核は経営者自身が責任をもち、自分ゴトとして進めていかなければならないことを自覚しています。

　あなたもWebマーケティング活動をおこなう際には、単なる細分化された業務の1つではなく、経営そのものと直結した役割（＝経営者の分身）であることをふまえ「会社全体のゴール（KGI）」と「あなた自身が担当する行動目標（KPI）」の関係性をしっかり認識したうえで、KGIに最大の効果を与えるKPIの達成に向けて日々の業務に取り組んでほしいと思います。

第1章

事例　1

リニューアルするＡ眼鏡店ネットショップの売上目標

Ａ眼鏡店の会社概要

　Ａ眼鏡店はＮ県Ｔ市にある、独立系の眼鏡小売業の企業です。現在の社長は2代目であり、もともとは昭和XX年に先代社長が現在の本店を家業として創業しました。現在市内に2店舗を営業していますが、今後新たにネットショップをリニューアルする予定です。これまでほぼ放置だったWebサイトやネットショップの再構築や運用に力を入れ、現在減少傾向にある、**2店舗の売上を補填できる売上**を目指したいと考えています。

Ａ眼鏡店の経営理念～経営ビジョンの確認

　Ａ眼鏡店はネットショップをリニューアルするにあたり、まず自社の経営理念の確認から始めることにしました。

「目の健康を通して、地域の皆さんを笑顔にする」

　この経営理念は、現在の社長が2代目を継ぐときに、先代の社長と一緒になって考えたものです。2人だけでなく、幹部社員の意見も聞きながら検討した結果、この文言に落ち着いたとのこと。今回は経営理念の変更はせず、このまま継続することにしました。

第1章　あなたの「成功」はどこにあるのか

戦略編

施策編

つづいて、経営理念にもとづく経営ビジョン（定性目標・定量目標）は、ネットショップの展開にあたり以下のように定めました。

・定性目標：地域の方がメガネやコンタンクトを安心して使える
　ホームドクターのような存在となる
・定量（数値）目標：地域シェア10％を獲得、売上3億円

さらに、定量目標を達成するKGI／KPIは、以下のように算出しました。

全社年間売上（年商）目標	3億円
ネットショップのKGI（年間売上目標）	9,000万円（全社の30％）
ネットショップの当初のKPI	月商750万円≒月間アクセス数7.5万セッション

以上のような具体的な目標を設定することで、ネットショップをリニューアルし本格展開するイメージがつかめなかった、ほかの幹部社員も少しずつ実現イメージが沸いてきたようです。

社長自身も上記目標に向かってまずは緻密な戦略を立案し、社内をまとめ社外からも応援される経営をしていきたい、と決意を新たにするのでした。

戦略編

第2章

リサーチから自社の
「顧客」と「強み」を
洗い出す

1.ゴールから逆算

2.外部環境のリサーチ

3.顧客のリサーチ

4.USPの洗い出し

5.ペルソナとUSPのすり合わせ

6.購買プロセスと顧客育成

7.コンテンツ／メッセージ

8.2つの運用

2-1
Webマーケティング戦略は「リサーチが8割」

つづく勝ちパターンの要素は**外部環境（自社を取り巻くすべての状況）のリサーチ**。さきほどの「ゴールからの逆算」も重要ですが、この「リサーチ」も超重要。「どちらがより重要か？」と比較する対象ではないですが、正しい戦略を生み出すには、戦略策定全体に費やす時間の**8割はリサーチに費やすべき**です。実際、リサーチは本項（外部環境のリサーチ）だけでなく、「顧客のリサーチ」、「USPの洗い出し」と続きます。それぐらい重要性が高いものです。

戦略策定における「リサーチ」とは？

　リサーチを日本語で言えば「調査・分析」です。「調査」は調べることで、「分析」という用語を構成する「分」と「析」という2つの漢字は、どちらも「わける」という意味があります。すなわち、リサーチとは「調査して細かく分ける」ことです。

　自社に関わるすべてのこと（内部・外部）について、調査して適切に分けることができれば、自然と**戦略の方向性**も見えてきます。たとえば、自社で運営しているネットショップのアクセス状況、購入状況をチェックして、

　・曜日／時間帯別では、平日夜と土日の購入数が多い
　・利益率の高いセレクト商品は土日の購入数が多い

という状況が見えてくれば、土日にセレクト商品に対してなんらかのアクション（例：広告を打つ、セールをおこなうなど）をするべき、という仮説が見えてきますよね。

　なお、「適切に分ける」とは、「効果的な切り口で分ける」という意味。集めたデータをどんな切り口で分けるかは、過去の経験やセンスがモノを言い、「経営戦略の優劣は、リサーチの切り口がすべて」という人もいるほどです。

外部環境にはマクロとミクロの2つがある

リサーチの重要性を理解したところで、対象となる「外部環境」をくわしくみてみましょう。外部環境とは自社（企業）を取り巻く環境であり、さまざまな要素が含まれます。そのなかでも、大きく「マクロ外部環境」と「ミクロ外部環境」を理解することが重要です。マクロ外部環境とミクロ外部環境の違いを表すと、以下になります。

マクロ外部環境：いち企業の立場では管理できない（与えられた条件として受け入れるしかない）

経済的環境（国内総生産、経済成長率、景気動向、金利変動、為替変動など）、人口動態的環境（人口規模、年齢分布、出生率など）、社会・文化的環境（社会的価値観、文化、国籍、宗教、人種など）、政治・法律的環境（政府政策、法的規制、規制緩和など）、技術的環境（情報通信技術、そのほか新しい技術の環境など）、自然環境（天然環境、環境問題、天災など）

ミクロ外部環境：いち企業の立場でも一部管理できる場合がある

顧客、競合企業、流通業者、供給業者

つまり、企業がコントロールできるかという点がマクロとミクロで違ってくるのです。次項でそれぞれくわしく見ていきましょう。

「いち企業が管理できない」マクロ外部環境

マクロ外部環境は企業がコントロールできない外部環境です。「政治的環境」「経済的環境」「社会的・人口動態的環境」「技術的環境」などがあります。

たとえば、「携帯電話」といえば、以前はiモードのガラケーが主流でしたが、何年かの間にすっかりスマートフォンに置き換わってしまいました。これは技術的環境が変化した例です。ほかにも「少子高齢化（社会的・人口動態的環境）」や「法改正（政治的環境）」を一介の中小企業のチカラでどうにかするのはまず無理ですよね。

マクロ外部環境は多種多様で、分析は一見難しそうに思えるかもしれません。マクロ外部環境には**PEST分析**というフレームワークがあるので、まずはそれだけおさえましょう。PESTのPはポリティカル、Eはエコノミー、Sはソーシャル、Tはテクノロジで、それぞれの頭文字を取った分析手法です。

PEST分析

「企業側で一部管理できる」ミクロ外部環境

　一方、ミクロ外部環境は**企業がコントロールできる外部環境**で、「顧客」「競合他社」「新規参入」「代替品」「供給業者」などがあります。こちらはポーターという学者が考えた**5フォース**というフレームワークがあるので、それを参考にするとよいでしょう。

034

5フォース

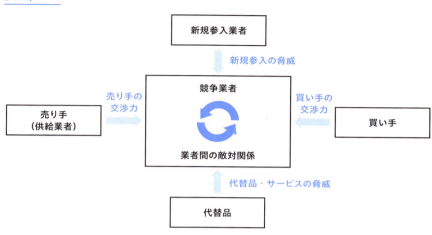

出典:『競争優位の戦略』ポーター著/ダイヤモンド社

ミクロ外部環境の例として、20世紀の家庭用ゲーム黎明期の任天堂の立場から、家庭用テレビゲーム機の業界を考えてみましょう。まず、**競合他社**としてセガなどがありました。その後、ソニーやマイクロソフトが**新規参入業者**として登場しました。また、家庭用ゲーム機以外でも、ユーザーの可処分時間を奪い合うという意味では、スマホゲームやYouTube、SNSなどが**代替品**として家庭用ゲーム機の脅威となります。さらに、ゲーム機の部品の**売り手（供給業者）**はさまざまな半導体メーカーが挙げられますし、**買い手**はもちろん一般消費者がメインですね。

以上、ミクロ外部環境にはさまざまなプレーヤーが登場しますが、それぞれのパワーバランスは目まぐるしく変わります。たとえばライトユーザー向けジャンルにおいて、ソニーのプレイステーション専用の爆発的人気ソフトが生まれたら、任天堂のシェアを脅かすかもしれません。そうなれば、ソニーは競合・新規参入・代替品・顧客に対して一定の影響力を持てるでしょう。

一方、プレイステーションで利用する半導体が特定の1社でしか作れないもので、ほかのゲーム機メーカーからの需要が高い場合、ソニーがプレイステーションを増産しようとすれば、その半導体の供給業者からの供給価格の値上げ要求を受け入れなければならないかもしれません。この場合は供給業者がソニーに対して一定のコントロールが可能といえます。

外部環境分析に意味はあるのか？

「マクロ外部環境やミクロ外部環境の分析が経営戦略において重要なのはわかった」

「しかし、Webマーケティングを実践するマーケターにはあまり関係ないのでは？」

　そう思った方もいるかもしれませんが、そんなことはありません。

　たとえば、定期的に実施されるGoogle検索エンジンのアルゴリズムにおけるコアアップデート（くわしくはP.174参照）。これは技術的環境の変化といえるでしょう。

　また、2010年前後にフィーチャーフォン（いわゆるガラケー）からスマートフォンにシェアが置き換わる際、モバイルでのビジネスを継続するために、ガラケー用のWebサイトからスマートフォン用サイトへの変更を余儀なくされました。ほかにも以下のようにWebマーケターに影響が発生する環境変化は多く考えられます。

- ・IT導入の補助金の創設（政治的環境の変化）により、新たなサイト構築などWebマーケティングの施策追加が可能になる
- ・高層マンション群の新設による地域住民層の変化（社会的環境の変化）のため、来店顧客層＝SNSプロモーションのターゲット層が変わる（買い手の変化）
- ・物価上昇で商品仕入れ費用が高騰したため、ネットショップの販売価格も変更を余儀なくされる（経済的環境の変化）

　そもそもWebマーケターもマーケティングメンバーの一員であり、その主戦場は文字どおり「マーケット（市場）」です。自社を取り巻く外部環境には常に目を向け、直接的・間接的にWebマーケティングに影響が発生しうる事項に、敏感にアンテナを立てておく必要があります。

　そのような感度の高さもWebマーケターに求められる重要な資質の1つです。

外部環境・内部環境分析の基礎となる「3C」

　ここまで外部環境について説明してきましたが、これに関連して **3C** という
フレームワークについてもおさえてほしいと思います。3Cとは、以下3つの
要素の頭文字を取ったものです。

・顧客（Customer）
・競合（Competitor）
・自社（Company）

　前述のとおり、顧客と競合は「ミクロ外部環境」の要素の一部であり、外部
環境の要素のなかで特に重要なもの。これに対し自社は**内部環境として強み・
弱み**を分析する対象です。

　つまり、自社を取り巻く外部環境と内部環境において3C（顧客・競合・自
社）がもっとも基本となるものであり、Webマーケティング実践のさまざまな
シーンでくりかえし登場します。

　たとえば、第5章では「ユーザーに読まれる記事の書き方」を説明しますが、
記事執筆に重要な「検索キーワードの洗い出し」では3Cの観点、つまり、

・顧客はどのような検索キーワード（クエリ）を利用しているのか
・競合のサイトはどのような検索キーワードでユーザーを集めているのか
・自社はどのような検索キーワードで集客すべきか

　以上を中心にリサーチしていくことになります。
　このように、3Cという概念もマーケティング上非常に重要ですので、ぜひ
おさえてください。なお、内部環境分析（≒USPの洗い出し）については2-3
節でみていきます。

第2章 リサーチから自社の「顧客」と「強み」を洗い出す

戦略編

施策編

第2章

事例 2

A眼鏡店ネットショップを
とりまく環境

　A眼鏡店のネットショップのゴールが定まった（第1章）ので、現状をリサーチして再整理することにしました。

外部環境の変化

　A眼鏡店の本店はT駅から離れたロードサイドに位置しています。A眼鏡店の創業当時、T市は公共交通機関よりマイカーの利用者が圧倒的に多い地区でした。そのため、T駅近辺よりロードサイドのほうが人流は多く活気もあり、**かつては本店に多くの顧客が訪れていた**のです。

　しかし、時代の流れとともに、自家用車を運転できない高齢者が増加し、T市は**T駅前を再開発**。ショッピングセンターの開業や商店街の活気回復に成功した一方、ロードサイドの人流は減少してしまいました。

　このように、駅前中心市街地への人流回帰が起きた要因は、大店法から大店立地法への法改正やコミュニティバスの導入など、**政治的・社会的環境の変化による**ものです。

A眼鏡店の対応と現状

　ロードサイドの人流減少により、**A眼鏡店本店の顧客は近隣の高齢者が中心**となり、総数も減少してしまいました。この現象を予想して

いたＡ眼鏡店は、20年前の駅前ショッピングセンター（SC）開店と同時にSC内に2号店を開店しました。

2号店（SC店）の開店当初、競争業者（店舗）は駅前に古くからある個人経営の眼鏡店だけでした。店舗の新しさだけでなく品ぞろえ・価格水準などすべての点でSC店のほうが上回っていたため、当初10年間は経営が順調だったのです。しかし、**10年前に全国チェーンの格安眼鏡店が同SC内に進出**して以降は、売上が落ち込んでいます。

以上が、Ａ眼鏡店を取り巻く外部環境を再整理した結果です。あらためて**本店およびSC店の不振の要因**が明らかになりました。**本店では顧客層の明確な変化**も起きています。この調査結果を知ったＡ眼鏡店店長は、

「やはりネットショップを強化していく必要がある」
「本店の顧客数はあきらかに不足している」
「格安チェーン店にも負けない訴求方法はなんだろうか」

などと考えました。これをふまえて、次節以降で顧客や自社の強み（USP）をリサーチをして、有効な戦略策定につなげていきましょう。

第2章 リサーチから自社の「顧客」と「強み」を洗い出す

戦略編

施策編

2-2
自社商品を買ってもらう「顧客」を知り尽くす

Webマーケティング戦略の施策では、**顧客に態度を変容してもらい、自社の商品・サービスを選んでもらう**ことが、目標達成に直結します。顧客をリサーチし、顧客のことを知り尽くすことは、**マーケティングでもっとも重要**だと言っても過言ではありません。

顧客は前項のミクロ外部環境の一部でもありますが、あまりにも重要なため、本書では単独で取り上げていきます。ここでは、「ターゲットマーケティング(STP)」「ペルソナの設定」の顧客リサーチ手法を実施します。

ターゲット絞れば「自分ゴト」になる

ターゲットマーケティングとは、ターゲット市場を設定すること。言いかえると、**ターゲットを絞ること**です。

なぜ、ターゲットを絞ることが必要なのでしょうか？ それは**お客様に「自分ゴト」と思ってもらうため**です。以下、我が国のマーケティング周りの歴史的経緯から説明しましょう。

わが国では、第二次世界大戦後（敗戦後）においては、ターゲット市場の設定は必要ありませんでした。なぜなら、まったくモノが足りない時代であり、大量生産でモノを作れば作るほど、飛ぶように売れて行ったからです。

しかし、現在ではまったく状況が違います。市場は成熟し、消費者の価値観や嗜好も多種多様になりました。それぞれの消費者に、**「これは自分が求めていたモノだ！」**と認識してもらえなければ、まったく相手にしてもらえない時代になったのです。**顧客の行動や考え方をすべての起点**としなければ、けっして成功することはできないでしょう。

そこで、**消費者ニーズごとに市場を細分化**し、その細分化された市場の中で**最適なものをターゲット市場に設定する**わけです。そして、そのターゲット市場に対して自社の経営資源を投入し、マーケティング活動をすることが重要。この手法が「ターゲットマーケティング」であり、現代マーケティングの主流です。

040

このターゲットマーケティングでは以下3点がポイントになります。

・セグメンテーション（市場細分化）
・ターゲティング（ターゲット市場の設定）
・ポジショニング（自社の立ち位置の明確化）

この3つの英頭文字をとって、ターゲットマーケティングのことを「STP」ということもあります。ターゲットマーケティング、すなわちSTPの具体的な実行プロセスを説明します。

●セグメンテーション

セグメンテーションとは、**市場を細分化**すること。たとえば、一般消費者向け商品の販売店の場合、年齢や所得、ライフスタイルなどで顧客をわけることが多いでしょう。

●ターゲティング

細分化されたそれぞれのセグメント、すなわち絞られた顧客層それぞれを評価します。その結果、**自社が標的とするセグメントを選択**します。セグメントを1つ選ぶ場合もあれば、複数を選ぶ場合もあります。たとえば、ある眼鏡店の場合は「市内全域の高齢者および40代以上のファミリー層」かつ「金銭にある程度余裕があり、健康的な生活に関心が高い層」をターゲットとする、と考えました。

なお、ターゲティングと次のポジショニングについては、現段階では仮説でかまいません。ターゲティングとポジショニングは自社のUSP（強み）と密接に関連するため、2-3節の「USPの洗い出し」や「ペルソナとUSPのすりあわせ」のプロセスを経て、正式なものにしあげます。

●ポジショニング

選択した標的セグメントにおいて、**自社製品をどのように位置づける**か、戦略を策定します。競合店舗などと比べて、自社の店舗はどのような優位性があるのか、どういったポイントを軸に差別化していくのか、を検討します。

STPのイメージ

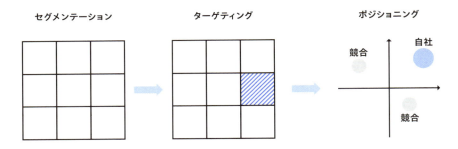

　ターゲット市場は絞れば絞るほど、ターゲットとなる顧客に対して有効な訴求ができます。つまり、「自分ゴト」と感じてもらいやすくなるわけです。さらに、そのセグメントの顧客ニーズに集中して分析できる、という作業コスト上のメリットもあります。中小企業にとって経営資源は限られているので、標的セグメントを絞り込むことで、不要なコストをカットすることもできます。

　ただし1つ注意点があります。あまりターゲット市場を絞りすぎて、自社のKGIを満たすのに十分な顧客数が確保できないのは本末転倒です。市場を絞りつつ**自社ビジネスが継続できる**バランスを考えていきましょう。

理想的なユーザー＝ペルソナを考えぬく

　もう1つの顧客リサーチ手法は「ペルソナの設定」です。ペルソナとは、自社の商品・サービスをもっとも必要としてくれる、**理想的なユーザー**のこと。架空の人物でいいので、徹底的に深堀して、具体的な人物像を明らかにすることが重要です。もちろんこのペルソナも現段階では仮説でかまいません。

　ペルソナを設定するときは、あたかも小説の主人公を想像するように、名前・年齢・職業・ライフスタイルなど、具体的な人物を想像していきましょう。そのためには、ペルソナに近いリアルの顧客にインタビューやヒアリングすることも有効です。

　この手順は、非常にアナログな手法ですが、いきいきとした人物像をイメージすることで、**すべてのマーケティング・コミュニケーションを「その人物に語りかける」ように構築**できるようになります。その結果、理想的な顧客（＝

ペルソナ）に向けた、全体的に世界観の統一された Web マーケティングが実現できるというわけです。

「1人に対してマーケティングすると、対象外の人には訴求できないのでは？」

　ところが、マーケティングとはおもしろいもので、たった1人の理想的なユーザーに向けた施策が、実際の多くのターゲットユーザーの心に響くことになります。ペルソナと属性がドンピシャなユーザーだけでなく、その周辺の属性のユーザーにも響くのです。

　おそらく、マーケティング・コミュニケーションの統一された世界観が、人々を引きつけるのでしょう。ペルソナたった1人のために書いたコンテンツ……たとえばブログ記事などに、何千何万というユーザーが共感してくれるようになります。

STP とペルソナの関係

　ここまで、STP とペルソナの2つを説明してきましたが、これはどちらかだけやればいいわけではありません。両方とも設定する必要があります。

　まず STP は論理的に市場を細分化するのに優れたツール。地域や年齢、ライフスタイルのほかにも、「先進の機能を好んで試したがる層」など、趣味嗜好や価値観などで細分化する場合もあります。

　ただし、「60代以上」「先進の機能を好む層」といった集合体では、ターゲット層の具体的な人間像・日々の暮らしぶりなどは見えてきません。

　そこで必要になるのがペルソナです。ペルソナはターゲット顧客の中でももっとも理想的なユーザー像ですから、われわれマーケティングを提供する側からみても「ペルソナの深層心理」というものは、集合体の場合に比べて圧倒的に想像しやすくなります。

　このペルソナの深層心理（＝インサイト）についても、ペルソナに近いリアルな顧客層からヒアリングやインタビューをするなど、実態とかけ離れないよう、できるかぎり顧客に寄り添う形でイメージすることが大切です。

第2章

事例 **3**

A眼鏡店の顧客リサーチと
ペルソナの設定

　A眼鏡店は自社のペルソナを設定するために、ターゲットマーケティング（STP）を実行します。まずA眼鏡店のターゲット層を以下のように設定しました。

　・T市全域の高齢者
　・T市全域の40代以上のファミリー層
　・いずれもある程度金銭的に余裕があり、健康的な生活に関心が高い

　さらに、選択したターゲット層で、自社製品の位置づけ（ポジショニング）を設定します。

　競合となる格安眼鏡販売店などと比べて、A眼鏡店はどのような優位性があるのか、A眼鏡店社長はあらためて考えてみました。その結果、健康的な生活に関心が高い層であれば「目の健康」を軸に特徴を明確化できそうだ、という結論に至りました。

　ここまでの内容をもとに設定したA眼鏡店のペルソナは次のとおりです。

基本情報

名前：鈴木 智子（※架空の人物）

年齢：70歳

性別：女性

職業：退職済み、元公務員

居住地：T市の中心部、マンション

背景情報

家族構成：既婚、子どもは独立済み

教育レベル：短大卒業

収入レベル：夫婦の年金と自分の貯金

ライフスタイル

趣味・興味：散歩、読書

購買行動：品質と信頼性、快適な購買体験（スタッフの専門知識やホスピタリティ）、アフターサービスなどを重視

メディア消費：テレビ、地元新聞、インターネット

価値観と課題

価値観：家族の健康と安心、生涯学習

課題：老眼による読書の困難

以上の設定により、A眼鏡店は具体的なターゲット顧客の状況がイメージできるようになりました。

　実際には、このあと「40代ファミリー層」のペルソナも設定します。また、「ペルソナのある1日のスケジュール」などを検討（イメージ）することで、ペルソナの解像度をさらに上げることもできます。

2-3

競合に負けない自社の「強み」を再認識する

前節まで外部環境（顧客）について見てきました。ここからは自社の内部環境のなかで、もっとも重要な強みについて説明します。

一般に企業の内部環境は経営資源とも言われ、「ヒト・モノ・カネ・情報」から構成されます。「強み」とは、そうした要素から作り出される「他社にはない、自社独自に顧客に提供できる価値」であり、言い換えれば顧客が購入する理由そのもの。確実にポイントをおさえてください。

なぜ「強み」が必要なのか？

「敵を知り己を知れば百戦危うからず」

という言葉をご存じでしょうか？　孫子の兵法に書かれている言葉です。つまり、競合や顧客を理解するのはもちろん、自分自身が自社や商品のことを正しく理解し、それをしっかりアピールしなければ、競合の多い成熟社会では、自社の商品を顧客に選んでもらえないということです。

　ほかの会社にはない、自社だけが提供できる価値（強み）があって、はじめて顧客は自社の商品を選ぶ理由ができます。このことをマーケティング用語ではUSP（ユニーク・セリング・プロポジション）、日本語では「独自の強み」と呼びます。顧客に選ばれる理由となるUSP。これを正しく理解し表現することが大切です。

　しかし実際のところ、これまで私がコンサルティングしてきた企業の方や、私のセミナー受講者に「あなたの会社のUSPはなんですか」と聞いても、返ってくる答えは、

「他社にない自社だけの強みなんて考えたこともないです」
「そんなものがあれば苦労しないですよ」

046

というものばかりでした。しかし、会社の強みはともかく、あなた自身の強み
は考えたりアピールしたりしたことはあるのではないでしょうか。

たとえば、就職や転職の際にエントリーシートに書くために、ずいぶんと自
己分析をした経験はありませんか？　なんとか「希望する企業に自分を選んで
もらおう」と、多くの人が一度は取り組んだ経験があるはずです。そのときの
ことを思い出して、今一度自社を選んでもらう「USP」を考えてみましょう。

顧客の心をつかむUSPのポイントは「物語性」

それでは、顧客の心をつかみ、顧客に選ばれるUSPとはどのようなもので
しょうか。　就職活動の例で言えば次のようになります。

就活におけるUSP戦略
・経歴と技術を因果関係でまとめる（〇〇の経験を通して、□□の技術を
　身につけた）
・アピールしたい経歴と技術のセットを極力1つに絞り、できるだけ具体
　例で説明する
・どのような気持ちで取り組んできたのか、想いや情熱を言葉にする

これらを整理してきちんと話すことができれば、面接で採用側に「自分自身
がやってきたこと・できること」を理解してもらい、人間性も強く印象づける
ことができます。ひとことでいえば物語があります。

そもそも、人間は物語が大好きです。物語があれば多少複雑なことでもスッ
キリ理解できますし、相手に共感してもらうこともできます。これは、自社の
商品のUSPを伝える戦略でもまったく同じ。「USP＝強み」と考えて、ただ
淡々と「自社ができること」を列挙しても顧客の心をつかむことはできません。

顧客の心をつかむためには、USPを「技術（ノウハウ）」「実績」「想い」の3つ
に分解し、顧客の心の中で物語として共感を生ませることが必要なのです。

USPの物語化

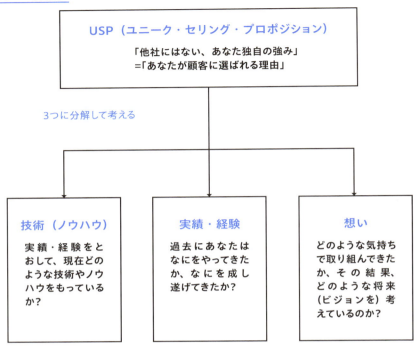

USPの抽出メソッド2つ

「USPを技術・実績・想いの3つに分解して考えなければいけないことはわかった。でも具体的にどうやればいいの？」

あなたはそう思うかもしれませんが、安心してください。私が270社のコンサルティング、250回以上のセミナー登壇で練りあげたUSP抽出のメソッドをご紹介します。

この私のメソッドでは、2段階に分けてUSPを抽出します。

❶顕在化している強みを集中的に洗い出す
第1段階はシンプルで、強みと考えられるものをすべて書き出すことです（顕在的な強みの抽出）。具体的な事例は後述します。

❷ USP を引き出す魔法の質問

　そして、第2段階では潜在意識に眠っている、あなたが意識できていない強みを抽出します。それがUSPをひきだす魔法の質問です。まずは以下の9つの質問を見てください。これが自社の「独自技術・実績・想い」を明らかにするために必要なことを洗い出す魔法の質問になります。

USP を引き出す魔法の質問

①あなたは、どのような経験・実績がありますか（実績）

②どうして御社のお客様は、御社を選んだのだと思いますか（総合）

③あなたが仕事をしていて、もっとも楽しいときはどんなときですか（想い）

④あなたが仕事をするうえで、「ここだけは譲れない」ものはなんですか（想い）

⑤あなたの会社は、お客様にどう思われているでしょうか？　良い点、悪い点を挙げてください（総合）

⑥あなたの商品・サービスで、競合他社に比べて「ここだけは負けない」ものはなんでしょうか、また「この点が他社より弱い」と考えている点も教えてください（技術）

⑦あなたの会社のファン（リピーター、優良顧客）は、ひとことでいうと、どんな特徴がありますか（総合）

⑧お客様に言われてもっともうれしかった言葉はなんですか（総合）

⑨あなたはどうして現在の仕事を始めようと思ったのですか（総合）

　つづいて、これらの回答をもとに、各項目を「技術・実績・想い」の3つに分類し、USPを文章化します。その際、コンサルティングのその場・リアルタイムで、生成AIを利用して文章化することもあります。

「ペルソナ」「A眼鏡店の強み」「9つの質問の回答文」のデータをChat-GPTに読み込ませて、「A眼鏡店の「実績・技術・想い」をそれぞれ出力させるのです。

　こうした具体例について、P.052の事例で見ていきます。

USPの2つの側面

　このUSPには、次のように2つの側面があります。

第2章　リサーチから自社の「顧客」と「強み」を洗い出す

戦略編

施策編

049

・自社の経営資源（ヒト、モノ、カネ、情報）から編み出された独自の強み（自社の内部資源の観点）
・他社と比較して、他社にはない独自の強み（競合との比較の観点）

前節で「顧客のリサーチは超重要」と言いましたが、こちらの自社のリサーチ、言い換えれば「USPの抽出」も同じぐらい重要です。

これらは「だれに（どんな顧客に）、なにを（どんな価値を）」に相当するものであり、この点で整合性がとれていないプロジェクトは、どのように売り込もうとも、どんなにWebマーケティングの手段が優れていても成功することはほとんどありません。

つまり、コアとなるものは**「ペルソナ」と「USP」の設定、そして両者のすり合わせ**なのです。このペルソナとUSPのすり合わせはあまりにも重要すぎて、USP設定時だけでなく、設定後も常に妥当性を確認・修正していくことが重要です。

具体的な手順は次節で説明しますが、ビジネスを続ける以上、ペルソナとUSPのすり合わせに終わりはないことを心に留めておいてください。

注意すべき4つのポイント

実際に魔法の質問に回答するときは、次の4つを意識しましょう。

❶定量的なデータを入れる

USPにはできるだけ多く数値を入れます。客観性・信頼性が増して説得力が上がります。

❷まずは「想い」を

「技術や実績がない」と思うなら、想いから書き出してみてください。ほかに優れたところがないなら「想いだけはだれにも負けない」ぐらいの気持ちで「どうしてその仕事を始めたのか」「どのような気持ちで取り組んでいるか」を自分自身に問いかけてみましょう。

悪い言い方をすれば、「技術や実績は嘘をつけないが、想いは言ったもの勝

ち」のところがあります。これまで漠然とした気持ちで取り組んできた方でも、「これからはこのような気持ちで取り組んでいきたい」という想いを書きだしてください。

❸専門分野・業界・商品の「あたりまえ」を疑ってみる

どうしても技術（強み）が見つからない場合には、これまであまり訴求されなかったポイントを訴求しましょう。たとえば、アメリカのチョコレートM＆Mは、「お口で溶けて手で溶けない」という訴求でヒット商品になりました。しかし、じつは他社のチョコレートも同じ特長がありました。

つまり、販売者が「あたりまえ」と思っていても、顧客に訴求できていないことは多くあるのです。

❹嘘は書かない

事実を多少脚色することは問題ありませんが、嘘は絶対にNGです。小さな嘘でも、それまでに築きあげた信頼をすべて失ってしまうことはよくあります。

以上に注意して魔法の質問を何度もくり返し考え、御社の技術・実績・想いのもととなる素材を徹底的に洗い出す必要があるのです。

第2章 リサーチから自社の「顧客」と「強み」を洗い出す

戦略編

施策編

第2章

事例 4

A眼鏡店の魅力的なUSP抽出

2-3節で紹介した「2段階のUSP抽出メソッド」を使って、A眼鏡店はUSPを抽出していくことにしました。第1段階はシンプルで、強みと考えられるものをすべて書き出すことです（顕在的な強みの抽出）。

A眼鏡店の社長や担当者が時間を区切って集中して考えたところ、以下の強みが抽出できました。

- ・経営陣をはじめ社員全員が、お客様の眼の健康向上を強く願い、日々働いている
- ・社員全員が眼鏡技術者の資格を保持しており、高い技術力を持っている
- ・SC店には看護助手に関する資格を持つ社員がおり、目を中心とするお客様の健康相談に応じることができる（医療行為はできない）
- ・近隣の眼科医・耳鼻科医・内科医などと強いネットワークがあり、健康に不安のあるお客様をすぐにご案内できる
- ・格安メガネチェーンほど安くはないが、そのぶん、接客には余裕があり、どんな細かいことでも顧客に親身になって応じることができる
- ・SC店の店舗スペースには余裕があり、お客様相談スペースには特に要件のない常連様が無料のコーヒーを飲みながら世間話をしに訪れることもよくある

・駅前のホテルで年に1度開催している「お客様感謝デー」では、常連様に「すきやき用お肉」の持ち帰りプレゼントなどを実施しており、非常に好評である
・本店店舗は、中学校や高等学校の通学路沿いにある
・SC店の店長である現社長は、アイウェアファッションに造詣が深く、メガネブランドに関する商品知識が豊富。また、日本国内の無名な中小メガネブランドと豊富なネットワークを持っている

　第1段階で洗い出した強みが以上となります。この段階だけで、大半の人に選んでもらえそうな魅力的な強みが洗い出せています。ただ、逆に言うと、A眼鏡店の強みがこれだけあるにも関わらず、お客様に対して適切に訴求できていない、ということでしょう。

　つづいて、第2段階として、P.049の9つの魔法の質問に答えてもらいました。

①経験・実績について

　私たちA眼鏡店は、1970年の創業以来、眼鏡の小売りにおいて50年以上の実績を誇ります。当社は、初代社長から現在の2代目社長に至るまで、地域社会に根差したサービスを提供し続けてきました。本店の設立から始まり、市内のショッピングセンターに新たな店舗を開設し、幅広い顧客層に対応してきました。また、社員全員が眼鏡技術者の資格を持ち、顧客の視力と健康を第一に考えたサービスを提供しています。これらの取り組みにより、長年にわたり地域社会における信頼と実績を築いてきました。

　これまで、のべXX万人の方にYY万本以上の眼鏡を提供し、90%以上のお客様から喜びの声をいただいております。

第2章
リサーチから自社の「顧客」と「強み」を洗い出す

戦略編

施策編

②お客様が当店を選ぶ理由

　私たちのお客様は、専門的な知識と技術力、そして個々のお客様へのきめ細やかな対応を高く評価しています。特に、看護助手関連の資格を持つスタッフによる健康相談や適切な地域医療機関のご紹介は、他店にはない当店独自の強みです。また、快適な店舗スペースでのリラックスしたコミュニケーション、お客様感謝デーのような特別イベントも、お客様に選ばれる理由です。

③仕事の楽しい瞬間

　もっとも楽しい瞬間は、お客様が新しい眼鏡を通して世界をより鮮明に見ることができる瞬間です。また、健康相談を通じてお客様が安心感を得ることができたときも、とても充実しています。お客様の笑顔や感謝の言葉は、私たちの仕事の最大の喜びです。

④仕事で譲れないこと

　私たちにとって譲れないのは、お客様1人ひとりの健康と満足です。質の高い眼鏡の提供はもちろん、個々のお客様の生活スタイルや健康状態に合わせた最適な提案をすることを心がけています。また、お客様との信頼関係を大切にし、長期的な関係を築くことも私たちの大切なポリシーです。

⑤会社の評判：良い点と悪い点

　お客様からは、専門的な知識と親身なサービスが評価されています。特に、健康相談が可能な点や、地域社会との連携が強みとして挙げられます。一方で、価格競争における不利さや、若年層市場へのアピール力の不足は改善点です。

⑥競合他社との比較：強みと弱み

　私たちの強みは、専門的な知識と技術力、個々の顧客へのカス

タマイズされたサービスです。また、健康相談が可能な点も他社にはない強みです。弱みは、価格競争における不利さと、若年層市場への浸透できていない点です。

⑦会社のファンの特徴

当店のリピーターや優良顧客は、品質とサービスを重視する方々です。特に、目の健康面での相談を求める高齢者や、スタイルと機能性を両立させたい中高年の顧客が多いです。

⑧もっともうれしかったお客様からの言葉

「あなたのお店で買った眼鏡のおかげで、毎日がもっと豊かになりました」という言葉は私たちにとって、とてもうれしいものでした。顧客の日常生活が向上したという実感は、この仕事の大きなやりがいとなっています。

⑨仕事を始めたきっかけ

この仕事を始めたのは、眼鏡を通じて人々の生活の質を向上させたいという想いからでした。特に、地域社会との関わりを深めながら、お客様1人ひとりのニーズに応えることに大きなやりがいを感じています。

なかなか良くできた回答だと思いませんか。これらの回答をもとに、各項目を「技術・実績・想い」の3つに分類し、USPを文章化してみましょう。てっとり早く文章にするならば、生成AIの利用がおすすめです。なお、生成AIに入力した情報はAIの学習に使われる場合があり、その内容が第三者からの問い合わせなどに表示されてしまう情報漏えいリスクがあります。そのため機密情報などは入力しないようにしましょう。
「ペルソナ」「A眼鏡店の強み」「9つの質問の回答文」のデータをChat-

GPTに読み込ませて、A眼鏡店の「実績・技術・想い」をそれぞれ500文字前後で出力してもらいました。

A眼鏡店の実績

　A眼鏡店は、1970年にT市で創業以来、地域社会に根ざした眼鏡専門店として、半世紀以上にわたり信頼と実績を築きあげてきました。創業者である先代社長が築いた基盤の上で、現在の2代目社長は、多様化する顧客ニーズに応えるために、ショッピングセンター内に新しい店舗を開設し、当社のサービスをさらに拡充しました。本店とSC店の両店舗を通じて、幅広い顧客層に対応し、地域の眼の健康をサポートしてきました。

　当店の社員は全員が眼鏡技術者の資格を持ち、高品質な製品と専門的なサービスを提供しています。さらに、看護助手関連の資格を持つスタッフによる健康相談や、近隣の医療機関との連携により、顧客の健康面での支援も実施しています。これらの努力により、多くの顧客から長年にわたり信頼を得ており、地域社会における重要な役割を果たしています。

　これまで、のべXX万人の方にYY万本以上の眼鏡を提供し、90％以上のお客様から喜びの声をアンケート結果として頂けていることが、当社の信頼性の証と言えるでしょう。

A眼鏡店の強み

　A眼鏡店の最大の強みは、高い技術力と顧客1人ひとりへのきめ細やかなサービスです。私たちは、眼鏡技術者の資格を持つスタッフによる質の高い眼鏡の提供と、個々の顧客のライフスタイルや健康状態に合わせた提案に努めています。また、看護助手関連資格を持つ社員による健康相談や地域医療機関との連携は、他店にはない当店独自のサービスです。

　店舗スペースに余裕を持たせ、お客様がリラックスして相談で

きる環境を提供しています。年に一度の「お客様感謝デー」のような特別イベントは、顧客との強い絆を築く重要な機会です。これらの強みにより、A眼鏡店は多くのリピーターに支持され、地域社会において信頼される存在となっています。

A眼鏡店の想い

　A眼鏡店の根底にある想いは、お客様の眼の健康と生活の質の向上です。私たちは、眼鏡1つでお客様の日常生活がどれほど変わるかを深く理解しており、それを実現するために日々努力しています。お客様1人ひとりのニーズに合わせたサービスを提供し、彼らの世界をより明るく、快適にすることが私たちの目標です。

　私たちの想いは、ただ眼鏡を売るだけではなく、お客様の生活全体に寄り添い、健康面でのサポートを提供することにも表れています。健康相談ができるスタッフの存在や、地域医療機関との連携は、この想いを実現するための重要な要素です。私たちは、眼鏡を通じて、お客様の人生がより良いものになるよう努めています。A眼鏡店は、単なる眼鏡店ではなく、お客様の人生に密接に関わるパートナーとして存在していきたいと考えています。

　以上が出力された結果です。細かい点で手直しは必要かもしれませんが、A眼鏡店独自の強みが、物語化でいきいきと伝わってきますよね。これには社長や担当者も、

「私たちがなんとなくあたりまえだと思っていたことを整理すると、こんなに魅力的に見えるのだ」

と、とても驚きました。このように、文章化したUSPでは「技術・実績・想い」を分けて記述しているので、それぞれがすっきりと理解で

きるのです。

さらに「実績」は「技術」の裏づけ（理由）としての役目を果たし、「想い」は過去から現在、未来へと「なぜあなたがその仕事に取り組んでいるのか」「どんな気持ちで取り組んでいるのか」を説明する役目を担っています。

「技術・実績・想い」が読み手の頭の中で関連づけられて再構成され、物語化されることでいきいきと読む人に伝わります。その結果として共感を呼ぶのです。

Column

商品・サービスのUSP

事例のような眼鏡店の場合、一般的な商品を仕入れて販売することが多く、その場合商品そのもので差別化できる要素はあまり多くありません。

一方、自社独自開発のプロダクト（商品やサービス）を扱うのなら、プロダクトの設計や開発の工夫で、他者と大きな差別化ができる場合もあるでしょう。本書では、Webマーケティングで扱うプロダクトは「すでに与えられているもの（所与のもの）」としていますが、実際のマーケティングではプロダクトの設計や開発も大きなポイントの1つです。

特に事項で説明する「ペルソナとUSPのすり合わせ」では、自社独自プロダクトなら、プロダクトの設計自体をペルソナにあわせて改良することも可能です。自社プロダクトにはそのような優位性があることはおさえておきましょう。

2-4
抽出した「ペルソナ」と「USP」を すりあわせよう

ここまで説明してきたペルソナとUSPは「マーケティングで成功するための最重要要因」といっても過言ではありません。しかし、その2つは独立して存在するものではありません。大切なのは**「ペルソナとUSP」がガッチリ噛みあう**ことです。

ペルソナやUSPは一度設定して不変なものではありません。それぞれの見直しはもちろん、両者のすりあわせについてもつねに改善していく必要があります。

第**2**章

リサーチから自社の「顧客」と「強み」を洗い出す

すりあわせの方法

ペルソナとUSPにおいては**両者のすりあわせ**が必要です。ペルソナとUSP、この2つの関係性が適切かどうかで、「あなたのビジネスの成否が決まってしまう」といっても過言ではありません。

まず、ペルソナとは「細分化された、理想的な顧客」のことでした。USPは「他社にはない、あなた独自の強み」のことです。ここで大事なのは、

あなたの設定したペルソナにとって、**あなたのUSPは「魅力的で価値あるモノ」**になっているか

ということです。ペルソナとUSPの整合性がとれていないと、あなたのビジネスは成功するはずもありません。

極端な話ですが、たとえば、健康的な暮らしをサポートする能力がどんなに高くても、そもそも不健康な生き方を望む人相手には、まったく商売にはならないでしょう。ペルソナとUSPの整合性がとれているからこそ、顧客は商品を購入、さらにはリピートしてくれるわけです。

では、具体的にどうやって、ペルソナとUSPのすり合わせるのでしょうか。それは、ペルソナとUSPを抽出してきたプロセスを丁寧に**再点検**することです。ポイントは、

戦略編

施策編

設定したペルソナに、すべてのUSPが刺さるものか？

という視点でチェックしていくこと。

　そのような視点でペルソナとUSPを再点検した場合、顕在的な強みが活かされていないなどの課題が浮かび上がってきます。

第2章

事例 5

A眼鏡店のペルソナと
USPのすり合わせ

A眼鏡店のペルソナは「T市全域の高齢者および40代以上のファミリー層で、ある程度金銭的に余裕があり、健康的な生活に関心が高い層」でした。このペルソナに「すべてのUSPが刺さるものか？」という視点でチェックしてみると、以下の顕在的な強みが活かされていないことに気付きました。

・本店店舗は、中学校や高等学校の通学路沿いにある
・SC店の店長である現社長は、アイウェアファッションに造詣が深く、メガネブランドに関する商品知識が豊富。また、日本国内の無名な中小メガネブランドと豊富なネットワークを持っている。

どちらもA眼鏡店の強みではありますが、ペルソナである健康志向の高齢者にまちがいなく刺さるポイントとは言えないでしょう。そうした場合、考えられることは以下の3点です。

・そのUSPを捨てる
・そのUSPが刺さる新たなペルソナを設定する
・そのUSPまたは現在のペルソナをズラして、刺さるようにすり合わせる

第2章 リサーチから自社の「顧客」と「強み」を洗い出す

戦略編

施策編

上記を検討した結果、新たなペルソナを追加することになりました。メインターゲットは高齢者および40代以上のファミリー層であることはまちがいありませんが、店舗（売り場）ごとにセグメントを整理して、以下の方向性が見えてきたのです。

①本店	近隣の高齢者に加え、店舗立地を活かして「中高生」もターゲットにする。ただし、中高生は使い捨てコンタンクトの買い替え需要に特化した予約・取り置き中心などを検討する
②SC店	品質や信頼性を求める高齢者および40代以上のファミリー層
③ネットショップ	地方に埋もれている中小メガネブランドのセレクト商品を求める、日本中（世界中？）のアイウェアの意識の高い方

　このように、顧客（ペルソナ）とUSPを徹底的に洗い出してすり合わせることで、競争力のある戦略の方向性が導き出されました。

戦略編

第3章

商品の「認知」から
「購入」まで誘引するには

1.ゴールから逆算

2.外部環境のリサーチ

3.顧客のリサーチ

4.USPの洗い出し

5.ペルソナとUSPのすり合わせ

6.購買プロセスと顧客育成

7.コンテンツ／メッセージ

8.2つの運用

3-1
「購買」に至る過程にはパターンがある

Webマーケティングに勝ちパターンがあるように、お客様が商品・サービスを購入する流れにもパターンがあります。当然ながら、その流れを無視して商品・サービスを販売しようとしても成果は上がらないでしょう。
つまり、お客様の購入プロセスに寄り添うことも勝ちパターンの重要な一部なのです。どのように寄り添うべきか、くわしく見ていきましょう。

顧客の購買プロセスに寄り添う

ペルソナ（顧客）とその顧客にしっかりと刺さるUSP

この2つが設定できれば、あとの流れはそこまで難しくありません。ただ、無理やり売ろうとしたり、不自然な行動を取ったりすると、顧客は不信感を抱き、購入すべきものも購入しなくなります。

つまり、ここでのキーワードは「自然に」。「自然に売る」ことが大切なのですが、どうすれば売り込みにならず、自然と売ることができるのでしょうか？

それは、顧客の購買プロセスに寄り添うことです。顧客の購買プロセスとはお客様が商品・サービスを購入するまでの流れで、あなたもふだん行っている活動そのものです。

「商品やサービスを買う流れなんて、人それぞれじゃないの？」

そう思うかもしれませんが、消費者の購買の流れは、代表的なモデルがあります。

AIDMA

A Attention：消費者が商品・サービスを知り、注意を向ける（認知）
I Interest ：消費者が商品に対して興味を持つ（興味）
D Desire ：消費者が商品をほしいと思う（欲求）
M Memory ：消費者が、その商品を記憶に留める（記憶）
A Action ：消費者が商品を購入する（行動）

以上の頭文字を取ったものが**AIDMA（アイドマ）**というモデルで、さらにインターネットやソーシャルの時代になり、電通から**AISAS（アイサス）**というモデルも提唱されています。

AISAS

A Attention：消費者が商品・サービスを知り、注意を向ける（認知）
I Interest ：消費者が商品に対して興味を持つ（興味）
S Search ：消費者が検索をして、商品について調べる（検索）
A Action ：消費者が商品を購入する（行動）
S Share ：消費者が商品の感想・評価を、ネット上で共有する（共有）

こちらは「検索して調べる」「商品の使用感をシェアする」など、現在の事情に則した流れになっています。つまり、このような消費者の代表的な購入の流れにあわせたマーケティング施策をしかけて、自然と商品を買ってもらえるようにすることが大切なのです。

マーケティングファネル

顧客購買プロセスは商品の認知・興味から始まり、購入に至るまでのプロセスであるため、段階を進めるごとに徐々に顧客数が絞られます。これをわかりやすくイメージにしたものが**マーケティングファネル**です。

マーケティングファネル

　Webマーケティングでは、上図の「行動」や「共有」といった下の階層にたどり着くのが目標です。商品を知っただけの顧客が、いずれ自社商品を購入する顧客となり、さらにクチコミを広げるファンやリピーターになってくれる……。つまり、下の階層に遷移するとは、自社と顧客の関係性を深めるとも言い換えられます。

　関係性を深めるうえで必要なのは、まず「自社と顧客との関係性」の状態別に、顧客をグルーピングし、それぞれに最適な施策をしかけていくことです。そして、その施策で、購買プロセスに沿いながら、関係性の浅い状態から関係性の深い状態へと、できるだけ多くの顧客に遷移してもらえるようなしくみを作る必要があります。

　顧客は次のような5つの層で考えると、しくみの作り方が理解しやすくなるでしょう。

関係性別5つの階層

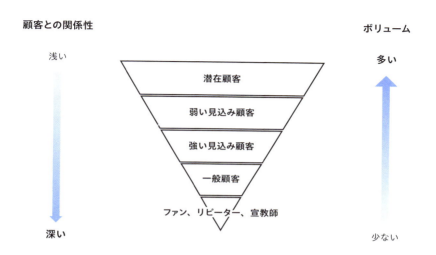

それぞれの層について説明します。

❶潜在顧客

　自社やお店のことをまったく知らないお客さん候補のこと。特徴をひとことで言えば「無知・無関心」。世の中一般に知られている大企業でもない限り、日本中の99.9％以上は自社のことを知りません。ほとんどが潜在顧客である、といえるでしょう。

❷弱い見込み顧客

　Webやソーシャルメディア、あるいはリアルな出会いなど、なにかしらのきっかけで自社を認知した状態です。まだ自社について知らないことがほとんどであり、関心もほとんど持たれていない状態です。

❸強い見込み顧客

　自社について知識を有しており、信頼関係が構築されている状態です。きっかけさえあれば、一般顧客へと遷移する1歩手前の状態といえるでしょう。

❹一般顧客

自社の商品・サービスを購入した状態です。

❺ファン・リピーター・宣教師

自社の商品・サービスを購入し、高い満足を感じてファンやリピーターとなった状態です。この状態の人は、よいクチコミを自ら能動的に周りの方へ広めてくれます。

高い確率で下の階層に遷移してもらう施策とは

Webマーケティングでできるだけ手間をかけずに成果を上げるためには、

どれだけ効率的に、顧客との関係性を着実に深めていけるか

が重要です。効率よく高い確率で、それぞれの顧客が上の層から順番に下の層に1つずつ移ってもらうためにはどうしたらいいでしょうか。そのためには、階層別に分解して考えるのが有効です。

❶気づいてもらう（潜在顧客→弱い見込み顧客）

知らない人に認知してもらうだけなので、まだ信頼関係が生まれる前の状態です。Webで認知してもらうには、SEOやソーシャルメディア、リスティング広告などの手段があります。また、リアルで名刺交換をしたり、チラシを手にとってもらったりして認知してもらう方法もあります。Webマーケティングであっても、リアルで使える部分はうまく使うことが必要です。

❷知ってもらう（弱い見込み顧客→強い見込み顧客）

まったく信頼関係のない状態からあなたのことを知ってもらい、関係を作っていきます。ユーザー数が多いので、リアルで対応するよりは、おもにITを使って効率的に信頼関係を作っていくことが必要です。

具体的には、ブログ記事やメルマガ、動画セミナー、ソーシャルメディアなどを利用して、専門知識を提供していきます。特に、動画やソーシャルメディアなど、お店のスタッフの顔がわかるものなどは、親近感がわきやすく、効果

的です。また、自社や商品の強みも、売り込みではなく情報として提供していくことも必要です。

❸買ってもらう（強い見込み顧客→一般顧客）

さらなる信頼関係の構築が必要なフェーズです。Webサイトだけで完結しないビジネスの場合、無料相談やセミナーなど、リアルな対応が効果的な場合が多くあります。また、「返品保証」など顧客のリスクをなくす特典の提示など、購入の背中を押すことも必要です。

❹いつまでもワクワクしてもらう（一般顧客→ファン・リピーター・宣教師）

購入後に高い満足を感じてもらうためには、商品・サービスの満足度もさることながら、アフターフォローがとても重要です。

満足を感じても、飽きてしまうと顧客は離れてしまいます。商品・サービスにもよりますが、販売者と顧客のコミュニティを作ることで、飽きさせずにロイヤリティー（忠誠心）を維持する方法がよく使われれます。

より下の階層に移ってもらうためのしくみ

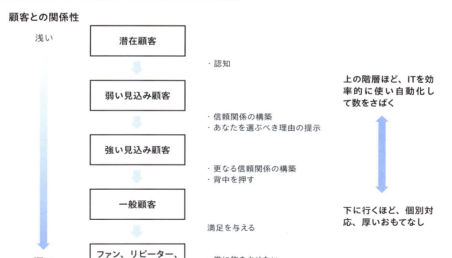

このような形で、より多くのターゲット顧客にスムーズに関係性の深い階層に移ってもらうしくみを設計する必要があります。

　おさえておくべきことは、「下の層へいくほど人数が少なく、ロイヤリティーの高い大切なお客様」であること。上の層ほど、できるだけITを活用し、効率的に対応すべきです。また、下の層ほど、「個別対応」「厚いおもてなし」で顧客を大切に扱わなければなりません。おもてなしの本質はひと手間かけること。顧客は「わざわざ自分のために手間をかけてくれた」と感じることでロイヤリティーを高めてくれます。そういった意味でも、「個別対応」「厚いおもてなし」は効果があるのです。

顧客の種類や販売方法によって購買プロセスは変わる

　顧客や商品・サービスの種類によっては、購買プロセスが大きく変わります。

　AIDMA／AISASは消費者の購買プロセスの類型ですが、企業が顧客になった場合は組織的な購買行動として、ほとんどのケースで社内の稟議承認プロセスというものが入ります。

　そのほか、企業（組織）の購買プロセスには以下のような特徴があります。

企業（組織）の購買プロセスの特徴

・組織内の集団による論理的な意思決定がおこなわれる

・購買担当者の専門性が高い

・取引関係が長期的になりやすい

　また、商品の販売方法が、

「すべてオンラインか」
「ある程度情報収集したら、オフライン（販売店で購入する、営業担当者に引き継ぐなど）の取引に移行するのか」

によっても、購買プロセスは大きく変わります。つまり、自社の商品・サービ

スを購入してくれる顧客の購買プロセスをよく見極めることが重要といえるでしょう。

　そこで、実際の顧客購買プロセスの分析で活用してほしいのが、**カスタマージャーニーマップ**です。カスタマージャーニーマップとは、お客様の購買プロセスを旅（ジャーニー）にたとえ、自社や自社製品・サービスと接触するポイントをすべて洗い出し、どのような態度変容が起こるか（促すべきか）などを分析するものです。

カスタマージャーニーマップ

	認知	興味関心	来店	比較・検討	購入
タッチポイント（接点）	・店舗外観 ・チラシ ・Web/SNS	・店舗外観 ・Web／SNS	・店舗	・店員	・店員
行動	・外出、散歩 ・新聞購読 ・スマホ利用	・外出、散歩 ・スマホ利用	・店舗内をチェック	・SNSの情報で気になっていたことを店員に質問 ・デザインを選ぶ ・視力測定	・購入
思考・感情	・そろそろ眼鏡を買い替えないと ・まだ不要？	・価格は？ ・デザインは？ ・どこで買っても同じ？	・気になっていたデザインの商品があるだろうか ・期待どおりの店舗だろうか	・目のことにとてもくわしい店員がいる ・デザインが豊富 ・サポートも良さそう	・喜び、満足感
課題	・店舗を知らない ・よくある眼鏡屋と思われる	・豊富なブランドやデザイン取扱を訴求 ・価格だけではない専門性を訴求	・混雑時に接客人数が足りないことがある ・店舗内が散らかっていることがある	・格安眼鏡チェーンの価格の安さにひかれる	・購入後に事前の期待と異なることを感じてしまう
解決施策	・駅前SCセンターにあることを訴求 ・情報発信を強化	・店舗イベントの定期的な実施 ・SNSで有益な情報発信	・整理券の発行 ・待ち合わせスペースの充実 ・こまめな整理整頓	・的確な質問回答 ・専門性が高い接客と信頼性が高いサポートを訴求	・具体的なサポートの内容を見える化 ・継続的な関係を作る

前項で紹介したAIDMA／AISASをベースにしたモデルは、さまざまな業

種・職種の最大公約数的な型であり、あなたの現実のお客様の購買プロセスに
そのまま適用するのは、少し扱いが雑かもしれません。

　ペルソナから仮説を考えたり、実際の顧客の行動を観察したり、インタ
ビューしたり……これらを通じて現状のプロセスを把握し、理想的な購買プロ
セスを設計していきましょう。

第3章

事例 **6**

A眼鏡店の
Webマーケティング戦略の全体像

　Webマーケティング戦略の骨子をベースに、最適なタイミングで最適なツールを使うことで、

　　・だれに (ペルソナ)

　　・なにを (USP)

　　・どのように (媒体やツールなどの手段とタイミング)

と戦略の構成要素が出そろいます。この状態をもって「Webマーケティング戦略の全体像が明らかになった」といえるでしょう。

　あとは、PDCAを回しながらこの戦略を精緻化、構築していくことになります。次の図は、A眼鏡店のWebマーケティングの戦略の全体像です。

第3章 商品の「認知」から「購入」まで誘引するには

戦略編

施策編

A眼鏡店のWebマーケティング戦略の全体像

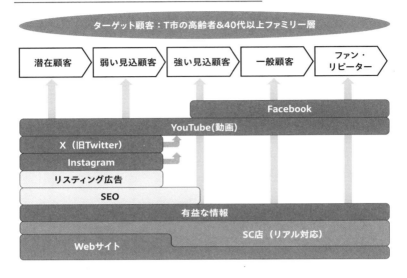

　上図Webマーケティング戦略の各顧客に対する具体的な施策は以下のとおりです。

潜在顧客	・SEOや広告を利用し、潜在顧客をWebサイトへ吸引する ・各SNSの当社アカウントに接触した潜在顧客に対しては、直接YouTubeチャンネル登録を促す
弱い見込み顧客	・当社（A眼鏡店）の概要や想いを知っていただき、ターゲットとなるお客様に提供している有益な情報に触れていただく ・今すぐ眼鏡が必要な顧客にはお問合せ／来店を促し、それ以外の顧客にはYouTubeのチャンネル登録を促す ・YouTubeやブログで良質な動画やコラムなどを定期的に発信して信頼関係を構築する

強い見込み顧客	・ある程度信頼関係を構築できたところで、リアル店舗で実施する各種イベントや教室に参加してもらう ・（ターゲットとなる高齢者がFacebook利用者だった場合）Facebook上で店員と友だちになる
一般顧客	・さらに高い信頼関係を構築し、「眼鏡／コンタクトの相談ならA眼鏡店」というブランディングをお客様のなかに確立する
ファン・リピーター	・さらに高い信頼関係を構築し、「眼鏡／コンタクトの相談ならA眼鏡店」というブランディングをお客様のなかに確立する ・さらにお客様に飽きられないように、常に新しい価値の提供を継続する

　以上のようなしくみを作ることで「今すぐ眼鏡がほしい顧客」だけではなく、「いつかは眼鏡が必要になるだろう見込み顧客」「いつかは眼鏡を買い替える見込み顧客」もA眼鏡店のファンへと育成することができます。

　そして重要なのは、**前者よりも後者のほうが圧倒的にボリュームは大きい**ということです。後者を顧客に転換するしくみを構築するのはとても手間暇がかかりますが、そのぶんリターンも大きく、経営も安定するでしょう。

3-2
USPを源泉とした「コンテンツ／メッセージ」を提供する

前項で設計した顧客購買プロセスに寄り添う顧客育成のしくみが「顧客に信頼関係を高めてもらうために設計された専用コース」だとすると、キャッチコピーやコンテンツ、選ばれる理由は**顧客を前進させるためのエンジン**にあたります。

ここでは最重要のペルソナ設定＋USPを含めた、勝ちパターンのコア（核）となる4つの要素の関係性から説明していきます

勝ちパターンの「核」となる4要素

　Webマーケティングの勝ちパターンを構築するうえで、必ず押さえておかなければならない要素は以下4つです。

　・適切なペルソナ（理想的な顧客）
　・USP（他社にはない、あなた独自の強み）
　・効果的なキャッチコピー
　・信頼されるためのコンテンツ（有益・専門的な情報）

　上記4つの要素の関係性は次のとおりに整理できます。

4つの要素の関係図

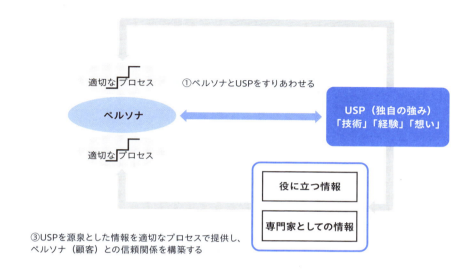

顧客との関係を構築する「キャッチコピー／コンテンツ／選ばれる理由」

以下、キャッチコピー／コンテンツ／選ばれる理由について説明していきます。

キャッチコピーの目的はもちろん、「これは自分ゴトだ」と顧客にハッとさせ、自社のことを認識させること。つづいて提供する、信頼されるための**コンテンツ**とは「ペルソナにとって有益な情報」かつ「専門家として信頼できる情報」のことで、これらを継続的に提供することで、顧客は自社やスタッフのことを、

「信頼できる人だ」
「その道にくわしい専門家だ」

と認識していくようになります。

そして、ある程度の信頼関係が構築できたら、顧客に自社を選ばなければならない理由を提示する必要があります。この「顧客が、自社を選ばなければならない理由」とは、USPそのもの。2-3節の「魔法の質問」（P.049参照）を使ってUSPを言語化し、信頼関係を構築できた顧客にわかりやすく提示します。

これらの要素はいずれも、適切なペルソナと整合したUSPを源泉として、生み出していくことになるのです。

具体的なキャッチコピーがペルソナに「自分ゴト」と思わせる

上の階層から下の階層に顧客を遷移させる際に、ぜひ考えてほしいことがあります。たとえば、新しく集客をするとして、以下のAとBのコピーが書かれたチラシ、どちらが心に響くと思いますか？

A：「どんな方にもぴったりな眼鏡をお作りします」
B：「老眼や近眼、難聴などでお困りの方、多くの眼科医とネットワークがあり、看護助手関連の資格を持つ経験豊富な眼鏡検査員があなたの眼鏡を選びます」

ターゲットが高齢者なら、まちがいなくBでしょう。くり返し伝えているように、人間は「自分ゴト」と思わなければ、注意を向けたり行動を起こしたりすることはありません。つまり、ターゲットをとことん絞ることが、結果的にその商品・サービスの顧客となる可能性のある人をできるだけ多く、高い確率で下の層へ遷移させることにつながります。

なおキャッチコピーについては第5章でもくわしく説明します。

「専門家」として有益な情報を何度も与える

信頼を獲得することは、相手の心の中にこの人は信頼できる人だ」というイメージを持ってもらうことです。ビジネスではさらに、

「この人（の会社）は○○（自社の業界）の分野の専門家だ」

というイメージを持ってもらうことも必要です。たとえば、ビジネス交流会ではじめて会ったばかりの方に、そのようなイメージを持ってもらうにはどうしたらいいでしょうか。

　決してやってはいけないことは、「名刺交換したばかりの人に売り込みをかける」こと。信頼関係ができる前にそんなことをすれば相手は逃げてしまうでしょう。

　そこで、「自社のビジネス（業界）に関連する興味深い知識」などをわかりやすく説明すれば、どうでしょうか？　決して売り込みではなく、情報交換の形で話をすれば、興味を持ってくれる方も多いでしょう。話がおもしろかったり、役に立ったりするほど、相手は話し手に惹きつけられますし、「その分野にくわしい人だ」と思うでしょう。

　つまり、「自社の扱う業界・商品関連の知識」を話すにしても、売り込み要素があれば相手は離れていくし、価値ある情報を提供するというスタンスをとれば、相手は自分に近づいてくるのです。

返報性の法則

このことは「返報性の法則」という心理法則でも説明できます。返報性の法則とは、「人は他人になにかをされると、その人になにかを返したくなる」法則のこと。他人に「価値ある情報を提供してもらった」と考える顧客は、その人になにかを返したいと考えるようになります。

また、「ザイオンス効果」という心理法則もあります。こちらは「何度も接触している相手には親近感を持つようになる」という法則。つまり、会う回数を増やし、その度に価値ある情報を伝え続けていれば、相手はその人に親近感を感じ、その人のためになにかをしたいと考えるようになります。こうして信頼関係が次第に構築されていくのです。

信頼関係構築はコンテンツとライティングが基本

前項で、信頼関係構築のためには、「専門家」として何度も有益な情報を提供し続ければいい、とお伝えしました。リアルの世界では相手と対面し、いくらでも口答で直接説明できます。ですが、Webマーケティングの場合はそうはいきませんね。有益な情報を持っていても、どうやって伝えればいいのでしょうか?

たとえば、目が悪くなり、Web上で近隣の眼鏡屋さんを探しているとします。ネットでいろいろ検索すると、いろいろな眼鏡店のサイトがヒットするでしょう。どれも綺麗にデザインされていて、効果の高さや「お客様の声」などが、きちんと掲載されています。そんな中、単なる売り込み情報だけでなく、

・専門家の監修による、目の健康に関するさまざまな知識・情報
・生活の中でかんたんにできる、目の疲れの取り方

など、目の健康に関する さまざまな周辺情報 が充実しているサイトがあればどう思うでしょうか?

あなたが健康志向の人であるほど、ほかの店舗より気になるのではないでしょうか。また、最初はその店で買うつもりはなくとも、情報が頻繁に更新されていれば、毎日楽しみに閲覧するユーザーも増えていくでしょう。そしていつしかそのサイトのファンになり、ユーザーは、

「いつもいろいろな情報をもらっているし、このお店で眼鏡を買おう」
「目の健康に関する情報が満載だから、このお店のスタッフは目の健康にもとてもくわしいに違いない」

などと考えるようになるのです。

このように、Webマーケティングでは、**コンテンツやライティングを使って顧客との信頼関係を構築する方法が基本**となります。Webサイト、ブログ、SNSなどのメディアを通じて、テキスト、画像、動画などのコンテンツの形で「価値」を相手に届けるのです。その価値が高ければ高いほど、専門性が高ければ高いほど、相手は情報発信者を信頼し、専門家として期待するようになります。

なお、顧客に読まれて支持されるコンテンツの書き方については第5章で説明します。

「あなたの商品を選ばなければならない理由」をそっと伝える

あなたの気に入らない人物がどんなに正しいことを言っていても、感情的に受け入れがたい気分になったことはないでしょうか。

一方、あなたが好感を持っている人物の発言であれば、特段すばらしいことでなくても、すんなり受け入れられるでしょう。このように、人間はある発言について「なにを言ったか」より「だれが言ったか」を感情では重視します。

もちろん、顧客と信頼関係ができたからといって、あからさまな売り込みはいけません。自社が価値ある情報を提供するなかで、**自社や商品のUSPも自然に言及する**のです。自社のビジネスに関する知識・ノウハウを顧客に提供するばかりでなく、

「自社の商品がライバル会社の商品とどう違うか」
「自社の商品だけの強みはなにか」

についても、きちんと情報提供することが必要なのです。自社との信頼関係が構築できている顧客は、そうした情報をすんなりと受け入れ、

「○○の分野なら、××さん（自社）が専門家だな」
「○○の商品を購入するときは、ぜひ××さんに依頼しよう」

と思うようになります。

　あなたの商品・サービスは、ほかのお店のものと比べてどのような独自性があり、どのような強みがあるのでしょうか？

「決して損はしたくない」「賢い買い物をしたい」と思っている顧客は、残念ながら信頼関係だけで購入を決めることはありません。しかし、先にも書いたとおり、信頼関係にある人の言うことは素直に聞いてくれます。
　声高にならない程度に、しっかりと商品のUSPを伝えることが必要です。このUSPが、顧客がその商品を選ばなければならない理由であり、顧客の購入の背中を押すものです。

断ったらもったいないほどのオファーを提示し、顧客の行動を促す

　ターゲット顧客にスムーズに関係性の階段を上がってもらうためには、顧客との信頼関係が強化されるのをじっと待つだけではなく、**顧客が「関係性を高めたい」というモチベーション**をタイムリーに発生させるしくみも必要です。
　そのために必要なのが**断ったらもったいないほどのオファー**。オファーとは「申し出」「条件提示」という意味ですが、ここでは「商品の購入」や「無料相談の申し込み」、「メルマガの登録」など、ユーザーに行動を起こさせるための提案のことをさします。
　ここでは「提案」と書きましたが、「キラーコンテンツの提供」と表現したほうがしっくりくるかもしれません。次の図は、ある分譲住宅販売会社で考えたしくみの例です。

082

とある分譲住宅販売会社の「顧客に行動を促す」しくみ

　この図では、分譲住宅販売会社のWebサイトに訪れたユーザーが、オファーを段階的に受け入れながら、信頼関係構築の階段をのぼり、購買意欲を高めていくしくみになっています。ここでのオファーは、**リスクがまったくなく断るのがもったいないもの**であることが重要です。たとえば、

> **メルマガ登録のオファーの例**
> 「住宅選びでまちがわない15のポイントメルマガ　無料＆いつでも解約できる」
>
> **イベント参加オファーの例**
> 「××住宅展示見学会　売り込みはいっさいしません＆お子様には〇〇プレゼント」

など、顧客が気軽に1段1段、階段をのぼっていけるオファーであることがポイントになります。このように顧客へより価値ある情報や体験を提供することで、自動的に顧客が育成されるしくみが構築できるのです。

第3章　事例 7

A眼鏡店の戦略を活かすオファー

次の図は、A眼鏡店で新たに考えたしくみの例です。

A眼鏡店の「顧客に行動を促す」しくみ

顧客に安心して、1歩ずつ自動的に進んでもらう設計図を描く

　第1章でも説明したとおり、眼鏡店のWebサイトに訪れたユーザーが、オファーを段階的に受け入れながら、信頼関係構築の階段をのぼり、購買意欲を高めていくしくみになっています。実施するオファーは「リスクがまったくなく、断るのがもったいない」ものであること

が必要でしたね。たとえば、

YouTubeのオファーコンテンンツの例（いずれも無料＆いつでもチャンネル登録解除可能）

「こんな眼鏡は選んではいけない！15のポイント」

「顔の輪郭が卵型の方に合うメガネはコレ！」

「年齢の割に若い！と言われる眼鏡選びのポイント！ Before／After実例紹介！」

「60代以上食べすぎ注意！失明率ダントツの食品とは?!」

「レーシック／ICL危険な人の特徴」

イベント参加オファーの例

「近くの眼科医が教える目の健康セミナー ～隣のベーカリーで焼きあがったばかりの特製ブルーベリーパンを参加者全員にプレゼント！」

など、顧客が気軽に1段1段と階段をのぼっていけるオファーを徹底します。

3-3
Webマーケティングの大きい運用と小さな運用

Webマーケティングの勝ちパターン①〜⑦でWebマーケティングの全体戦略を構築できました。最後のポイント⑧は「日々の運用」に関すること、つまりPDCAを回すことです。本節では日々の運用、および戦略編のまとめについて述べていきます。

大きいPDCAと小さいPDCA

　Webマーケティング戦略のPDCAには**「大きなPDCA」と「小さなPDCA」**の2種類があります。

　まず「大きなPDCA」とは、今まで構築してきたWebマーケティング全体戦略（①〜⑦）そのもの。Webマーケティング全体戦略自体はP（Plan）にあたります。これにもとづき、さまざまな施策（小さなPDCA）を回すわけですが、その小さなPDCAを回すこと自体が、大きなPDCAのD（DO）になるわけです。日々の施策のPDCAを回しながら、

全体戦略の構造はこのままでいいのか

　常にあなたはモニターしなければなりません。これが大きなPDCAのチェック、そして必要に応じて全体戦略の改善（Action）をおこなう必要があります。その結果、KGI（最終目標）に修正が入ることもあるでしょう。

　このようにWebマーケティング戦略は「生き物」であり、日々の施策とつながっているもの。全体を俯瞰しつつ、日々の細やかな施策にも目を向けていく。鳥の目・蟻の目の両方を意識する必要があります。

　大きいPDCAと小さいPDCAのそれぞれの目的は次のとおりです。

○「大きい PDCA」の目的

・会社の目標の達成（経営理念／経営ビジョン、経営戦略との一気通貫）

・顧客との信頼関係構築、顧客と約束を交わし、その約束を守る

○「小さい PDCA」の目的

・日々の個客とのコミュニケーションによるエンゲージメント強化（顧客に対する信頼貯金の積立）

・顧客マインドシェア獲得／LTV 最大化　⇒　大きい PDCA への貢献

マインドシェアと LTV について

前項で述べたマインドシェアと LTV について補足します。

地道に日々の小さい PDCA に取り組み、顧客の心の中に、「自社や商品の居場所」を作ることが大事です。この居場所のことを**マインドシェア**と呼びます。これからの人口減時代には、顧客の心の中にどの程度しっかりとした居場所を作れるか（＝マインドシェアをどれだけ大きくできるか）がとても重要です。

人口がどんどん増えていた高度成長時代は「市場でどれだけ自社の製品を販売できるか」という「市場シェア」が重要視されていました。人口がどんどん増えるということは、市場がどんどん大きくなるということ。つまり、どの会社も新しい顧客をどんどん開拓して市場シェアの拡大を狙っていたのです。当時は、それが売上を伸ばす最短の方法でした。

しかし、これからの人口減の時代は違います。市場はどんどん縮小していく。顧客は増えるどころか、減っていく。限られた顧客を、競合する企業は奪いあうことになります。そのような状況では、

既存の顧客を、どうやって自社のファン・リピーターに育成するか

が売上拡大の最大のポイントとなります。だからこそ、市場シェアよりもマインドシェアが重要視されるのです。

さらに人口減の時代には、個々の顧客のマインドシェアを増大させ **LTV（ラ**

イフ・タイム・バリュー）を最大化する必要があります。LTVとは「顧客生涯価値」と訳されますが、要は「ある顧客が、生涯にわたってあなたの会社の商品をどれだけ買ってくれるか」ということ。個々の顧客のLTVを最大化することこそ、人口減時代に売上・利益を確保しつづける最善の方法なのです。顧客起点をより徹底しなければならない理由はここにもあります。

知名度ゼロから
確実に成功を積む
6つの施策

施策編

記事執筆コンテンツ作成	ソーシャルメディア（SNSなど）	Web広告
SEO ※狭義のSEO		

※広義のSEO

Webサイトの構築・運用

守りのWebマーケティング

ここからは「施策編」として、前ページの図中で挙げた6つの施策ごとに各論を説明していきます。施策ごとの関係性は次のとおりです。

> ・すべての施策の母艦（ベース）となる**Webサイト構築・運用**
> ・顧客にも検索エンジンにも信頼される**SEO**
> ・強力な集客施策としての**Web広告**
> ・すべての施策にはセキュリティやGoogle対策などの**守りのWebマーケティング**が存在する

　戦略編でもお伝えしたとおり、この施策ごとに「小さいPDCA」を回していきます。いずれの施策においても、「PDCA ＝ 仮説実行、戦略的な試行錯誤」が成功のキーになる点は変わりません。
　具体的な回し方はそれぞれの施策によって異なるため、各章で説明していきます。ぜひ本書を読みながら、あなた自身のビジネス目標や施策に置き換えてKGI/KPIを検討し、

目標に合致した仮説立案→実行→確認→改善

というPDCAを何度も回してください。それこそが**Webマーケティングの成功を勝ち取る唯一の方法**となります。

施策編

第4章

すべての礎になる
「Webサイト」の
構築と運用

記事執筆 コンテンツ作成	ソーシャル メディア （SNSなど）	Web広告
SEO ※狭義のSEO		

※広義のSEO

Webサイトの構築・運用

守りのWebマーケティング

第4章

事例 8

街の眼鏡店のWebサイト
〜顧客の疑問を先回りして説明する設計に

●状況

　Bさんは勤務先の会社で中間管理職を務めるアラフォーの男性です。これまで視力には自信があったのですが、最近、文字が見えにくいと感じることが増え「いよいよ眼鏡を作ることが必要だな」と考えました。そこで、Bさん宅の最寄り駅の近くに眼鏡店が2店（Z眼鏡店とA眼鏡店）あるので、そのどちらかにしよう、と思っています。

　Bさんは奥さんと娘さんの3人家族で、これまで3人とも視力がよかったので、家族のうちだれ1人、眼鏡屋さんにお世話になったことがありません。Bさんはどちらの店舗がいいのか、まったくわからなかったため、それぞれのWebサイトをのぞいてみることにしました。

●Z眼鏡店の場合

　まず、駅前の目立つ場所にあるZ眼鏡店のWebサイトからチェックしました。Z眼鏡店は、立地場所もいいこともあって、いつも活気があるイメージです。検索エンジンでZ眼鏡店のWebサイトを見つけると、とてもオシャレなトップページが表示されました。

「なんとなく、いい雰囲気だな」

というのが、Bさんの第一印象です。

　しかし、Z眼鏡店のWebサイトは、ほとんどが眼鏡のフレームの写真やレンズの説明、そして価格情報ばかり。特に、オシャレなブラン

ド物のフレームの写真や、モデルが眼鏡をつけているイメージ写真が多く、Bさんが満足するような情報は、ほとんど見あたりません。

ためしに「会社概要」と書かれたページを見てみましたが、会社名と電話番号、住所だけしか記載しておらず、どういう会社が運営しているのかもよくわかりません。

そもそも、はじめて眼鏡屋さんへ訪問するBさん自身も、どんな情報がほしいのかよくわかっていないこともあり、ちょっとモヤモヤしてしまいました。

「このお店は、はじめてのお客さんはターゲットにしていないのかな？」

実店舗の外見から親しみを持てそうな印象を持っていたBさんですが、Webサイトを見てしまうと、Z眼鏡店に敷居の高さを感じてしまいました。

●A眼鏡店の場合

Bさんは、もう1つのA眼鏡店のWebサイトをチェックすることにしました。A眼鏡店の実店舗は、駅前SC内のフロアの奥のほうにあるため、Bさんにとって印象は薄いものでした。A眼鏡店のWebサイトも「よくある、普通の眼鏡屋さんのWebサイトだな」というのが、Bさんの第一印象です。

トップページを見てみると、目立つ位置に**はじめての方へ**と書いたバナーがあったので、Bさんはそれをクリックしました。すると、代表者のご挨拶と書かれたページが表示されました。人のよさそうな社長さんとともに、挨拶文が書かれています。

- A眼鏡店は創業45年。先代は現社長の父親であり、大手の チェーン店ではなく、地元を基盤に眼鏡を販売してきた会社で あること
- 地元の皆さんに助けられてここまでやってきたので、微力なが ら、今後とも地元のために力を尽くしていきたいこと

などが書かれていました。Bさんは「創業45年の地場の会社なら、商品にトラブルがあっても、きちんと対応してくれるかも」という印象を持ちました。

　つづいて、そのページの下に**スタッフ紹介**というバナーがあったので、Bさんはクリックしてみました。新人からベテランの技術スタッフまで、それぞれの担当業務と仕事に対する抱負が書かれています。それぞれの笑顔の写真とともに掲載されており、Bさんは、「A眼鏡店に行けば、この中のだれかが接客してくれるんだな。だれが担当してくれるのだろう」と、少しだけ親近感を感じたのでした。

　さらに、そのページの下にあった**当店が選ばれる理由**というバナーをクリック。そこには、

- 視力測定
- フィッティング
- 眼鏡のフレーム修理

などをおこなっている様子が、いくつもの写真入りで説明されていました。文章を読むと、A眼鏡店は「スタッフの技術力の高さ」が一番のウリだそうで、たしかに、細やかな写真つきで修理の様子を説明されると、そのことが実感できるような気がします。

　ここまで読んで、A眼鏡店にかなり好意的な感情を持ったBさんですが、一方で、

「まてよ、Webサイトを作っているのはA眼鏡店の中の人だから、都合の悪いことは書かずに、いいことばかり書いているのではないだろうか」

という気持ちも浮かんで来ました。そこで、**お客様の声**をチェックすることにしました。「お客様の声」のページには、地元の高齢者・学生・会社員などが大勢、名前（姓）出し・顔写真つきで掲載されています。文章を読んでも、やはりA眼鏡店の技術力は高そうで、さらに丁寧な接客を受けたらしく、皆さん満足されている様子がわかります。また、個人情報の取り扱いが厳しい時代に、名前と写真の掲載を許可するとは、顧客は本当にお店を信頼しているんだろうな、とBさんは感じました。

　ここまで読んで、自分の眼鏡を作ることには疑問や不安はなくなったAさんですが、もうすぐ娘の受験の準備がはじまることを思い出し、

「子どもの眼鏡も、この店で作れるのかな？」

とふと疑問に思ったので、Webサイトの**よくある質問**をチェックしてみました。そこには、「子どもの眼鏡も作れますか？」という質問があり、回答欄には、

「成長期にあるお子様の目にとって、眼鏡やコンタクトレンズは治療の一環となるケースもあります。まずは眼科に行って、適切な治療や指示を受けてください」

と書かれていました。これを読んだAさんは、「この店は、目の前の売上よりも、顧客の利益を考えているのだな」と感心しきりです。すっかりA眼鏡店を信用したBさんは、眼鏡を作りにいくことが楽しみになってきたのでした。

4-1 ユーザーの動線を意識したWebサイトの設計

施策編のトップバッターは「Webサイトの構築・運用」です。Webサイトはお客様に対する情報発信・関係構築・クロージングのすべてで**母艦になる存在**。当然ながら、そこには考え抜かれた精緻な戦略が求められます。まずはWebサイト設計の重要なポイントについて具体的に見ていきましょう。

選ばれるためには、ユーザーの「動き」に着目

　Webサイトを閲覧するユーザーの属性はさまざまです。はじめてあなたのサイトを訪問したユーザーが、そのまますぐに購入や問い合わせをすることは少数派です。**徹底的に検索して複数のサイトを比較する**ことがユーザーの基本動作だからです。

　それでも、あなたは**自分のWebサイトを訪問したユーザーにどんな行動をとってほしいか**という動線を想定し、Webサイトに組みこむ必要があります。

　事例のA眼鏡店では、「はじめて訪問したユーザー」に向けて、明確な動線を用意していました。まず、トップページの目立つ位置に「はじめての方へ」のバナーを設置しています。そこで、「代表者の挨拶」を読んだ後に、続けて「スタッフ紹介」を読んでほしいため、次の図のように、ユーザーが動線に沿ってページ遷移をするように、各ページに誘導のボタンを配置しています。

Webサイトの動線イメージ

はじめて訪問したユーザーに、あなたが訴求したいコンテンツを訴求したい順番で閲覧するように誘導し、信頼と期待を育成しているのです。また、このようなWebサイトを設計して公開した後は、

ユーザーがどのページで離脱しているのか

をチェックし、**離脱率が高いページを集中的に改善**することで、より多くのユーザーができるだけ長く動線にそって閲覧するように改良します。

　もちろん、いくら動線を改善したところで、はじめてのユーザーが購入や問い合わせまですることは多くないでしょう。そこで、リピートユーザー（複数回Webサイトに訪れてくれるユーザー）の対策として、**価値あるコンテンツを定期的に更新するしくみ**を取り入れています。ほかのWebサイトとの比較をくり返しながらも、あなたのWebサイトのコンテンツのファンになってくれたユーザーは、あなたとの信頼関係を徐々に構築し、「あなたの商品だったら信頼できるし、効果がありそうだな」と期待してくれるようになるでしょう。リピートユーザーには、「あなたと取引をしよう」と確信を持つまで何度でも気が済むまでWebサイトに訪問してもらい、決断してもらうことが必要です。

A眼鏡店のWebサイトの目的

問い合わせを
獲得する

・新規訪問者に対する導線

→「はじめての方へ」から順に戦略ストーリーに沿って情報を閲覧させる。その結果として、問い合わせをさせる。少なくとも、リピートしたい気持ちにさせる。

・リピーターに対する導線

→情報を頻繁に更新し、信頼関係の構築や期待を育成する。さらにリピーターの背中を押し、問い合わせをさせる。

以上のように、ユーザーごとに動線を想定し、Webサイトに組みこみ、多くの競合の中から、あなたの商品・サービスを選んでもらえるように改善をくり返すことが重要です。

ユーザーの動きを利用するには、Webサイトの「目的」を絞る

　A眼鏡店のようなしくみを組みこむために、もっとも重要なことはなんでしょうか？

　それは**あなたのWebサイトの目的を1つに絞りこむこと**です。A眼鏡店のサイトの場合は「リアルの店舗に訪問してもらうこと」がWebサイト単体としての目的でした。これが「ユーザーの訪問に加え、アルバイト求人もしたい」などと考えると、とたんにWebサイトの動線が破たんします。Web解析もできません。眼鏡がほしいユーザーとアルバイトに応募したいユーザーは、そもそもまったく別の属性だからです。

複数の目的がある場合、Webサイトを目的の数だけ制作する

　この基本を忘れないでください。あなたのWebサイトに適切なユーザー（ペルソナ）が訪問した場合、サイトのコンテンツを真剣に読み、それが望ましいユーザー行動として滞在時間・ページ遷移数などの数値に表れるはずです。

　そのようなサイトはGoogleからも高く評価されますから、SEO観点でもWebサイトの目的を絞り明確化することは重要です。

ユーザーが重要なのは、Webサイトのデザインなのか？

　Webサイトを構築・運用する際に、1つだけ勘違いしてほしくないことがあります。それは、

「デザインや構成など、ほかのWebサイトにないユニーク（独創的）なものを作ろう」

とは、決して考えてはならないということです。もちろん、Webサイトにユ

ニークさは必要です。しかし本当に必要なユニークさとは、デザインや構成ではなく、**Webサイトに書きこまれるコンテンツ**です。たとえば、

・選ばれる理由（USP）
・商品紹介
・会社概要
・お客様の声

など、信頼と期待を醸成するモノの中身で、ユニークさを勝負すべきです。

　Webサイトの目的を絞り、その目的に向けた戦略ストーリーを展開するなら、効果が出るWebサイトの構成やデザインはいくつかのパターンに収束します。Webサイトのデザインや構成にユニークさは必要ありませんし、時として有害でもあります。デザインや構成に凝ってしまい、「情報が見にくく、どこにどのような情報があるのかわからない」そんな残念なWebサイトは数多くあります。

　もちろん、美容・ファッション分野など、デザインや構成も美しくてコンテンツも見やすいサイトもありますが、それらはデザイナーとWebマーケッターが協力し、多大なコストをかけて開発されたサイトでしょう。デザインや構成にそこまで力を入れることは、大企業ならともかく、中小企業ではおすすめしません。

　見込み顧客は「Webサイトのデザインや構成がいいから」という理由で、あなたの商品やサービスを選ぶことはないのです。もちろん、デザインが古くさいなど、一定の水準を満たしていないものは問題外ですが、必要以上に力を入れることはありません。むしろ、あなたが「このサイトわかりやすいなぁ」「このサイトの構成だったら、商品の良さが伝わっているなぁ」と思うサイトを洗い出し、まずは**サイトの考え方をマネする**ことから入ることをおすすめします。

　そのうえで、**コンテンツの作成**に徹底的に力を入れるべきです。Webサイトには静止画や動画などもありますが、やはり主力のコンテンツはテキスト。あなたの書く文章で、顧客と信頼関係を作り、期待を育成することが重要です。

目的のボタンはどのページからも一番目立つように

前項でも述べましたが、デザインや構成はユニークさを狙うのではなく、「ユーザーにわかりやすい＝よくあるパターン」で十分です。特に、その**Webサイトの目的のボタンや案内**は、どのページからでもひと目でわかるようにしましょう。

A眼鏡店のWebサイトは「店舗訪問者の獲得」が目的なので、ユーザーが問い合わせをしたいと思ったらすぐにアクションできるように**電話番号や「お問い合わせ」の案内やボタン**は、どのページでも必ず右上に出るようにしています。また、商品説明やお客様の声などの主要なページでは、文章を読み終えた顧客の気持ちが盛りあがったあと、すぐに問い合わせができるよう、ページの一番下にも配置するといいでしょう。

販売目的や採用目的のWebサイトでも同様です。購入ボタンや申し込みボタンはどこでも目立つ位置に配置します。もしそうした行動を起こすための案内やボタンがどこにあるのかわからなければ、せっかく「行動を起こしたい」と考えた顧客もあきらめてサイトから離脱してしまいます。

目的のボタンや案内が一番目立つように

というのはあたりまえのことですが、デザインなどに凝るあまりきちんとできていないサイトが多くあります。ぜひ、あなたはそのようなことのないようにしてください。

検索エンジンにあなたのサイトの価値を正しく伝える

Webサイトは、その目的に沿うように「ユーザーに行動してもらう」ことが必要ですから、ユーザーを意識して構築・運営するのは当然ですよね。

しかし、それだけでは不十分です。というのも、あなたがどんなにユーザーに支持されるコンテンツを作ったとしても、検索エンジンで上位に表示されなかったら、ターゲットユーザーに届けるのは難しいからです。

検索エンジンにWebサイトの価値を正しくつたえ、上位表示を目指すための施策を**SEO**といいます。この本の読者の方なら、SEOという言葉は聞いた

ことがあるでしょう。

　では、どの検索エンジンを対象にして、SEOを取り組めばいいでしょうか？　我が国の検索エンジンのシェアは、GoogleとYahoo!で90％以上を占めています。では、対象となる検索エンジンもGoogleとYahoo!の2つかというと、そうではありません。2024年10月現在、Yahoo!の検索エンジンはGoogleのシステムを利用しています。したがって、Yahoo!での検索結果はGoogleのものとほぼ同じ。SEOも、現在我が国ではGoogleだけを対象にすれば問題ないでしょう。

　現在、SEOの考え方は大きく変わりつつあります。それは、

SEOをしないことが最良のSEO

とも言うべき状態になってきているのです。

　どういうことかといえば、これまでのSEOでは「検索するユーザーにとって価値のないサイトでも、Googleの裏をかいて上位表示しよう」という傾向が強い施策も多くありました。しかし人工知能すら搭載して久しいGoogle検索エンジンは、あまりにも賢くなりすぎており、小手先の裏ワザなどすべて見破られるようになっているのです。

　つまり、検索エンジンで上位表示を実現するためには、

どの競合サイトよりもユーザーに信頼されるWebサイトを作り、その価値をGoogleにも正しく伝える

ということ以外ありえません。

　結局は、ネットにおいても現実社会においても「顧客に信頼される行動をとり続ける」という原則に忠実な施策をすれば、細かいGoogleの変更に右往左往する必要はありません。むしろ、日々のGoogleの変更は、Googleと敵対する業者への取り締まりの側面もありますから、「あなたのサイトの価値をGoogleに正しく伝える」という最低限のSEOさえしていれば、「ユーザーにとって価値のないサイトが淘汰される」ことで、自然とあなたのサイトの順位が上がることさえあるでしょう。こうした現在のSEOの考え方や必要な施策については、第7章でくわしく説明します。

4-2 「結果・共感・保証」を書き、ユーザーの信頼を勝ち取る

ここからはWebサイト構築・運用の戦略そのものを見ていきます。Webマーケティングの勝ちパターン全体と同じく、その中心となる考え方は「お客様との信頼関係強化」になります。小手先ではない、Webサイト運営の本質をしっかり理解しましょう。

Webサイトに「戦略」を組み込もう

あなたが構築・運営するWebサイトのすべてのページは、当然ながら、Webマーケティングの戦略を実現するための要素になっていなければなりません。それでは、具体的にどのようなページ構成にすればいいのでしょうか？次の図をご覧ください。

売れるWebサイトのページ構成の例

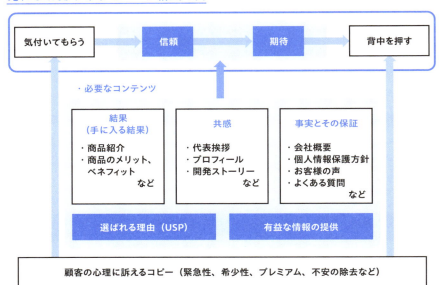

図中の「選ばれる理由（USP）」は、第2章で説明したとおり。また「有益な情報の提供」については、次章でくわしく解説します。

　ここでは、次の4点を1つずつ説明していきます。

- ・顧客が手にできる「結果」
- ・顧客に「共感」してもらうためのストーリー
- ・信頼・期待できるに足る「事実とその保証」
- ・顧客の心理に訴える「コピー」（キャッチコピー）

顧客が手にできる結果を具体的に記述する

　Webサイトには、ユーザーに閲覧してほしい商品やサービスを掲載しますよね。そのとき、一般的な商品・サービスの説明（機能や仕様）に加え、

顧客にとって、どのような価値があり、ベネフィット（便益）やメリットをもたらすか

を明確にすることがより重要です。たとえば、眼鏡店の場合、フレームやレンズの性能ばかり訴求してもターゲットの心に響きません。高齢者の顧客であれば、

「目の前がよく見えるようになり、安心して生活したい」
「視力をとり戻して、アクティブに行動したい」
「孫が運動会で活躍する様子を目に焼きつけたい」

などの結果を手に入れたい、と考えているはずです。

　また、化粧品であれば化粧品の中に入っている成分ではなく、女性は「美しい肌」や「他者からのあこがれの視線」を手に入れたいのです。これが化粧品のベネフィットになります。

　商品・サービスのベネフィットは、つまるところ「顧客の悩み・痛みを解決

する」か「顧客に快感・快適を与える」の2つしかありません。

顧客にとって、どのような価値・便益があるか

　これを第一に考え、「顧客」を主語にして、手に入れられる本当の価値・便益を表現してください。

顧客に共感してもらうストーリーにする

　「代表挨拶」「プロフィール」などで、「あなたの想い」や「その想いを抱くに至った経験」「その結果獲得した技術」を物語として説明し、顧客の共感を獲得します。2-3節を参考に執筆してください。

　しかし、特にプロフィールで、1点注意しなければならないことがあります。それは「決して自慢にならないようにする」こと。過去の経験や実績で現在があるとしても、挫折1つない成功体験ばかり書いていると自慢話のように聞こえてしまいますし、人並外れたスーパーマンには共感しにくいものです。

　もちろん、顧客によっては「あなた（の会社、商品）はすばらしい！」と感心し、評価してくれる場合もあるでしょう。ですが、あなたの周りに自分のことを自慢ばかりする人がいたら、あなたはどう思いますか？　すごい人だと思っても、度をすぎると「親しくしたい」とは思わなくなりますよね。そのような方を心から信頼することも、難しいかもしれません。

　それではどのようにすればいいのでしょうか。答えは**ギャップを意識する**ことです。ギャップとは差異のこと。現在のあなたが「信頼に足る人」「顧客に価値ある商品やサービスを届けられる人」だとしても、決して以前からそんなにすばらしい人であったわけではないでしょう。どんな人でも、過去に辛い経験や挫折、障害の1つや2つ、必ずあったはずです。そして、そのような経験を乗り越えたあなたは成長し、なにかしらの想いを持っていることでしょう。

　このように、プロフィールはギャップを意識することで、物語化が明確となり、顧客の感情を揺さぶります。また、「辛い経験や挫折、障害を経験したあなた」に対し、顧客は共感することでしょう。ほとんどの方が、そういった経験をしているからです。

たとえば、ある学習塾（コンセプトは補習専門）の場合で考えてみましょう。経営者である塾長は一流大学を卒業しています。このことは学習塾のアピールになるでしょうが、勉強の得意でない生徒や親にとって少し遠い存在に感じられるかもしれません。

しかし、そんな一見エリートな塾長がなぜ「補習専門」というコンセプトで指導をしているのでしょうか。もしかすると、塾長も中学時代は落ちこぼれていたり、不良だったりした過去があるのかもしれません。そうであれば、それを隠さずに、どのような経緯でそうした状態から立ち直ったのかを、恥ずかしがらずに顧客に伝えるべきなのです。

> 学校の勉強についていけず悪い友だちと遊びまわっていた時代もあったが、あるとき親がどうしてもと勧める補習塾に入った。そこの先生が、わからない問題を徹底的にかみ砕いてわかるようになるまで教えてくれた。また、勉強以外でも、悪いことをしたら本気でしかってくれたり、悩んでいることがあれば徹底的に相談に乗ってくれたりした。
>
> その出会いが自分を変えてくれたし、将来、昔の自分のような生徒と徹底的に向きあう仕事がしたいと思った。

などとプロフィールに書かれていれば、だれもが共感するのではないでしょうか。もちろんウソはいけませんが、ぜひギャップを意識しながら、あなたのこれまでの人生を棚卸してください。

さらに、過去のあなたに共感した顧客は、あなたの商品・サービスを利用することで、現在のあなたのような**信頼できる人・他人に価値を提供できる人**になれるかもしれない、と考えるようになります。なぜなら、過去のあなたに共感することは「顧客が過去のあなたに感情移入する＝同一視する」ことです。過去のあなたと現在のあなたのギャップ（差異）の結果、生まれた商品・サービスを使うことで、顧客自身も現在のあなたと近い存在になれるかもしれないと期待します。

第4章 すべての礎になる「Webサイト」の構築と運用

戦略編

施策編

顧客に共感してもらうためのストーリー

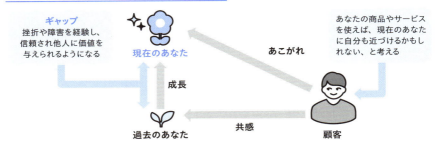

　第2章のUSPのところでも触れましたが、物語には人の心を動かす力があります。ぜひ顧客に共感してもらい、信頼関係が構築できるような物語を文章にしてください。

まずは「会社概要」を充実させる

　顧客は「あなたの商品・サービスが持つ価値」を理解し、「あなたへの共感」を覚えました。続いて、その価値がまちがいなく手に入り、あなたが本当に信頼するに足る、という証拠を示さなければなりません。まず必要なのは会社概要のページを充実させることです。

「会社概要なんて、とりあえずあればいいだろう」

などと考えている方がいたら、それは大まちがいです。
　じつは、中小企業のWebサイトで、もっともアクセスが多いのが会社概要です。顧客の心理からいえば、商品・サービスが一見よさそうに見えても、売り手が信頼できるかどうか、のほうがより重要です。
　たとえば、昔はどこの町にも一軒ぐらいまずい中華屋さんがありました。しかし今では、どこの飲食店に行っても、それなりに美味しいものが食べられます。これだけ競争が激しい時代に、美味しくない店を選ぶ顧客はいないからです。しかし、安くて美味しい店を（だれかの紹介ではなく）たまたま見つけた場合、あなたはすぐにその店を信用するでしょうか？　「どうしてこんなに安いのだろう。もしかして悪い材料をつかっているのかな」などと、疑ってしま

うのではないでしょうか。

このように、現在の顧客は、非常に疑い深くなっています。第1章でも説明したように、顧客は名前を知らない中小企業だけでなく、だれもが知っている大企業やマスコミでさえ、ウソをついたり都合の悪いことを隠したりすることを知っています。そして、だれもが「騙されたくない」と思っています。騙されないためには、

「信頼している売り手であるか」
「信頼している人が紹介した売り手であるか」

が重要です。これが「会社概要」がもっともアクセスを集める理由です。

それでは、会社概要にはどのような情報を載せればいいのでしょうか。以下のような情報を掲載するのがよいでしょう（一般的には表組などで表示します）。

・会社名
・法人番号
・設立年月日
・資本金
・代表者
・所在地（地図）
・電話番号
・事業内容
・主要銀行
・主要取引先
・適格請求書発行事業者登録番号

さらに「代表者挨拶」「沿革」「役員紹介」「スタッフ紹介」など、広く情報開示できればできるほどWebサイトを閲覧するユーザーに与える信頼性は高まります。できうる限りの情報提供を心がけましょう。

信頼アップのために充実させるべき3つのページ

「会社概要」以外にも、以下の3つのページを充実させ、あなたの会社が信頼＆期待できることを伝えなければなりません。

❶お客様の声

あなたが「その商品・サービスはどのようなベネフィットをもたらすか」をしっかり記載しても、まだ信頼関係が構築できていない状態なら、顧客は文字どおりに受けとりません。むしろ、Webサイトに書かれているベネフィットが大きければ大きいほど、「ほんとかなぁ」と警戒するものです。

そこで、商品・サービスのベネフィットを担保するものが**お客様の声**です。登場していただくお客様には、できれば実名・顔写真・お住まいなどを記載させてもらえるように頼んでみましょう。たとえば、学習塾のような教育機関の場合、「合格者の声」を載せる傾向があると思います。もちろん「合格者の声」は大切ですが、「詰めこみ教育で合格」した場合と「生徒の好奇心を引き出して楽しみながら合格」した場合では、その価値は大きく違うのではないでしょうか。そのような情報開示が多ければ多いほど、信頼性や説得力が増します。

お客様の声の中で、あなたの商品・サービスから受けた**ベネフィット**を具体的に書いてくれればくれるほど、それを読む見込み顧客の頭の中に、自分が商品・サービスを利用したときのイメージが広がり、期待がふくらみます。信頼を担保し期待をふくらませる「お客様の声」は、Webマーケティングでもっとも重要なコンテンツの1つといえるでしょう。

❷よくある質問

商品・サービスを本気で検討している顧客ほど、目を皿のようにしてWebサイトをスミからスミまで読んでいきます。最初はさまざまなサイトを流し読みしていても、最終的に、いくつかの商品（サイト）に候補が絞られます。「まちがった買い物はしたくない」と考える顧客は、それぞれを真剣に比較・検討します。

これがリアルな店舗での購買活動であれば、わからないことは店員に質問することもできます。しかし、**Webサイトでは記載されている情報がすべて**。もちろん、問い合わせフォームから問い合わせすることもできますが、返信が

来るまで時間がかかることを嫌うユーザーも多いでしょうし、そんなめんどうなことをするぐらいだったら、別のWebサイトで購入してしまうかもしれません。

そこで**よくある質問**のページで、「顧客が考えるだろう疑問をすべて洗い出して答える」ことが必要です。ネットショップであれば「送料やお届けスケジュール、返品の取り扱い」などの基本的な情報はもちろんのこと、安さを売りにしているショップであれば「どうしてあなたのお店はそんなに安いのか」、その理由も書きましょう。その理由が「流通を簡素化して生産地から直接、大量に仕入れることに成功したから」だとすれば、それをしっかり記載することで、ショップの強みの訴求にもなりますし、顧客も安い理由に納得します。疑り深い顧客は、たとえ自分にメリットがあることでも「どうしてこんなに安いのだろう」と思った瞬間に疑いはじめます。「訳あり品を仕入れているから安いのではないか」「粗悪品なのではないか」など、理由を書かなければ不安に思う顧客もいます。

一方、**マイナスイメージに感じること**も説明しましょう。あなたのショップが「値引きをしない」「電話でのサポートはしない」方針でやっているのであれば、それを明示し、その理由もしっかり説明します。たとえば、

> 「仕入れを工夫し、できるだけ適正価格となるよう日々努力しているので、いっさい値引きはしておりません」
> 「コストを1円でも下げて、お客様がお買い求めやすい価格を実現するために、サポートはメールだけにさせていただいております」

など、誠実にその理由を書くのです。これで、多くの顧客は不満を持つことなく、むしろあなたの誠実な態度に好感を抱くでしょう。このように顧客の疑問に徹底的にこたえ、信頼を高めていくことが重要です。

❸個人情報保護方針

プライバシーポリシーともいいます。Webサイトでお問い合わせを受けつけるときやメルマガを登録するときに、個人情報を取得しますが、その際、個人情報の収集と利用目的を記述しなければなりません。

利用目的は「お問い合わせに対応するためだけに利用」「メルマガ送信のためだけに利用」という場合もあれば、「営業やDM送信に利用」と書く場合もあるでしょう。

いずれにしても、収集した個人情報の利用目的を明確にし、記載した以外で利用しないことは当然です。個人情報保護方針は、個人情報を取り扱うWebサイトであれば必ず記載しましょう。1つひとつ、小さな信頼を獲得していくためにも必要です。

自分ゴトと思わせるキャッチコピーが必要

ネットユーザーはとてもせっかちです。新しいWebサイトに訪れたユーザーは、そのサイトが自分にとって有益かどうか、わずか3秒で判断し、「自分にとって必要ない」と感じればサイトから離れてしまいます。では、ユーザーは3秒の間に、なにをもとにしてサイトを判断しているのでしょうか。

それは、Webサイト全体の雰囲気とキャッチコピー（見出し、小見出し）です。

Webサイト全体の雰囲気とは、デザインや構成、カラーリングなど文字どおりWebサイト全体から受ける印象です。ここでWebサイトのデザインが古くさい、色づかいが見にくいなど違和感を覚えると、ユーザーは読み進めることをためらうでしょう。しかし、デザインや色遣いといったものは、ある程度のレベルを満たしていれば、それほどユーザーの閲覧に障害になることはありません。逆の言い方をすれば、「デザインやカラーリングがすばらしいから、そのサイトの閲覧を続ける」ことはあまりないのです。

より重要なのはキャッチコピーです。キャッチコピーを読んで、

「自分に関係するサイトなのか」
「読む価値のあるサイトなのか」

をユーザーは判断します。そして、自分にとって価値があると判断した場合のみ、本文を読み進めます。このように、Webサイトのキャッチコピーの出来次第で、あなたのWebサイトを読み進めてもらえるかどうかが決まる、といっても過言ではないのです。

優れたキャッチコピーの3条件

それでは、どのようなキャッチコピーを作ればいいのでしょうか？

先ほどの文章の中にもヒントがありましたが、以下3つの条件を満たしたキャッチコピーを作ることが必要です。

❶ターゲットを絞り「自分ゴト」と思わせる（適切なペルソナの設定）

1つ目は「自分ゴト」と思わせること。先述のとおり、読み手は「自分に関係あるもの」と思わなければ興味を持ちません。そのためには適切なペルソナを設定して、ターゲットを明確にしたキャッチコピーにする必要があります。

❷ベネフィット（価値）を明らかにする（USPの訴求）

2つ目の「読み手にとってどのようなベネフィット（価値）があるか」を明らかにするとは、USPを表現するということです。読み手が自分ゴトと思っても、自分にとって価値がなければ興味は継続しません。ベネフィットを明確にするには商品・サービスの機能や内容ではなく、その商品・サービスを利用することで「どのような結果が得られるか」が重要です。読み手にとって「どのように望ましい状態」になるのか、そこをしっかり表現する必要があります。

❸数字を使うなど具体的に表現する

3つ目は、キャッチコピーが具体的であること。前節で説明した数字を使うこと（定量的であること）がその1つです。そのほか、できるだけあいまいな表現は避けるようにしましょう。

この3点が読み手の注意をひき、本文へ誘導するキャッチコピーの最低条件だと思ってください。キャッチコピーは、それだけで何十冊も本が作られているぐらい奥の深いものですが、USPをもとに上記3点に気を配るだけで、効果の高いキャッチコピーができるでしょう。

第4章 すべての礎になる「Webサイト」の構築と運用

戦略編

施策編

ハイレベルサイトマップでWebサイト全体の構造を設計する

　ここまで、すべてのWebマーケティングの礎（中核）となるWebサイトの考え方・構成・要素について説明してきました。つづいて、これらをすべて取り入れたあなたのWebサイトの全体構造を設計し、「見える化」しましょう。ここで作成するのが、ハイレベルサイトマップです。

「サイトマップ」という言葉を耳にしたことのある方は多いでしょうが、ひと口にサイトマップと言っても、以下のような種類があります。

名称	おもな利用時期	概要
ハイレベルサイトマップ	Webサイト設計時	Webサイトの全体構造や階層関係をツリー図としてわかりやすく示したもの。必ずしもすべてのページを掲載する必要はなく、目的別に代表的なページを分類して表記し、ユーザーの動線を可視化します。戦略の検討や関係者の意識合わせなどに利用します。
ディレクトリマップ	Webサイト構築時〜運用時	サイト構築にあたりすべてのWebページを洗い出し、サイト構造を詳細に分類したもの。開発や運用時の基準となるページ一覧。
HTMLサイトマップ	Webサイト運用時	公開したWebサイトの1つのコンテンツ。おもにユーザー向けに、Webサイト内に存在するページやコンテンツをわかりやすくナビゲーションするページ。
XMLサイトマップ	Webサイト運用時	検索エンジン向けに、Webサイト内に存在するページのURLをXMLデータとして書き出したもの。検索エンジンがWebサイトをクロール（巡回）してWebサイトの構造を正しく把握することに役立ちます（くわしくは第7章を参照）。

「実際のWeb制作は別の担当者（制作会社）がおこなうから、自分には関係ないだろう」

そう思われた方もいるかもしれません。たしかに、この本の読者のなかには経営者・Webマーケター（企画・事務系出身）など、Web制作技術に明るくない方も多いでしょう。しかし、そういった方こそ、ハイレベルサイトマップの設計には主体的に関わってほしいと思います。

　ハイレベルサイトマップは、大規模サイトになればなるほど、一定の情報アーキテクチャについての知見がある方（例：インフォメーション・アーキテクト、Webディレクターなど）の差配のもとに設計するべきです。ですが、ハイレベルサイトマップのもっとも重要な目的は、

適切なユーザー動線を設計することで、Webマーケティングの目的（＝売上、成約）を実現すること

にあります。だからこそ、経営者やWebマーケターが無視してはいけない存在です。

　情報アーキテクチャに従って適切なサイト設計することは、あくまで最終目的のための手段にすぎません。情報アーキテクチャの専門家の支援を仰ぎながらも、経営者やWebマーケターが本来の目的に沿った動線が設計されているかを確認し、確実に進めていくことが必要です。

　なお、A眼鏡店Webサイトのハイレベルサイトマップは以下になります。

ハイレベルサイトマップと新規顧客の動線

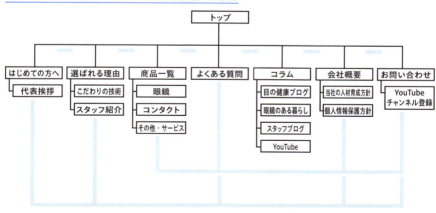

この図では、はじめてWebサイトを訪問されたお客様の動線について検討して書き込んであります。一番左のメニュー（はじめての方へ）から1つずつ順番に右に進んでもらうことが理想ですが、ユーザーのマインドや状況によって異なる動線となるケースもあるため、そのようなケースについても洗い出しをしています。

Webサイトの目的（コンバージョン）は、**一番右の「お問い合わせ」または「YouTubeチャンネル登録」をしてもらうこと。**および、**それぞれのページ下のボタン（CTA）から申し込みをしてもらうこと**ですね。

どうすればその目的を高い確率で達成できるのか、ハイレベルサイトマップを見ながら仮説を組み立てていくことになります。こちらを参考に、ぜひあなた自身が中心となってハイレベルサイトマップの設計を行ってみてください。

第4章

事例 9

街の眼鏡店のネットショップ
～分析の結果、購入成約率が高い動線を発掘

●背景

　A眼鏡店では、日本の中小眼鏡ブランドの中から社長自らがこだわりを持って選んだ製品を販売するネットショップを立ち上げました。このネットショップの立ち上げに際し、購入者の動線を、

トップページ→ブランドカテゴリページ→商品詳細ページ→購入ページ

と想定し、ユーザーインタフェースを工夫しました。また、リスティング広告（検索エンジンの検索結果画面に表示される広告、P.275参照）を活用して集客を図りました。

●分析

　ネットショップ立ち上げ後、Googleアナリティクス4（GA4）を使い、**購入者の動線**を分析しました。その結果、多くのユーザーが想定どおりの動線で商品を購入していることが明らかになりました。

　しかし、想定外のこともありました。それは、一部のユーザーがリスティング広告からトップページにアクセスした後、**αブランド眼鏡の実際の使用感**という特定のブログ記事を読んでいたことです。そのブログを読んだユーザーの購入数は想定どおりの動線からの購入と比べて数は小さいものの、**成約率（CVR）は想定動線どおりに遷移したユーザーよりもはるかに大きい**ことが判明しました。

●対応と結果

　この発見を受け、A眼鏡店では「αブランド眼鏡の実際の使用感」の記事のリライトに注力しました。具体的には、以下のような施策をおこないました。

> ・商品のメリット・デメリットをより具体的にわかりやすく詳述した
> ・記事の文末に購入ページへの遷移ボタン（CTA）をわかりやすく設置した
> ・購入を促すマイクロコピー（P.128参照）などの施策を実施した
> ・トップページから「おすすめ記事」として目立つように配置した

　その結果、ブログ記事経由でのαブランド眼鏡の販売数とCVRがさらに向上しました。A眼鏡店では、今後はリスティング広告のランディングページをトップページではなく、ブログ記事にすることも検討しています。

4-3

戦略性のある試行錯誤だけが Webマーケティングを成功に導く

第4章 すべての礎になる「Webサイト」の構築と運用

事例では、Googleアナリティクス4（GA4）を使ってネットショップにおける購入ユーザーの動線を検証し、その結果をみて、サイトの改善を行っています。まさにこうした試行錯誤＝PDCAの地道なくり返しのみがWebサイトを成長させるのです。

施策のCとAは「デジタル」を徹底活用する

前節まで説明してきたWebマーケティングの方法論は、

おもに心理的なアプローチを使って、ターゲットユーザーの代表・ペルソナと信頼関係を構築し、Webマーケティングの目的を遂行するための骨組み

という位置づけでした。また、これらはWebマーケティングにおいて、おもに「計画〜実行」フェーズを担当します。

一方、実際に公開されたWebサイトには、多くのユーザーが訪問します。Webサイトは一度構築したら完成、とはなりません。訪問した多くのユーザーの動向を見ながら、くり返し改善することが必要です。Webサイトのユーザーの動きは、Googleアナリティクスなどの分析ツールを使うことで、ほぼ完全に可視化できます。これらユーザーデータの統計を見ながら、PDCAのC（チェック）とA（アクション：改善）をしていくわけです。

こうしたCとA（チェックと改善）は、デジタル思考で実施するので、このフェーズはWebマーケティングのデジタル面と位置づけることもできます。具体的には、Webサイトの解析のしくみを使って、

戦略編

何人のユーザーが自社のWebサイトを訪問し、それぞれがどういう行動をとったのか

施策編

117

をチェックし、その内容に応じて、改善していくことが必要です。

　たとえば、ブログ記事を読んだ後、Googleの検索結果表示画面（SERP）に戻り、別の検索クエリ（キーワードのこと）で再検索するユーザーが多い場合、そのブログ記事の内容は、ユーザーが求めるものではなかった可能性が高いと言えます。検索エンジンから訪問してブログなどのページを読み、その直後に検索エンジンに戻る割合を「直帰率」といいますが、原則として、**「直帰率」は低くする**ことが基本。「直帰率が高い」場合より、

「ブログのページを読んだ後、関連する記事を次々と読んでくれたほうが、ユーザーのWebサイトに対する信頼度は高まる」

と推測できるからです。ただし、お目当てのページにユーザーがもとめるドンピシャの回答が書いてある場合は、そこでユーザーの情報収集活動が終了する可能性があります。その場合は直帰率が低くても構いません。

　つまり、**行動するユーザーの心理を精緻にイメージする**ことが重要なのです。そのように考えると「ユーザーが直帰して、Googleで再び検索行為に戻る」という行動はもっとも避けるべきことだとわかります。なぜなら、その行動は**「あなたのサイトに、そのユーザーが求める情報は存在しない、と判断された」**という証にほかならないからです。

　いずれにしても、大勢のユーザーがどう動いたかデジタルで確認し、望ましい行動が増加するよう改善していくことが重要で、これが、Webマーケティングのデジタル面の具体例です。

「流入量の増大」×「各CVRの向上」が成功の方程式

　自社のオファーが魅力的であれば、見込み顧客はメルマガ登録してくれたり、イベントに参加したりしてくれたりします。このように、見込み顧客がオファーを受け入れることを「コンバージョン（成約）」といいます。

　たとえば、事例（P.084）のA眼鏡店のしくみでは、

【Webサイトに集客】→【YouTubeチャンネル登録】→【イベント招待】→【スタッフとSNSで交流】→【無料相談】→【成約】

という流れで階段（しくみ）を設計していました。この場合、成約数を増やすにはどうしたらいいと思いますか？　このしくみを使うことを前提とするなら、Webマーケティングには2つのアプローチしかありません。

①Webサイトへの**流入量**を増やす
②各階段をのぼる**見込み顧客の確率**（CVR：コンバージョンのレート）を高める（例：メルマガ登録者のうち、イベントに参加する人の割合を増やす）

つまり、Webマーケティングの目的である売上のアップは、

「流入量の増大」×「各CVRの向上」

でのみ達成できるのです。Webサイトの分析や改善はすべて、この数値の分析と改善と考えてまちがいありません。まずはこの基本原則だけでも頭に入れておいてください。

ある程度データが集まったら、小さな改善をくり返すだけ

さきほど「しくみの改善は【流入量の増大】と【CVRの向上】のみ」という話をしました。流入量は単純に集客を増やすしかないのですが、CVRはそもそも計測することすら、最初のうちは難しいものです。というのも、Webサイトを構築したばかりで流入量が少ないと、コンバージョンが1件発生するたびに、CVRが大きく変化し、それぞれのオファーの平均CVRが計測しにくいからです。

やはり、Webサイト構築直後であっても、**広告などを使ってある程度の流入量を確保**し、しくみの中で平均的にCVRが高いところ／低いところを明確にすることが大切です。

「コンバージョンの悪い部分を突き止め、改善策を検討し実行する。そしてその結果を評価し、次の改善策に活かす」

よく言われるPDCAマネジメントサイクルですが、もっとかみ砕いていえば、

「Webマーケティングのしくみを、自社のビジネスに最適化させ、研ぎ澄ましていく」

ということです。「なかなか結果がでないから」と焦ってWebサイトを全面リニューアルしたくなるかもしれませんが、そうすると過去の改善の蓄積が活かされず、ゼロからのスタートになります。必要なことは、データに従い、少しずつ軌道修正をして小さな改善をくり返すこと。その結果、研ぎ澄まされたWebマーケティングのしくみができあがり、他社からはマネされにくい自社独自の優位性をもったしくみになるのです。

Web分析・改善にも「パターン」がある

　前項で述べたWeb分析・改善のPDCAをさらにくわしく解説します。PDCAとは、言い換えれば「パターン」のことです。具体的には以下のとおりです。

①目的に合致した仮説を立てる
↓
②仮説を実行する
↓
③実行結果を確認する
↓
④改善をし、さらなる仮説を立てる（以下くりかえし）

それぞれ説明しましょう。

❶目的に合致した仮説を立てる
　ビジネスでWebサイトを運営する以上、最終目的は売上金額や契約件数な

どの数値になります。事例のネットショップでは購入者の動線を以下のように想定してユーザーインタフェースを工夫しました。

トップページ→ブランドカテゴリページ→商品詳細ページ→購入ページ

この仮説については、「売上を上げる」という目的に十分合致したものだといえるでしょう。「そんなことあたりまえでは？」とあなたは思うかもしれません。しかし実際のWebマーケティングの現場では、そんなあたりまえのことができていないケースが非常に多いのです。たとえば、上記の動線において、過去の実績を確認した結果、

購入ページを訪問したユーザーの50%は商品購入を完了する

というデータがあった場合、次の仮説として「購入ページに到達するユーザー数を2倍にすれば、売上が2倍になるはずだ」と考えたとします。ここまでは決しておかしな考えではありません。

しかし、「最終的に売上を2倍にしたい」＝要は、**購入意欲のあるユーザーを2倍にしなければ意味がない**ということです。この目的達成に絶対必要な意識を持っていないと、「クリックしたらポイントがもらえる」という広告をネット上に広く配信して、クリックしたユーザーをネットショップの購入ページに強制的に遷移させる、という施策を考えたりするのです。

この例はちょっと極端な例ですが、組織が大きくなり、仕事の細分化が進むほど、「購入ページへより多くのユーザーを連れてくる」のようなKPI（中間目標）が独り歩きし、まったく目的に合致しない仮説が立案・実施されてしまうのです。Webコンサルタントという仕事柄、私はそういったケースを嫌というほど見て来ました。

ここでKPIという言葉を使いましたが、「目的に合致した仮説を立てる」ことは、次のように言い換えられるでしょう。

・KGIに合致したKPIを設定する
・KPIは手段であり、その達成を目的化しない

❷仮説を実行する

事例のネットショップでは、GA4の数値から、

「αブランド眼鏡の実際の使用感」という特定のブログ記事を読んだユーザーの成約率（CVR）は、想定していた動線どおりに遷移したユーザーよりもはるかに高い

という事実を発見し、「もっと多くのユーザーに当ブログ記事を読んでもらえれば、さらに売上が上がるのではないだろうか」という仮説を立案しました。

もちろん、「KGIに合致したKPIを設定する」という点を押さえ、眼鏡に興味のないユーザーを無料プレゼントやポイント提供で無理やり連れてくるのはNGです。あくまで、ネットショップに興味を持って訪問したユーザーが興味を持って自然に同記事へ到達するように工夫し、さらに記事の内容もブラッシュアップしたのです。

❸実行結果を確認する→❹改善をし、さらなる仮説を立てる（以下くりかえし）

その結果、ブログ記事経由でのαブランド眼鏡の販売数とCVRがさらに向上しました。

さらに今回の成功を受けて、今後はリスティング広告のランディングページをトップページではなく、ブログ記事にすることも検討する（→実行すれば、さらに売上が上がるだろうという新しい仮説）、としています。

分析の軸は「比較」と「細分化」

前項で見たように、Webマーケティングの分析を有効な改善につなげるためには、GA4などの分析ツールの画面を漫然と見るのではなく、目的に沿った仮説を立案して施策を実行することが欠かせません。そして、仮説の見つけ方は次の3点の方法があります。

①自分でサービスを使ってみる

②ユーザーの意見を聞いたり、ユーザーが操作している場面を観察したりする

③分析ツールのデータを「比較」や「細分化」しながら確認する

③の分析ツールのデータを「比較」や「細分化」しながら確認するについて以下で説明します。まず「比較」について。最初におさえてほしいことは、データを単独で見ることに意味はないということです。そこで比較をするわけですが、本来、比較には2種類あって、

a) 過去の自社（自分自身）との比較 → 時系列分析

b) 競合他社と自社との比較 → 競合分析

以上2つになります。3Cの観点から言えば、競合分析は3Cの切り口の1つであり、非常に重要なものです。しかし、本節でくわしく説明するGA4およびP.175以降で説明するGoogleサーチコンソール（GSC）は競合他社のデータはありませんので、「比較」といえば自動的に時系列になります。

時系列で比較することにより、さまざまな指標・数値がどれだけ伸びたのか減ったのか、改善したのか悪化したのかを確認し、その要因および施策について仮説を立てることになります。

「細分化」については、ユーザー・チャネル（流入元）・コンテンツなどで細分化し、成功や失敗の要因およびその施策について仮説を立案するために利用します。

Column

競合他社分析ができるツール

競合サイトの分析に使えるツールとして「ahrefs（エイチレフス）」「Semrush」の2つをご紹介します。

> **参考** ahrefs（エイチレフス）
> https://ahrefs.jp/

> **参考** Semrush
> https://semrush.jp/

これらのツールを使えば、競合他社のWebサイトについて、さまざまな調査・分析が可能です。たとえば下記の事項を分析できます。

- ・自然検索によるアクセス数（推定）
- ・流入キーワード
- ・被リンクの状況
- ・リスティング広告の出稿状況

いずれも海外製のツールであり、各社独自のしくみでアクセス数の計測などを行っています。Googleの数値とは一定の乖離がある点は注意しなくてはなりません。

一方で、どちらも日本語化されており、トライアルサービスも用意されています。予算が許すのであればGA4やGSC(Googleサーチコンソール：P.175参照)との併用を検討するのがよいでしょう。

4-4
Googleアナリティクス（GA4）を最大限活用するために

事例で使用した Google アナリティクス（GA4）とは、インターネット上のユーザー行動を集計・分析して、Webマーケティングの改善に利用するツールで、その名のとおり Google が提供しています。無料版と有料版がありますが、個人や中小企業レベルのサイトであれば無料版で十分ですので、これを使わない手はありません。まずは GA4 のポイントについて見ていきましょう。

GA4 の活用ポイント

GA4 は、Google の提供する Web 分析ツールの最新版です。前版のアナリティクス（ユニバーサルアナリティクス、UA）に比べ、大きな変更が以下 2 点あり、これがそのまま GA4 のポイントとなっています。

これから UA の機能を学ぶ必要はまったくありませんが、従来の UA の機能と比較しながら説明すると GA4 の特徴がわかりやすい点もありますので、必要に応じて UA と比較しながら解説します。

❶個人情報保護の強化

従来の UA では Cookie と呼ばれる、Web ブラウザごとのユニークなデータをもとにユーザー行動を分析していました。しかし、この Cookie が EU やアメリカの特定の州において個人情報と位置付けられており、取扱いが難しくなりました。

そこで、GA4 ではユーザーの Google アカウント（一定の情報提供に合意したもの）や各サービスのログイン ID などをもとにユーザー行動を分析するように変更されています（Cookie も一部継続して使われます）。

❷アプリや動画視聴など多様なユーザー行動の分析に対応

従来の UA では Web サイト内でのユーザー行動の分析が中心でしたが、現在のユーザーは Web サイトだけでなくスマートフォンのアプリや YouTube 動

画などの**複数のプラットフォームを自由に行き来しながら、消費者としての行動をしています。**

　そうしたクロスプラットフォームを行き来する各ユーザーの動きを「同一ユーザーのもの」として分析できるしくみを導入しています。

GA4の分析に使う指標

　以前のUAではWebサイト上でのユーザーの動きを中心に分析していたため、PVやセッション数といった指標をベースにした計測方法を利用していました。

①ページビュー （PV、表示回数）	**「あなたのWebサイトが全部で何ページ見られたか」という指標です。同一の方が複数のページを閲覧した場合、それぞれがカウントされます。**
②セッション	**ある一定期間に「何人があなたのWebサイトに訪問したか」という人数です。同一の方でも時間をおいて訪問された場合、複数名にカウントします。**

　Webサイト上の動きを計測するには、今も変わらずPVやセッションは有効です。しかし前述のとおり、GA4ではクロスプラットフォームを行き来するユーザーのオンライン上の行動を把握します。スマホアプリや動画ではPVやセッションといった指標が使えないため、**イベント**という考え方が導入されています。

③イベント	**ユーザーがインターネット上でおこなう1つひとつのアクション。たとえば、ボタンクリック、動画視聴、ページビュー、スクロール、フォームの送信、ファイルのダウンロードなどがあります。**

　各イベントを実施するユーザーについては、次のように規定されます。

④ユーザー（数）	一定期間内に「あなたのWebサイトを訪れた純粋な人数」のことです。同一の方が何回訪れてもユーザーは1人です。「ユニークユーザー（UU）」と呼ぶこともあります。
⑤新規ユーザー /リピートユーザー	アクセス分析の対象となる期間内で、そのサイトにはじめて訪問したユーザーなのか、リピート訪問したユーザーなのかを表します。

つづいて、ゴール（KGI）にもっとも近い重要な指標をおさえましょう。

⑥コンバージョン（CV）	直訳すると「転換」「変換」といった意味で、Webサイト上における目標達成となる行動のことです。コンバージョンには、商品の購入、問い合わせ送信、メルマガやLINE登録など、サイト運営者が事前に設計した目標に対するユーザーのアクションがあります。
⑦CVR(コンバージョン率)	コンバージョン・レートの略。訪問者のうち、コンバージョンを達成したユーザーの割合のこと。たとえば、100人の訪問者のうち2人がコンバージョンした場合、CVRは2%となります。

上記のCVやCVRは成果に直結する指標ですが、その成果を上げるため一番重要なプロセスは「顧客との関係性強化」です。

その顧客との関係性強化のプロセスと密接に関係した指標が以下の「平均エンゲージメント時間」になります。

⑧平均エンゲージメント時間	エンゲージメントとは、2ページ以上閲覧、10秒以上滞在、コンバージョン発生などのユーザー行動のことで、平均エンゲージメント時間とは、エンゲージメントが発生したセッションの平均時間のことです。

つづいて次の3指標は分析するときの切り口になるものです。

⑨参照元	訪問者が「どこからあなたのWebサイトに訪問したのか」がわかります。
⑩直帰率	UAにおける「直帰率」とは、あなたのWebサイトを訪問された方のうち「どれぐらいの割合の方が1ページを見ただけで、あなたのWebサイトから離れていったのか」という比率でした。GA4では1－エンゲージメント率（エンゲージメント率の逆数）となっています。
⑪平均セッション時間	「セッション時間」とはサイトでの滞在時間のことです。文字どおり「あなたのWebサイトを訪問された方がどれぐらいの時間サイトを閲覧していったのか、その平均時間」のことです。

● 分析以外の用語

以下は分析指標ではありませんが、Webマーケティングの重要用語としておさえておいてください。

⑫CTA	コール・トゥ・アクションの略。Webサイトの訪問者に対し、任意の行動を促すボタンやメッセージのこと。
⑬マイクロコピー	CTAのボタンや入力フォームなどの上に書かれている小さなテキストのこと。たとえば、「ご購入はこちら」と書かれたボタン（CTA）のうえに、小さなテキストで「今だけ送料無料」などと記載するなど。

アナリティクスは無料ソフトウェアですが、多くのデータを確認できて非常に深い分析ができます。この分析ツール単独で何冊も書籍が販売されているぐらいですので、ここでその全容を説明できるものではありません。

くわしいオペレーション方法などは専門の書籍やWebサイトに譲りますが、次節以降、実際のGA4の設定方法や確認できるデータを見ていきましょう。

GA4の設定をはじめよう

Googleアナリティクス4（以下、GA4）の設定は次の2段階で実施します。

①Googleアナリティクス4自体の設定
②計測対象システム（サイト）に測定IDまたはGoogleタグの設置

　本項で設定の流れの概要を記しますので、ご自身の状況に応じた設定を実施してください。公式ドキュメント（ヘルプ）などを参考に設定することになりますが、特にタグマネージャーを新規に導入する場合などは、技術担当者や制作会社への支援依頼を検討するのがよいでしょう。

❶ Googleアナリティクス自体の設定

　旧来のアナリティクス（UA）を利用していたかどうか、によって手順が2パターンに分かれます。
　はじめてGA4を設定する場合には、以下の手順で操作しましょう。

(1)Googleアカウントを持っていなければ、下記サイトから取得する
Googleアカウントを取得する
https://www.google.com/intl/ja/account/about/

(2)Googleアナリティクス公式サイトから、Googleアナリティクスのアカウントおよび Googleアナリティクス4プロパティを作成する
Googleアナリティクス公式サイト
https://marketingplatform.google.com/about/analytics/

参考 [GA4] アナリティクスで新しいウェブサイトまたはアプリのセットアップを行う
https://support.google.com/analytics/answer/9304153?hl=ja

(3) [管理] → [データストリーム] → [ウェブ] タブをクリックし、測定IDまたはGoogleタグのいずれかを取得する（コピーしておく）

ウェブデータストリーム画面

旧版のGoogleアナリティクスを使用していた場合は、以下の手順で操作しましょう。

(1)Googleアナリティクスにログイン後、管理画面で「GA設定アシスタント」の操作をする

> **参考** [GA4] 設定アシスタントを使用してGA4プロパティを設定する
> https://support.google.com/analytics/answer/10110290?hl=ja

(2)前ページ(3)と同様に測定IDまたはGoogleタグのいずれかを取得する（コピーしておく）

❷計測対象システム（サイト）に測定IDまたはGoogleタグの設置

❷も計測するシステムの種類（Webサイト、CMS、ブログ、ECプラットフォーム）などによって測定IDまたはGoogleタグの設置方法が分かれます。ここでは一般的なWebサイトを計測したい場合について解説します。

さきほどコピーした測定IDをGoogleタグマネージャーに設定しましょう。以下のサイトからアクセスできます。

Googleタグマネージャー公式サイト
https://marketingplatform.google.com/intl/ja/about/tag-manager/

Googleタグマネージャーを使わずに、Webサイトのすべてのページに

Googleタグを貼り付ける方法もありますが、管理のしやすさなどからGoogleタグマネージャーの利用をおすすめします。

なお、CMS（WordPressなど）、各ブログサービス、ECプラットフォームなどを測定したい場合は、それぞれの公式アナウンスにしたがって、測定IDまたはGoogleタグを設定してください。

GA4の画面とできること

GA4は、Webサイトやアプリを分析するためのツールです。ユーザー行動の深い理解から、コンバージョンの最適化まで、GA4を活用することで深い気づきや事実を知ることができます。以下、GA4を活用した分析でよく利用する機能を中心に具体例を紹介します。

まずはGA4のトップメニューを見てみましょう。メニューのアイコンは左側の5つのみ。非常にシンプルな構成です。

GA4のトップメニュー

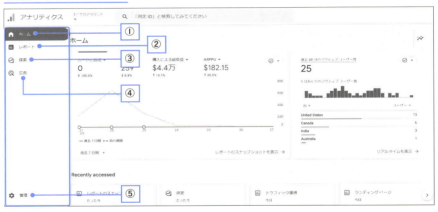

①ホーム	各種データのサマリー（概要）が表示され、全体像がわかる画面に遷移します。
②レポート	標準で用意されたレポートを閲覧する機能です。

132

③探索	さまざまなセグメントに絞り込んで分析するなど、オーダーメードのレポートを作成、確認できる機能です。
④広告	流入ページごとにコンバージョンへの貢献度を確認できる機能です。
⑤管理	各種環境設定などをおこないます。

●流入元の分析

「トラフィック獲得」では、ユーザーの流入元（どこから訪問したか）がわかります。流入元ごとに、エンゲージのあったセッション数や平均セッション時間、コンバージョン（キーイベント）数なども確認できます。

［レポート］→［Life cycle］→［集客］→［トラフィック獲得］の順にクリックしましょう。

トラフィック獲得画面

●ページごとの分析

「ページとスクリーン」画面から、ページの表示回数や平均エンゲージメント時間、コンバージョン（キーイベント）数などがわかります。

［レポート］→［Life cycle］→［エンゲージメント］→［ページとスクリーン］の順にクリックしましょう。

ページとスクリーン画面

![ページとスクリーン画面のスクリーンショット]

●ユーザー属性分析

ユーザーの性別や年齢、国／地域／利用端末の種別／ブラウザ種別などがわかります。

［レポート］→［User］→［ユーザー属性］→［ユーザー属性の詳細］の順にクリックしましょう。

ユーザー属性の詳細画面

●オーダーメイドのレポート作成

「探索」機能を使うことで、より深い分析を実施するためのレポートを作ります。

［探索］トップページの［テンプレートギャラリー］をクリックし、テンプ

レートの一覧から利用するものを選択します。

テンプレートギャラリー画面

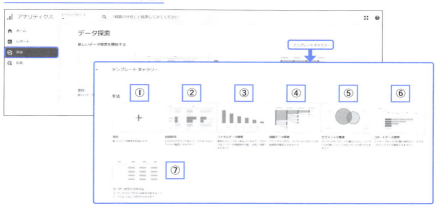

①空白	ゼロから分析できる形式です。Excelのピボットテーブルのイメージで、さまざまな値（指標）をさまざまな切り口（ディメンション）で、さまざまに細分化（セグメント）して分析することができます。
②自由形式	基本的な棒グラフ・円グラフ・折れ線グラフ・散布図などを使ってデータを探索する方式です。
③ファネルデータ探索	ユーザーがコンバージョンに至るまでのプロセスを視覚化して、ユーザーの離脱が多い地点など、プロセスごとの問題を分析します。
④経路データ探索	ユーザーのWebサイト内の行動を視覚化して分析します。
⑤セグメントの重複	さまざまな属性に細分化されたユーザー（ユーザーセグメント）同士の関係性を明らかにして分析します。
⑥コホートデータ探索	共通の特徴を持つユーザーをグループ化して行動などを確認することで、サイト定着率などを明らかにします。
⑦ユーザーのライフタイム	ユーザー行動の分析からLTVの高いユーザーの獲得状況などを分析します。

●流入元別の貢献度分析（アトリビューション分析）

　「アトリビューションモデル」画面から、流入元ごとにコンバージョンの貢献度を分析できます。この貢献度は直接的なものだけでなく間接的なものも含みます。たとえば、とあるユーザーが初回は広告経由で来訪して、最終的にはブックマークからの再訪でコンバージョンしたとしましょう。この場合、ラストクリックのブックマーク（ダイレクト）だけでなく、初回訪問の広告についても貢献度を評価します。

　［広告］→［アトリビューション］→［アトリビューションモデル］の順にクリックしましょう。

アトリビューションモデル画面

　以上のように、GA4を活用することで、Webサイトやアプリの運営に関する多角的な分析が可能になります。

　上記の指標やデータをもとにKPIやKGIを設定していくことになります。くり返しになりますが、指標やデータを漫然と見るのではなく、比較・細分化をしながら仮説を立ててPDCAを回すことが重要です。

施策編

第5章

ユーザーが読みたくなる「記事やコンテンツ」の作り方

5-1
「読まれる記事」を作成するための
キホン

ひとくちに「読まれる記事」といっても、すべてのユーザーに読まれる記事は存在しません。あなたがターゲットとする顧客やペルソナ、彼らが求める記事を提供することが大切です。その方法をみていきましょう。

どんな記事が読まれるのか？「読まれる記事」を定義する

結論から言えば、読まれる記事とは以下2点を満たす記事です。

①ユーザーに価値を提供する記事
②ユーザーが見つけやすい記事

それぞれの条件をより分解すると、以下のような要素から構成されます。

読まれる記事の要素分解

①ユーザーに価値を提供する記事

・ユーザーの知りたいことがズバリ書いてある（ユーザーの検索意図を満たす）
・わかりやすく、読みやすい。興味をひかれる（見出しはもちろん、記事内で必要に応じて箇条書き・図表・動画などを挿入するなど）
・信頼できる書き手である
・内容が正確である
・疑問や悩みの深さと比較して、ほどよい文章の量である

②ユーザーが見つけやすい記事

・Googleの検索上位に表示されている（=Googleに評価されている）
・SNSで発信、拡散されている
・その他のWebメディア、場合によってはリアルでもさまざまな形で引用、言及されている

価値が高い記事は
おのずと見つけやすくなる

また、この図から①「ユーザーに価値を提供する記事」が主で、②「ユーザーが見つけやすい記事」が従の関係にあることがわかります。なぜなら、

- Google は「ユーザーに価値がある記事」を評価しようと検索アルゴリズムを進化させている
- SNS発信は記事の執筆者（または代理人）が実施するが、拡散するかどうかは執筆者がコントロールできることは少なく、記事の価値の高さによる部分が大きい
- 外部メディアやリアルによる記事の引用や言及も、記事の価値の高さに左右される部分が大きい

ということが言えるからです。

　もちろん、記事の内容に関わらず、その記事に書かれていることをGoogleに正しく伝える技術（SEO）やユーザーに記事を届けやすくするSNS発信術などもあります（それらについては本書の第6章、第7章にてくわしく説明します）。本章では、「①ユーザーに価値を提供する記事」、なかでも特に説明が必要な**「ユーザーの検索意図を満たす」記事の書き方**を中心に説明します。

ユーザーが持つ、真の検索意図とは

　検索意図とは、ユーザーが検索エンジンに検索キーワードを入力するとき、その瞬間の真の目的です。たとえば、ある人が「ダイエット　運動　なし」と検索する場合、その人は運動をしなくてすむ具体的なダイエットの方法を知りたいと考えています。これが検索意図に該当します。

　このように「ダイエットに深い関心を持つユーザー」をペルソナに設定したとしても、細かいニーズは千差万別です。さらにいえば、まったく同じ人物でも、時間や場所・状況が違えば、まったく異なる検索意図を持つことすらありえます。

　さきほどの事例の「運動せずにダイエットしたい人」を例にしてみましょう。この人が旅行中にごちそうを食べすぎた場合、ちょっと反省して、その場でかんたんにできる体を動かすダイエット方法を知りたくなるかもしれません。ま

た、休日の朝、たまたま目覚めがよく「体を動かしたいな」と思うこともあるでしょう。そうなると、今度はガッツリ体を動かすような、ダイエット効果がある運動法を知りたいと思うことは十分ありえます。

同じペルソナでも検索意図は変化する

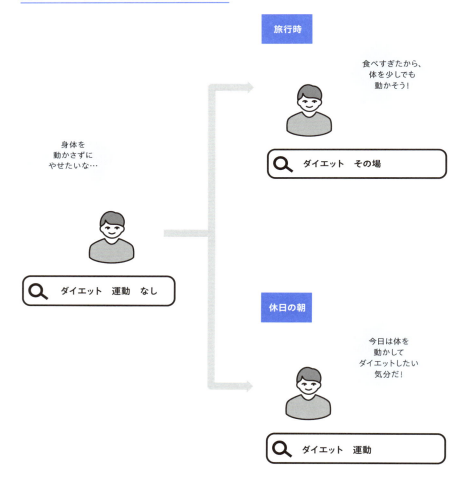

つまり、「ユーザーの知りたいことがズバリ書いてある(ユーザーの検索意図を満たす)」記事とは、ペルソナのその時・その場所・その状況にあわせた「検索意図」を満たす記事なのです。

検索クエリから検索意図を知ることができる

「ペルソナが検索したタイミングの検索意図を知るなんて不可能だよ」

　そう思うかもしれませんが、Webコンテンツ・記事の場合、ある瞬間のペルソナの検索意図を知ることは可能です。それが検索クエリです。検索クエリとは、ユーザーがGoogleなどの検索エンジンで情報を検索する際に、検索窓に入力するもの。

「それって『検索キーワード』とは違うの？」じつは検索クエリと検索キーワードは似て非なるものです。少なくとも、Webマーケティングの道を進む方は違いを理解しておくべきでしょう。

検索クエリ	ユーザーが実際に検索窓に入力した単語や単語の組み合わせ。（例）「宅建　通信講座　おすすめ」「宅建の通信講座のおすすめはなに？」「宅建の通信講座でおすすめを教えて」
検索キーワード	Web広告担当者が広告掲載時に指定する単語や単語の組み合わせ。あるいは、Web記事執筆者が記事作成時に検索流入を狙う単語や単語の組み合わせ。（例）「宅建　通信講座　おすすめ」「宅建　通信講座　比較」「宅建　通信講座　ランキング」

　以上のように、検索ユーザーはさまざまなクエリで検索をし、Webマーケティング担当者（広告担当者、記事執筆者）は同じ検索意図を持つ数多くのクエリをターゲットとして検索キーワードを設定する、という関係になります。

検索クエリのおおまかな分類

　検索クエリの分類法はいくつかありますが、ここでは「Doクエリ」「Buyクエリ」「Knowクエリ」「Goクエリ」の4つに分類して説明しましょう（著者独自にアレンジした部分もふくまれます）。それぞれのクエリの違いを理解し、各ユーザーが求めるコンテンツを提供することで、Webサイトの訪問者を効果的に増やし、目標達成につなげることができます。

●Do クエリ

なにかをするという意図を持つクエリです。例として以下が挙げられます。

・「パソコン　修理」
・「朝　ストレッチ」
・「ネットフリックス　会員登録」
・「iPhone　激安」

ここで「Do ＝なにかをしたい」という意図について深堀してみましょう。なにかをしたいと思ったとき、**自分でする場合**と**サービスを受ける（あるいは、なにかを手に入れて利用する）場合**の大きく2種類にわけられます。

前者の場合、検索意図はKnow クエリ（次項参照）に近くなります。たとえば「グラタンを作りたい」と思う瞬間があったとして、もしグラタンの作り方を熟知していれば検索などせずにすぐに作りはじめることでしょう。グラタンの作り方がわからなければ「グラタン　レシピ」「グラタン　作り方」などの知識を求めるクエリとなるはずです。

上記の Do クエリの例のなかでは、「朝　ストレッチ」がKnow クエリに近いクエリとなります。検索するユーザーは「朝、ストレッチしたい」と考えているわけですが、ストレッチの方法を知っているなら、すぐにストレッチをやるはずです。このユーザーが検索している真の意図は「朝できるカンタンなストレッチを知りたい」「朝におすすめのストレッチの種類を知りたい」のはずです。

一方、後者の「サービスを受ける（あるいはなにかを手に入れて利用する）」のなかでも、特になにかを購入する場合のクエリが**Buy クエリ**です。上記の例のなかでは、「ネットフリックス　会員登録」「iPhone　激安」が該当します。

Buy クエリをはじめ、Do クエリ（Know クエリに近いもの以外）は全般的に「お金の動きに関連しやすい」クエリのため、**SEO 対策の競争率が高くなる**傾向にあります。また、実際にBuy クエリで検索すると、検索結果はネットショップサイト・商品比較サイトなど、**販売・購入に関連したサイト**が多く並びます。

●Knowクエリ

なにかの情報を得るためのクエリです。世の中の大半のクエリはKnowクエリです。例として以下が挙げられます。

> ・「富士山　高さ」
> ・「高野豆腐　作り方」
> ・「twitter　ログイン　できない」
> ・「沖縄　温度」

KnowクエリはDoクエリと比較して競争がゆるやかなクエリが多いといえます。Knowクエリで検索すると、Wikipedia（ウィキペディア）、解説記事、ブログなど、情報収集に適したサイトが多く検索結果に並びます。

●Goクエリ

特定のWebサイト・Webページを見つけるため、および、リアルな場所・施設・店舗やそれらの情報を探すためのクエリです。

前者はいわゆる指名検索にあたり、このクエリで流入が多いサイトは検索エンジンのアルゴリズムに左右されることもなく、ブランディングができている理想的な状態といえます（ただし、悪い評判、炎上などの場合はのぞく）。例として以下が挙げられます。

> ・「Yahoo!」
> ・「Instagram　ログイン」
> ・「アマゾン」
> ・「NHK　お問合せ先」

後者はローカルクエリとも言われ、スマートフォンの位置情報を利用し、現在地付近の施設・店舗などを検索する際によく使われます。

第5章　ユーザーが読みたくなる「記事やコンテンツ」の作り方

戦略編

施策編

- 「カフェ」
- 「居酒屋　この近く」
- 「歯科医　新宿区」
- 「スペイン料理　今夜」

このローカルクエリで検索すると、**Googleマップや近隣の店舗情報（ローカルパック）**などが表示されます。ちなみにローカルパックとは、ローカルクエリで検索した際、検索結果表示画面に検索対象（店舗など）が3点ほどセレクトされて表示されるエリアのことです。

Column

マイクロモーメント

マイクロモーメント（Micro-Moments）とは、Googleが2015年に提唱した考え方で、人々が「なにかをしたい」と思ったら、すぐに手元にあるスマートフォンやPCなどで調べたり、購入したりする、といった瞬間のことです。
マイクロモーメントには、Know-Go-Do-Buyという4種類があるとされており、本項目の検索クエリの分類もそれを参考にしています。

一般的な記事の作り方の流れ

ここまで、検索意図について説明してきました。ユーザーが求める検索意図を正しく理解したあとは、その検索意図を満たす記事を作ることになります。

ただし、ここで1つおさえておきたいことがあります。それは、ある検索クエリで検索した結果画面に表示される記事一覧の各記事を読むと、**どれも内容が似通っている**ことです。その理由は、事実上**「検索上位に表示できるコンテンツの作り方」のパターン**ができてしまっていて、検索上位に顔を出すレベルの企業であれば、どこも似通った記事の作り方をしているからです。
「どの企業も似通った記事の作り方をしている」のは、それだけ記事の作成方法に再現性と効果があるからです。

「大手企業であればうまくいきやすい記事の作成方法」ではあるのですが、中小企業や個人の方はそれだけでは成果が出にくいのが現状です。その理由お

よび中小企業や個人の独自の戦略については後述しますが、まずはベースとなる記事の作り方について、みていきましょう。

一般的な読み物記事の書き方の流れ（型）
①メインとなるキーワードを軸に、検索キーワード候補を洗い出す
②キーワード候補の検索ボリュームを調べる
③検索意図を元に、1つの記事に入れるキーワード群をまとめる
④記事の構成を検討する
⑤記事を執筆する

以下、①～⑤について説明します。

❶メインとなるキーワードを軸に、検索キーワード候補を洗い出す

あなたのターゲットユーザーの検索意図を満たす検索キーワードをキーワードツールで洗い出します。具体的には、メインとなるキーワードをSEOツール（キーワードツール）に入れて、サジェストや関連語を洗い出します。

たとえば、あなたが国家資格の宅建（宅建士、宅地建物取引士）を取得するための学校を経営しているとします。その場合、当然ながら「宅建の資格取得を目指している人」が見込み顧客であり、メインとなるキーワードの1つに「宅建」が挙げられるでしょう。

ここでは、無料版もあり手軽に使えるサジェストツールであるラッコキーワードに「宅建」と入力してみましょう。

参考 ラッコキーワード
https://rakkokeyword.com/

第5章 ユーザーが読みたくなる「記事やコンテンツ」の作り方

戦略編

施策編

ラッコキーワード

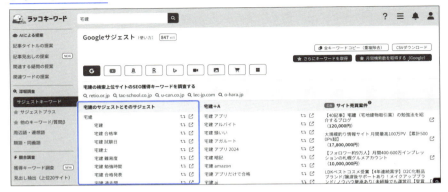

　画面の囲み部分は「Googleサジェスト」と呼ばれます。Googleサジェストとは、ユーザーが実際にGoogleで検索する際、メインとなるキーワード（今回の場合は「宅建」）を検索窓に入力すると自動表示される**検索候補となるキーワード**のことです。

Googleサジェスト

　いずれも、宅建の資格に関心のある方が検索しそうなキーワードですよね。
　この画面で見える範囲のサジェストは一部であり、宅建の場合、全部で800件以上ものサジェストが表示されました（2024年10月現在）。この中から、「宅建の受験生が検索しそうで、さらにあなたの見込み顧客になってくれそう

なキーワードはどれか？」という観点から記事に書くキーワードを選ぶ必要があります。

❷キーワード候補の検索ボリュームを調べる

「ある検索キーワードが月に何回検索されているのか」を月間検索ボリュームといいます。検索ボリュームが多いキーワードほど、**悩みが多い**または**悩みが深い**ということです。ビジネスとは顧客の悩みを解決することですから、検索ボリュームが多いキーワードほど解決すべき事項であり、ビジネスチャンスがあるともいえるでしょう。

月間検索ボリュームは無料で利用できる「Googleキーワードプランナー」で取得できます。

> **参考** Googleキーワードプランナー
> https://ads.google.com/intl/ja_jp/home/tools/keyword-planner/

ただし、「Googleキーワードプランナー」は本来Google広告を出稿する方向けのサービスなので、広告を出稿していないと、あいまいな検索数（例：月間検索数が1,000〜1万回など）しか表示されません。

ラッコキーワードの場合、優良プラン（440円/月〜）に入会することにより、月間検索ボリュームを調べることができます。たとえば、「宅建　勉強時間」の複合キーワードは、2024年10月現在、1か月に18,100回ほど、全国で検索されているようです（下図）。

検索ボリューム（ラッコキーワード）

キーワード	月間検索数	変化率	CPC($)	競合性
宅建	110,000	-21.73%	1.63	27
宅建 試験日	49,500	-41.23%	1.67	13
宅建 合格率	33,100	-0.45%	1.21	13
宅建士	33,100	-15.11%	2.38	22
宅建 過去問	33,100	-51.42%	1.24	17
宅建 勉強時間	18,100	-29.41%	1.6	10
宅建 合格発表	18,100	-67.17%	2.24	0
宅建 難易度	14,800	+19.21%	1.2	8

❸検索意図をもとに、1つの記事に入れるキーワード群をまとめる

今回、「宅建　勉強時間」の検索キーワードで記事を作ることにします。「宅建　学習時間」のキーワードも同じ検索意図を持つと考えられることから、後者のキーワードも同じ記事で狙うことにします。

2つの検索クエリ（今回は「宅建　勉強時間」と「宅建　学習時間」）の検索意図が同じかどうか客観的に判断するには、それぞれのクエリで実際に検索してみることが一番です。検索結果画面一覧の表示内容が近いほど、検索意図も近いといえます。

❹記事の構成を検討する

記事構成を考えるにあたり、「宅建　勉強時間」と検索するユーザーの検索意図を詳細に洗い出す必要があります。たとえば、以下のような意図が考えられるでしょう。

- ・宅建の勉強時間の平均はどれぐらいだろうか？
- ・宅建の勉強時間は最短（または最長）どのくらい必要だろうか？
- ・宅建の勉強時間を科目別に知りたい
- ・宅建に合格するためには1日何時間くらい勉強が必要だろうか？

……いかがでしょうか？　このように「宅建　勉強時間」という検索クエリ1つとっても、さまざまな検索意図が考えられるのがわかります。つまり、「宅建　勉強時間」の検索キーワードで記事を書くということは、上記すべての意図を持つユーザーを満足させる記事を書かなければならないのです。

あなた自身で検索意図の洗い出しができたら、次に「宅建　勉強時間」のクエリで実際に検索してみましょう。その検索結果の上位に表示されている記事を、少なくとも検索結果画面1ページ目にあるものは内容をチェックしていきます。これらの記事はGoogleで評価されている、つまり「検索意図を網羅的に満たしているページ」です。

これらのページの確認によって、あなたの検索意図の洗い出しのヌケモレがチェックができるわけです。チェックの結果、どの記事にもないオリジナルな視点の検索意図をあなた自身で洗い出せていたのであれば、それは強力な独自

性のあるコンテンツとなります。

　洗い出した検索意図をもとに、記事の小見出し案を作っていきます。この小見出し案は目次案でもあり、読者にとってわかりやすく理解しやすい＝最適な順番になるよう記事構成を検討します。

　実際の記事構成では、「7-3節　オンページSEO」の内容を参考にして、各種タグに挿入するキーワード等も最適化していきます。

　また、検索結果上位に表示されている競合の記事を分析して必要な共起語（ターゲットとしている検索キーワードとよく一緒に使われる用語）を洗い出し、記事執筆に備えることも必要です。

❺記事を執筆する

　完成した記事構成案をもとに記事を執筆していきます。記事執筆にあたり、スマートフォンで記事を読むユーザーがもっとも多いこと、また、記事の読み方は流し読みが基本であることをおさえてください。

　この2つを念頭に置くと、以下に留意して記事を執筆しなければならないことが理解できるはずです。

・長く続く文章は読みにくい。適時改行・空白行を挿入する
・箇条書き、図表、動画、適度な文章修飾など、「読む記事」ではなく「見る記事」を目標に作成する
・執筆後は必ずスマートフォンで記事の見え方を確認する

　ここまでが、一般的な読み物記事の書き方の流れとなります。

Column

キーワード選定に使えるツール

P.145の①キーワード候補洗い出しの場面では、サジェストだけではなく、「関連キーワード」もチェックしておきましょう。関連キーワードとは、検索結果表示画面の下部に表示される、関連する検索クエリ候補のことです。下図は「宅建勉強時間」のクエリで検索した際に表示されたものです。

関連キーワード

関連性の高い検索 :	
🔍 宅建 独学で受かった人	🔍 宅建 勉強 スケジュール
🔍 宅建 勉強時間 社会人	🔍 宅建 勉強方法 初心者
🔍 宅建 独学で受かった人 テキスト	🔍 宅建 勉強 アプリ
🔍 宅建 独学 勉強時間	🔍 宅建 効率の良い勉強法 独学

また、Googleキーワードプランナー（P.147）で抽出できるキーワードも要チェックです。Googleキーワードプランナーで抽出できる検索キーワード候補は、サジェストと比べ、より生データ（＝直接ユーザーが検索窓に入力したクエリそのもの）に近い印象です。入力ミスやノイズ（直接関連しないと考えられるワードなど）も多いので抽出後に精査が必要です。

さらに、海外製の有料ツールですが「Keyword Tool」もおすすめです。上記のサジェストやキーワードプランナーから抽出できるキーワード候補などをまとめて取得できます。Google以外にもYouTube、Amazon、X（旧Twitter）、Instagramで検索されるキーワードにも対応しており、次項で説明する検索ボリュームの取得も可能です。

機能的には申し分ないキーワードツールですので、本格的にコンテンツマーケティングに取り組む場合は利用を検討してみるのがよいでしょう。

参考 Keyword Tool
https://keywordtool.io/jp

第5章

事例 **10**

中小不動産会社のブログ
～記事の専門性を高めてアクセス数上昇

●背景

　C社は地方都市の駅前に店舗を構える不動産仲介の企業です。不動産業界は、中小事業者が物件情報をWebサイトに掲載しようとしても、超大手による物件情報紹介サイトが検索上位を独占しているため、一般的なやり方では参入はほぼ不可能です。

「少しでも当店のことを顧客に知ってもらいたい」
「当社の求人に応募してもらえそうな人に情報を届けたい」

　C社の社長はそう考えていました。

●実施施策

　C社の社長はWebコンサルタントに相談したところ、Webコンサルタントは「弱者のWeb戦略を実施しましょう」と提案しました。

「Webサイトのブログのターゲットをまずはリクルートに絞り、不動産実務や宅建勉強法の知識を体系的に掲載して専門性を高める」
「競争の弱い検索クエリで集客して、当社のSNSに誘導する」

　Webコンサルタントの提案は上記2つが柱でした。C社では、社内でプロジェクトチームを作ってWeb戦略を開始しました。

●結果

　最初の数か月、C社では「不動産実務」や「宅建の勉強法」について専門書にも負けない多くの記事を執筆することに注力しました。

　その結果、「宅建士証　返納忘れ」「宅建　名義貸し　バレる」など、検索数は中〜下で競争の激しくない多くのキーワード（ロングテール・キーワード）で上位表示することができました。

　その後、あきらかにアクセスが上昇傾向となり、SNSへの誘導も順調です。特にYouTubeでは、ブログで人気の記事から順番に動画化したこともあり、着実に再生回数が増えています。

　さらに、C社Webサイトの専門性・権威性が大きく向上したことで、完全にあきらめていた物件情報も少しずつ検索順位が上がってきたのでした。

5-2

弱者が取り組むべきコンテンツ戦略

前節では検索意図を満たす記事の作り方を学びました。しかし、どんなに高品質な記事を書いても、超大手のWebサイトの権威性や信頼性におよばずに上位表示できないことはあります。そこで重要なのが弱者のコンテンツ戦略です。Webマーケティングの勝ちパターンと絡めて、勝てる土俵で勝負をしていきましょう。

超大手不動産会社が検索上位を独占している理由

　Webマーケティングにおいてコンテンツを提供する直接的な目的は、ユーザーの検索意図を満たし、彼らに満足してもらうことです。検索エンジンは「ユーザーの検索意図を満たす記事を提供したい」と考えているので、検索結果の上位に表示される記事は、その検索意図をもっともよく満たしているものと考えることが自然ですよね。

　事例10では、超大手不動産会社が運営している物件情報紹介サイトが検索上位を独占している、という話でした。それでは、この「検索上位を独占するすべてのページ」は、どの競合よりも検索意図を満たすものになっているのでしょうか。

　そんなことはありません。じつは単に検索意図を満たすコンテンツ以上の要素も関わっているのです。

　超大手不動産会社はどのようにサイトを制作しているのでしょうか？

　事例の不動産会社に限らず、大手企業の多くは大手SEO会社の協力のもと、高価なSEOツールや経験豊富なライターを利用するなど、かなりのコストをかけてコンテンツを作成しています。しかし、このようなコンテンツの作成方法は、いまや一般化されたSEOの手法です。

　既製のSEOツールを使ってSEOをする以上、一定のオリジナリティを確保

しつつもほかのサイトと似た内容が多く含まれています。これらの方法は今や多くのメディアが採用しており、結果として超大手不動産会社の物件情報紹介サイトのコンテンツもほかと大差ないものとなっていました。

　それでは、なぜ超大手の物件情報紹介サイトは多くのページで検索上位を独占できているのでしょうか？

　それは、**ドメインの権威性と信頼性**によるものでした。検索クエリにもよりますが、現在のSEOではコンテンツの内容もさることながら、**信頼性が高いドメインに掲載された記事は優遇されやすい**傾向にあります。したがって、超大手不動産会社の物件情報紹介サイトの各ページは、そのドメインの評価によって上位に表示されたのです。

　以上の分析から、SEO成功のためには、検索意図を満たすだけでなく、ドメインの信頼性を高めることも同様に重要だとわかります。逆の言い方をすると、無名の企業や個人の運営するWebサイトが超大手企業と同じことをしても、ジャンルなどにもよりますが、成功は難しいケースのほうが多いでしょう。

Column

ドメインパワーとは

　ドメインの権威性や信頼性を表す用語として「ドメインパワー」が使われることがあります。「ドメインパワーが高い/低い」などの言い方をするため、指標のように感じられますが、定量的に数値を計測可能なものではありません。Googleが公式に使っている用語でもなく、あくまでドメインの権威性や信頼性の相対的な程度を表現するために、慣習的に使われている概念です。

個人や一般企業では超えられない壁がある

　前項で述べたとおり、Googleによる検索順位はコンテンツの質のみで決定されているわけではなく、「ドメイン（Webサイト全体）の権威性や信頼性」も検索順位の決定に大きく関わっています。

「それでも、大手企業より良いコンテンツを作れば、上位表示ができるのでは？」

　結論から言えば、だれもが狙うようなクエリに対して、ドメインパワーの高いサイトに勝つことはとても難しいと言わざるをえません。特にYMYL(P.244)の領域においては、GoogleのE-E-A-Tに対するチェックは厳しく、個人はもちろん、一般の法人すら太刀打ちできるスキはありません。

　しかし考えてもみてください。YMYLの記事の一例として、命に関わるような病気やケガの手当についての記事があったとしましょう。

　このような内容の記事は、信頼できる大病院のWebサイトや厚生労働省のサイトなどの掲載順位を上げることは、まちがいなくユーザーのためですよね。

　命に関わる情報において、信頼できる大病院や厚生労働省のWebサイトに、まちがった情報が書かれている確率は限りなく低いでしょう。少なくとも、医療に関係がない法人や個人のサイトよりは比べ物にならないぐらい信頼度は高いはずです。

　つまり、ジャンルやキーワードによっては、無名なサイトでは検索結果の上位表示を諦めざるを得ないケースは必ずあるのです。

無名の中小企業や個人が戦うための「競争回避」の考えかた

　それでは、ドメインパワーの低いWebサイトは勝ち目がないかと言えば、そういうことではありません。弱者には弱者の戦法があります。その戦法の1つが競争を回避することです。

　競争を回避するには以下の2つの施策があります。

●考え方①　Knowクエリで集客して自社の戦略に誘導する

　P.065で説明したマーケティングファネルを覚えていますか？　次の図は、ファネルの各フェーズで、ユーザーがどのような検索（情報収集または購入）をおこなうか、を示したものです（ファネルは単純化しています）。

マーケティングファネル

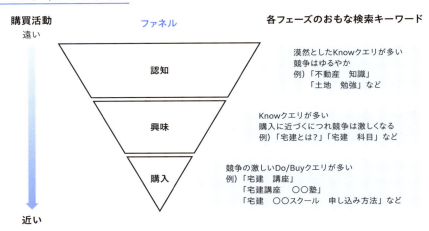

　ファネルの上のフェーズほど、検索クエリはKnowクエリかつ購買活動から遠いものになりますから、競争を回避しやすくなります。よって、Knowクエリで集客する形になりますが、もちろん単純に集客しただけでは肝心の売上が上がりません。ここで大切なのは、

「競争の比較的ゆるやかな『認知』『興味』フェーズでユーザーを自サイトに集める」
「SNSやメルマガへの登録を促し、あなた（の会社）からプッシュ形式で情報を届けることができる関係性を作る」

ということです。Webマーケティングの戦略で、早い段階にSNSやメルマガ登録を促すことをおすすめするのは、以上のような状態を作る目的もあったわけです。

●**考え方②　ロングテールSEOを実践する**
　SEOでは、検索数が多く人気のキーワードを「ビッグワード」と呼びます。それに対し、語数が多く検索数が少ないキーワードを「ミドルワード」「スモールワード」といいます。
　検索数が多いビックワードに目が向きがちですが、えてして、**ターゲットの**

マインドにベストマッチするキーワードは、ミドルワード・スモールワードに多いものです。これは、すでに学んだ「ターゲットは絞れば絞るほど、顧客は『自分ゴト』と考える」という話と同じです。「検索意図にジャストフィットしやすい」とも言えるでしょう。

競合のひしめく少数のビッグワードを狙うのではなく、地道に多くのミドルワードやスモールワードでの上位表示を狙う戦略は、**ロングテールSEO**と呼ばれます。

ロングテールとは「長い尻尾」という意味で、下図のように、アクセスの少ないワードでも、それぞれがしっかりと検索エンジンで上位表示すれば総アクセス数が「チリも積もれば山となる」という状態になるのです。

ロングテールSEO

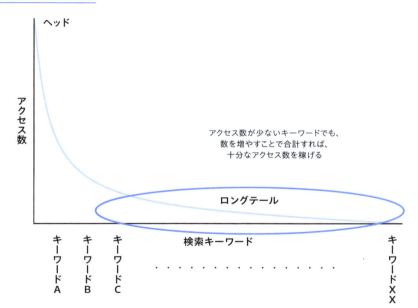

ロングテールSEOは、さまざまなキーワードであなたのWebサイトへの流入が見込めるわけですから、多少の検索エンジンのアルゴリズム変更があっても、安定したアクセス数が見込めます。反対に数少ないキーワードでの流入に頼っているWebサイトは、検索エンジンのアルゴリズム変更で1つのキーワードの検索結果順位が下落しただけで、アクセス数に大きな影響がでます。

どちらがビジネス上のリスクを抱えているかは明らかですよね。ビジネスを安定させるためにも、ユーザーによりマッチしたミドルワードやスモールワードを多く狙うロングテールSEOを目指していきましょう。

検索クエリの考え方と探し方

P.144の「記事の作り方の流れ」で、はじめにやるべきこととして「検索キーワード候補を洗い出し」を解説しました。ただし、弱者がコンテンツ戦略に取り組むなら、**ツールの利用はあくまで次善の策**と考えるようにしましょう。なぜなら、ツールで洗い出せる検索クエリはだれでもカンタンに取得できるため、お金のにおいがする検索クエリほど大手の参入が多くなるからです。

たとえば「宅建　通信講座　おすすめ」などのクエリは月間数十万〜数百万円の売り上げが見込めるクエリです。この検索結果をみると、2〜3万文字もあるような記事が、検索結果の1ページ目にひしめいています。ドメインを調べると、どれもドメインパワーがかなり高そうです。

では、一般的なキーワードツールに頼らずに、どうやってキーワードを探せばいいのでしょうか。おもに以下3つの方法があります。

・探し方(a)　自分が当事者となり、自分自身がユーザーのマインドに
　　　　　　　なってキーワードを探す
・探し方(b)　ユーザーにヒアリングをする
・探し方(c)　他社が流入しているクエリを抜き出す

(a)(b)についてはだれもが思いつく検索クエリであればカンタンですが、本当のユーザーにしかわからない疑問・悩みなどの検索クエリを見つけるのは難しいものです。しかし、そうしたクエリを収集することができれば、競合他社に差別化できる記事執筆につながります。

(c)に関しては、競合他社のWebサイトで上位獲得している検索クエリ情報をチェックできるツールがありますので、そちらを利用することになります（P.124のColumn参照）。一般のキーワードツールを利用するのと同等の手軽さで、多くのキーワードを抜き出すことができます。

ツールさえ導入すればだれにでもできる手法であり、たいして差別化にはつながりません。しかし、競争の強いジャンル（クエリ）では他社はどこも導入している手段ですので、本格的にSEOで上位をめざすならば、ツールの利用は不可欠でしょう。

専門家となり自分にしか見つけられないキーワードを探す

C社の運営するブログメディアは、決してドメインパワーの高いものではありません。その証拠に、

「宅建　通信講座　おすすめ」
「○○駅前　賃貸マンション」

などの検索クエリ（Buyクエリ）では検索結果1ページ目、つまり10位以内にも入っていません。しかし「宅建士証　返納忘れ」「宅建　名義貸し　バレる」などの月間の表示回数が2,000回という、一定の検索ボリュームのあるクエリで上位表示できたのはなぜでしょうか？

その理由として、以下のようなことが考えられます。

①これらのクエリはBuyクエリではなくKnowクエリのため、大手メディアのチェックが甘かった
②実際の宅建士証を持つ実務従事者や経験者にしか理解できない検索意図（クエリ）だった
③キーワードツールで発見しづらい検索クエリだった

③について補足します。実際にユーザーがGoogleで検索するクエリは無数にあるため、すべての検索クエリがキーワードツールで取得できるわけではありません。「月間検索数が少ない」「検索ボリュームが時期によってムラがある」「単語数が多い」などに該当する場合、取得できないケースが多いようです。

以上のような、大手メディアに発見されない（または、発見しても対策しない）クエリはほかにも多くあるはずです。

　無名の企業や個人のサイトでドメインパワーが小さいのであれば、このようなクエリを丁寧に拾っていくことで、大手メディアの記事では抜けている「検索数はそれほど多くないものの、ユーザーの深い悩みを解決する記事」を書いていけるでしょう。

5-3

1冊の本を書きあげるように、記事群で価値を高める

顧客やペルソナに対していち記事だけで提供できる価値には限界があります。体系的に知識を得たい、深く知りたいと考えているユーザーに対しては記事群での提供が有効です。

あなたの専門分野をわかりやすく、独自情報を交えて説明する……そのような高品質な記事が体系化されていればユーザーだけでなく、Googleからの専門性/経験/権威性が評価されます。

結果として、ユーザーにもGoogleにも信頼されることになるでしょう。

自分なりの目次と索引を作ろう

単純な悩みや疑問であれば1つの記事ですっきり解決することもあるでしょうが、ユーザーの悩みが深ければ深いほど、また、その悩みや疑問が根源的なものであればあるほど、**ユーザーはさまざまな情報を欲している**はずです。

どんなすばらしい記事でも、それ1つでユーザーに対する価値を最大化することはできません。たとえば、有名な専門家の方が書いたブログ1記事よりも、知名度では劣る著者が必要な情報群を体系づけてまとめた書籍のほうがユーザーニーズを満たすことは多いでしょう。

そこでおすすめしたいのが複数の記事（記事群）によるユーザーへの情報提供です。1つの疑問に直接的・簡潔に答え、そのうえで、

・より詳細な情報
・関連する疑問・悩みを解決する情報
・同時にお伝えしておくべきこと

などを読者がストレスなく読み続けていけるように、読者をナビゲートする目次で整理し、さらにページ間のリンクでユーザーインタフェースを高めます。

また、読者が必要な情報を瞬時に見つけられるように、キーワードやトピックでコンテンツの索引を作ることも重要です。

目次作成の流れ

どんな専門家でも、必要十分な目次をすらすらと書き出すことは難しいもの。執筆を専門にされていない方ならなおさらです。目次の作成にあたり、以下のような手法がおすすめです。

①必要なトピック、用語などを思いつく限り書き出す
②書き出したトピックや用語を「マインドマップ」などで体系的に整理する
③同テーマの書籍やWeb記事を読み、キーワードツールも利用して、自分に足りない視点を洗い出す
④目次の各要素を読む前後で、ユーザーのスキル・ナレッジやマインドがどのように変化するのかを洗い出し、目次の各要素間の関係を明確にする
⑤すべての情報の関係性・重要度・伝えたい順番などを考慮し、目次を完成させる

最後に、「ユーザーはどんなクエリで検索するか」を考えながら、目次の各要素（＝各記事）のタイトルを調整します。

トピッククラスター戦略

「目次を作るなんて私にはムリ」
「目次を作るほどの情報がないよ」

そう思う方もいるかもしれません。そんな方にはトピッククラスター戦略をおすすめします。

トピッククラスター戦略とは、関連するトピックやキーワード群を中心に構成する戦略です。トピッククラスター戦略では、「ピラー（枢軸）ページ」と呼ばれる中心となるコンテンツと、そのピラーページに関連する「複数のクラス

ター（衛星）ページ」を作ります。

ピラーページとクラスターページの詳細は以下のとおりです。

ピラーページ	ある特定のテーマに対して広範な情報を提供します。通常1つの記事。
クラスターページ	ピラーページのテーマに含まれる1つひとつのトピックに対し深く掘り下げた記事。1つの記事に1つのトピックを掘り下げるため、クラスターページは複数になります。

トピッククラスター戦略のイメージ

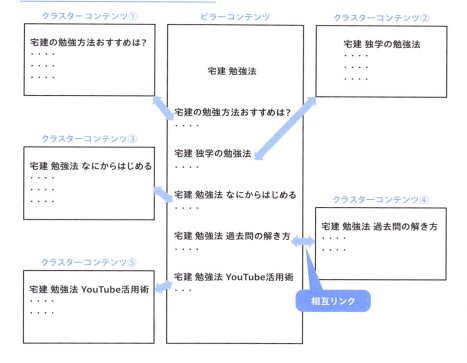

以上のピラーページとクラスターページを相互にリンクすることで、1つのテーマに対して包括的かつくわしい情報を提供できます。

記事群を構成することのメリット

　このように目次を作って記事群をまとめたり、トピッククラスター戦略を実施したりすることのメリットは以下のとおりです。

①ユーザーから見ると、自分の知りたいテーマについて詳細かつ網羅的に情報を入手できるので非常に価値が高い。専門性や権威性を感じる

②検索エンジンから見ても、専門性や権威性の高いサイトは評価が高まる。また適切にリンクを貼ることで、検索エンジンクローラーが回遊しやすく、サイト全体の理解が深まる

　以上のように、ほかのサイトが見逃しているキーワードを多く取り込み、ユーザーに網羅的な知識を提供できるサイトを作ることで、弱者でもユーザーに認められて検索エンジンの評価を高めることができます。

ネタ切れ知らずのブログテーマ発想法

　前項まで説明した記事群は、洗い出した用語・キーワード・トピックなどについて複数の記事を書き終えたら一旦完成するタイプのものでした（時間経過による記事メンテナンスは発生します）。

　一方、いつまでも完成しないタイプの記事群もあります。その代表が「その時々でトピックを見つけて執筆する」ブログ記事です。ブログ記事もユーザーの悩みごとや検索サジェストを参考に書くことをおすすめしますが、継続的にブログ記事を書いていく以上、記事のテーマに困ることもあるでしょう。その場合、どうしたらいいのでしょうか。

　じつは、決してネタ切れを起こさないブログテーマの見つけ方があるのです。それは、毎日その日に実施した業務での気づきなど、日々の対応を書いていくことです。特に、お客様と接する部門であれば、「その日のお客様対応の内容」や「お問い合わせの内容」などは、格好のブログ記事テーマになります。

- お客様はどんなことに困っていたのか
- どんな解決方法をお伝えしたのか
- お客様に、どのように喜んで頂けたのか
- クレームなどの場合、どんなことにお客様は不満を感じ、それをどのように解決したのか

など、実際のお客様対応は、記事ネタの宝庫です。このように、お客様対応の経験を活かしてブログ記事を書くことには、さまざまなメリットがあります。

- オリジナルな体験がベースのため、サジェストには出てこない隠れた検索クエリが見つかる可能性がある
- 記事を読んだお客様は、自分が訪問したときのことを具体的にイメージできる
- あなたがあたりまえと思ってやっている顧客対応が、じつはお客様にとっては「すごいこと」「感動すること」の可能性もあり、ブログを読んだお客様の心をつかむ可能性がある

ぜひ、日々の業務内容、特にお客様との対応について書き、記事を継続してみてください。

トレンドを知って、継続的に読まれるコンテンツにする

顧客に「役に立つ」「注目される」情報提供を継続するのは難しいものです。「どれだけあなたの切り口がユニークか」がカギですが、頭で考えているだけでは、なかなかいいアイデアは浮かびません。

そのようなときは、現在、どんな記事が多くの人に読まれているのかをチェックし、その切り口を参考にします。多くの人に読まれている記事をチェックする際は、「はてなブックマーク」などが便利に使えます。

参考 はてなブックマーク
https://b.hatena.ne.jp/

「はてなブックマーク」とは、株式会社はてなが運営する無料のWebサービスで、自分のお気に入りのWebページをネット上に保存し、ほかのユーザーと共有できます（ソーシャルブックマークサービス）。多くの人がソーシャルブックマークしている記事は、あたかも人気投票で上位にあるようなもの。はてなブックマークのトップページからかんたんにアクセスできますので、そのような人気記事を参考にしましょう。

また、世の中で特定の言葉やトピックがどれだけ話題になっているのかを視覚的に確認できるツールとして「Googleトレンド」があります。

参考 Googleトレンド
https://trends.google.co.jp/trends/

Googleトレンドは、さまざまなキーワードの検索数を時系列で分析できる無料ツールです。話題性があるテーマをタイムリーに見つけることできます。さらに、地域別の検索動向も把握できるため、地域ごとに異なる消費者のニーズを把握するのにも役立ちます。

もちろんSEO対策にも有効で、たとえば人気の高まりつつあるキーワードを見つけてコンテンツ制作に反映させることで、他社に先がけて検索エンジンの上位表示を狙うことができるでしょう。

5-4

ユーザーの「背中を押す」ための
ライティングテクニック

どんなに中身が高品質な記事でも、読者に読んでもらえなければ意味がありません。特にWeb上にはとても多くのコンテンツがひしめきあっています。
そんな多くのなかからあなたの記事を選んでもらい、読み進めてもらうにはどうしたらよいのか？　そして読んだ後、あなたの意図どおりに行動してもらうにはどうしたらよいのか？　本節で学習していきましょう。

はっとさせるキャッチコピーで、ユーザーの心をつかむ

　Webサイトで検索をくり返すユーザーは、さまざまなサイトに訪問します。しかしそのすべてのサイトをじっくり読むわけではありません。無数に存在するサイトの中から「自分にぴったりのものを選びたい」と思っているユーザーは、**訪問したサイトを瞬間的に判断**します。「これは自分が求めているサイトではない」と判断した場合、一瞬でそのサイトから離脱します。
　第4章でも説明したとおり、ユーザーはデザイン・構成などからくる「サイト全体のイメージ」と「キャッチコピー」からサイトを判断します。ただ、デザイン・構成は一定以上のレベルであれば十分でしたね。一方のキャッチコピーについては、

①ターゲットを絞り「自分ゴト」と思わせる
②ベネフィット（価値）を明らかにする
③数字を使うなど具体的に表現する

以上の3条件が必要でした。たとえば、ある学習塾のキャッチコピーは、

「うちの子が勉強しなくて…」そんな悩みが1ヶ月でなくなります。
学校の授業についていけなかった子の80%が、1年後にはなんと私立中学
模試にA判定！

というものです。ここには、同様の悩みを持つ生徒の親に自分ゴトを思わせる
セリフが入っていますし、「模試にA判定」というわかりやすい結果に加え、
「勉強しないという悩みがなくなる→自ら勉強するようになる」というベネ
フィットも明示されています。具体的な数値も盛りこんでリアリティを考慮し
ています。

　さらに、上記に加え、「ターゲットが、はっとする心理効果」を持つ言葉を
使うと、より興味を持ってもらえるようになるでしょう。

緊急性	「緊急！」「今だけ〜」「締め切りがせまっています！」
希少性	「限定10個」「1日にわずか10個しか生産できない〜」
権威・話題性	「○○賞3年連続受賞！」「今○○で話題！」
プレミアム感	「特別のお知らせです」「○○の方だけに」

「今行動しなければならない理由」を書こう

　あなたを信頼して期待が高まった顧客に、スムーズに行動を起こしてもらう
ためにはなにが必要でしょうか？　それは以下の2つです。

●顧客が考えうる不安をすべて除去する
　期待が高まった顧客は、すぐにでもあなたに問い合わせをしたくなるでしょ
う。しかし、それを妨げるものがあります。それは「問い合わせをする」とい
う行動に対して予想される不安です。
「一度問い合わせをすると、それ以降、何度もしつこい営業電話がかかってく
るのではないだろうか」など、顧客は自分が起こした行動の結果としてネガ

ティブなイメージを抱きます。そのような不安を除去するために、あなたは、

「当社では、お問い合わせいただいたお客様への電話による売り込みはいっさいおこなっていません」

など、顧客の不安をなくすために必要なことをすべて洗い出し、記載することが必要です。

●今すぐ行動を起こさなければいけない理由を提示する

　あなたがそうであるように、顧客1人ひとりも日々、さまざまな用件・雑務に追われながら生活しています。あなたのWebサイトをみて「問い合わせをしようかな」と考えても、実際に問い合わせという行動を完了するためには、わずかとは言え手間がかかります。

　そうなると、**「今はやらなきゃいけないことがあるから、後にしよう」**とほとんどの顧客が思ってしまうのです。そこで、「今行動しなければならない理由」を記載します。これは、前項の「緊急性」「希少性」と同様です。たとえば、以下のようなことを明示すると、顧客の行動を促せます。

募集に枠がある	「毎月先着○名！　1日体験入学のご案内」
数量・エリア・期間に制限をつける	「限定5食！　静岡産○○をふんだんに使ったスペシャルランチ」「このアイテムは当店限定のオリジナル品で本日限りのご提供です」

ユーザーの五感に訴える「シズル」を書こう

　ここからは、さらに文章を磨くために覚えておきたいテクニックを説明します。

　あなたは**シズル**という言葉をご存知ですか？　もともとは、肉を焼いたときに肉汁がしたたり落ちる「ジュージュー」という音をあらわす英単語が語源の言葉です。それが転じて、**食欲や購買意欲を引き出す五感に訴える表現**という意味で使われています。

第5章

ユーザーが読みたくなる「記事やコンテンツ」の作り方

戦略編

施策編

169

たとえば、以下の2つの文章のうち、どちらが美味しそうに感じるでしょうか。

A:「新鮮なレタスの上に、蒸したエビが乗っている」
B:「瑞々しい水滴が光る今朝とれたばかりのレタスの上に、身がプリプリと弾けそうで、熱々の蒸気がホワホワと立ちのぼっているエビが乗っている」

後者のほうが断然イメージがわくでしょう。もちろん、文章だけでなく、画像や動画、イラストなどがあれば、より読み手にわかりやすく訴えることができます。とはいえ、写真集ならともかく、画像だけで商品説明が完了することはありません。すてきな商品画像の横に抽象的で不親切な文章が添えてあると、かえって読み手の心が冷めてしまうこともあります。人は、**イメージしやすくわかりやすい文章**を読んで心（腑）に落ちると共感を覚えます。

ぜひあなたも、五感に訴える文章になっているかどうかチェックするようにしてください。

「心理法則」は使いすぎに注意する

ここまでターゲットの注意をひいたり、背中を押したりする場合に有効な心理効果を持つ言葉について説明しました。それ以外にも、**文章作成のさまざまな場面で使える心理法則**があります。ここでは、すでに出てきたものも含め、それらを右ページで一覧にします。

さまざまな心理法則がありますが、特にあなたの自社サイトなど、ブランドを大切にしたいサイトや顧客にくり返し訪問してほしいサイトでは**「顧客に対する価値」の訴求をメイン**と考え、**心理法則の利用はサブ**とするようにしましょう。

一方で、ランディングページのうち、広告から誘導する期間限定ページやチラシなど、顧客が何度も閲覧しないもの（短期的に顧客からのレスポンスを高めたい）は、あえて心理法則を多く使ったほうが効果的な場合もあります。そ

の場合でも、きちんと顧客の立場に立ち、顧客があなたに後々不信感を抱かない範囲で利用するようにしましょう。

①返報性の法則	人は相手が好意的に接してくれると、その好意に報いたいという気持ちになる（第3章P.080にて言及）
②ザイオンス効果	相手を目にする回数が増えるほど、親近感が増すこと（第3章P.080にて言及）
③希少性の法則	希少価値が高いものにひかれること（本章P.168にて言及）
④一貫性の法則	矛盾のない一貫的な行動・発言・態度を貫こうとすること
⑤ハロー効果	商品やブランドの背後にある、後光や威光に影響されて判断すること。本章P.168記載の「権威・話題性」と近い効果を持つ
⑥デモンストレーション効果	周囲にいる憧れの人や有名人などが身につけているものを望むような欲望
⑦バンドワゴン効果	多くの人がその商品やブランドをもっていることが、購入を動機づけること。本章P.168記載の「権威・話題性」と近い効果を持つ
⑧カリギュラ効果	あることを禁止されると、かえって人はそれをしたくなるという心理効果。 キャッチコピーの例）「まだ家は買うな！」
⑨コントラスト効果	普段なら高く感じる商品が、別の高額商品を見た後なら安く感じるという効果
⑩相対性の法則	「おとり」となる商品を「売りたい＝本命」商品と並べ、本命を選択させる方法
⑪ザイガニック効果	未完成なものを完成させたくなる心理を利用した効果。キャッチコピーの例）「1年以上肥満で悩んでいた私がこの薬を飲んで3日後になんと……」

第5章 ユーザーが読みたくなる「記事やコンテンツ」の作り方

戦略編

施策編

第5章

事例 11

Ｄネットショップのブログ
～掲載順位が急落した記事をリライトする

●背景

　某月某日、Google検索エンジンのアルゴリズムに実施される大規模な更新「コアアップデート」が実施されました。Ｄネットショップではブログ記事をコツコツアップしていましたが、多くの記事の検索結果順位が降下。アクセス数も30%以上減ってしまいました。

　ネットショップのブログ記事は約400本もあります。これらを一度にすべて修正するのはムリです。社長はほとほと困ってしまいました。

●施策

　社長はWebコンサルタントに相談した結果、以下のような方針で記事の優先順位を付けることになりました。

①売上に貢献している記事を修正対象とする
②修正効果が大きい、またはすぐに効果がでやすいと考えられる
　記事を優先する
③②以外でも施策の実施がカンタンな記事を優先する

　①については、以前からGA4でコンバージョンに貢献する記事上位20%（約80本）で、売上貢献の80%以上を占めることがわかっていました。そこでその80本を修正候補としました。

②については、コアアップデートで大幅に検索結果順位が下落したり、クリック数が減少したりした記事を対象とすることにしました。コアアップデートで大幅に下落していない記事は、修正してもすぐに順位向上するとは考えにくいためです。

具体的には、コアアップデート「開始前の7日間」と「終了から2週間後の7日間」を比べ、クリックが20％以上減、順位が3つ以上落ちた記事をGoogleサーチコンソールの検索パフォーマンス機能を使って抽出しました。この抽出で修正候補の記事が約50本に絞られました。

さらに、この50本のうち、Google検索結果画面の**1ページまたは2ページ目にある記事**の優先順位を上げることにしました。検索順位の2ページ目までにある記事は、少しでも順位が上昇すればクリック数が増加の可能性が高いと考えたためです。あわせて、クリック数の減少が多い記事の優先順位も上げることにしました。

③については、記事タイトルやメタディスクリプション（検索エンジンの検索結果に表示される「自社サイトの説明文」）が検索クエリとズレがあると考えられる記事について、取り急ぎタイトルとメタディスクリプションを修正しました。

●結果

以上の実施より、30％以上減少していたアクセス数を20％減まで回復することに成功しました。まだまだ回復途上ではありますが、今後も優先順位を考えながら、早期に元のレベルまで戻したいと考えている状況です。

Column

Google 検索コアアップデート

事例にあるとおり、Google 検索コアアップデートは年に数回行われる**Google 検索アルゴリズムの大幅な更新**で、すべての Web ページが再評価されます。

コアアップデートの結果、今回の事例のようにリライトを行ったとしても、必ずしも成果が出るとは限りません。たとえば、あるタイミングでのコアアップデートが「各 Web ページの信頼性を重視する」方向に更新したとしましょう。その場合、コンテンツの更新では、評価は上がらないと推測されます。一方で、「フレッシュネスやコンテンツの充実度を重視する」更新だった場合、リライトで成果があがるかもしれません。

以上のように、コアアップデート後の対応策は**コアアップデートでどのようなパラメータが更新されたか**を確認・推定することも重要です。今回の事例では上記と平行して「まずはできる範囲でコンテンツを最新化・高品質化したケース」とご理解ください。

参考 Google 検索のコアアップデートとウェブサイト（Google 検索セントラル）
https://developers.google.com/search/updates/core-updates

5-5

リライトする記事を見極める サーチコンソールの使い方

事例ではコアアップデートで多くの記事の検索順位が落ちるなか、とりいそぎ影響が大きい記事を確定して修正しました。その際、記事選別に活用したのが**Googleサーチコンソール (GSC)** です。本節では、リライト時のサーチコンソールの活用方法についてくわしく見ていきましょう。

サーチコンソールで確認できること

あなたのWebサイトに「どのようなキーワードで、何回ぐらいユーザーが流入しているのか」気になりますよね。またあなたがSEOの施策を実施しても、それがきちんとGoogleに認識されているかどうか確認できないと不安ですし、また闇雲に取り組むだけではモチベーションも上がりません。

Googleは「サーチコンソール」というWeb担当者向けツールを提供しています。このサーチコンソールを使うと、以下のようなことができます。

①あなたのWebサイトに、どのようなキーワードで、何回ぐらいユーザーが流入しているのか、を確認できる
②Googleからの通知を確認できる
③GoogleがあなたのWebサイトをどのように認識しているかチェックできる
④新しい記事の作成や記事の修正をした場合、すみやかにインデックスしてもらえるよう、Googleにインデックス登録をリクエストできる
⑤検索エンジン向けサイトマップを登録できる

など、どれもWeb担当者には必須と言える機能が無料で利用できます。またサーチコンソールを導入されてない方は、ぜひ導入しましょう。

上記のうち、本章では①について説明します。③〜⑤については7-4節で解説します。

第5章 ユーザーが読みたくなる「記事やコンテンツ」の作り方

戦略編

施策編

175

あなたのWebサイトにユーザーはどのように流入している？

まず、先に述べた「①あなたのWebサイトに、どのようなキーワードで、何回ぐらいユーザーが流入しているのか確認できる」を試してみましょう。管理画面の「検索パフォーマンス」を選択すると、

「Google検索から、どのようなキーワードでクリックされているのか」
「そのキーワードで何位に表示され、何回ぐらい流入しているのか」

がわかります。

検索パフォーマンス

さらに、フィルタ機能を使うことで、特定のWebページ（URL）はどんなキーワードで上位表示されているのか、何回ぐらいクリックされているのかなど、くわしく調査できます。

検索パフォーマンスを使って、リライトする記事の優先順位をつける

Googleのランキングのシグナル（検索順位決定要因）の1つにフレッシュネスがあります。

原則的には「修正が必要な記事は都度修正する」ことで、常にWebサイトを最新に保つことが理想です。しかし、公開している情報（記事）が多い場合、

一定の優先順位やメリハリをつけて修正していくこともあるでしょう。また、事例のようなアルゴリズムアップデートで、各ランキングシグナルの評価（重みづけ）に変更が入ると、それに対応するためのリライト（修正）が重要になります。

それでは、事例のような修正対象記事の抽出（優先順位づけ）はどのようにするのでしょうか？

検索パフォーマンス（日付による比較）

検索パフォーマンスの機能では、上図のように日付による比較が可能です。図では、検索クエリについて

・2/6 〜 2/12
・1/10 〜 1/16

と異なる1週間で、それぞれユーザーのクリック数を表示して比較しています。画面ではクリック数だけですが、同じように次の項目も確認できます。

・表示回数
・平均CTR
・平均掲載順位（Google検索結果表示順位）

　このデータはダウンロードしてExcelなどでも確認できますので、この機能を使うことで、事例のような分析が可能となるのです。

検索クエリとズレがあるタイトルを修正

　さきほどの図では、「ITパスポート　600点以上　不合格」という検索クエリで1週間に49回Google検索結果画面でクリックがあったことがわかりました。この検索クエリで表示される記事のタイトルは、

「ITパスポートで600点以上でも不合格になるってホント？」

というものでした。ITパスポート試験は総合600点以上、かつ各科目300点以上の獲得が合格基準になります。実際にITパスポートを受験された方でも、科目別最低必要点をよく知らない方は「くわしく知りたい」と思うので、ニーズが高いクエリとなります。
　そして、Googleサーチコンソールにより、この記事では「ITパスポート700点以上　不合格」という検索クエリでもアクセスがあることがわかりました。そうした検索クエリにタイトルをマッチさせるべく、以下のようにタイトルを変更しました。

「ITパスポートで600点以上や700点以上でも不合格になるってホント？」

　その結果、「ITパスポート　700点以上　不合格」の検索クエリでの掲載順位が翌日にはアップしたのです。
　このように記事コンテンツを運用していると、予想もしていなかった検索クエリで流入していることが多々あります。こうしたクエリに丁寧に対応していくことで、競争力のあるコンテンツを持つサイトになっていくでしょう。

施策編

第6章

「ソーシャルメディア」で顧客との信頼を積み重ねる

第6章

事例 12

中小IT企業のSNS活用
～社内の様子を発信し過去最高の求人を獲得

●状況

　E社は某地方都市にあるシステム開発会社です。もともとは大企業
からの下請け案件が多かったのですが、社長の営業努力もあり、現在
では50％以上が、地元の企業から直接請け負う案件（直案件）となっ
ています。

　もともと、社長は「社員の士気が上がらないと、いいシステムは作
れない」という哲学を持っており、E社ではさまざまな人事施策を実
行してきました。さらに、昨今の働き方改革の流れもあり、顧問社労
士に相談して、いっそう働きやすい社内制度を整えました。そのよう
な会社ですから、社員の満足度はかなり高くなっています。結果とし
てE社が構築したシステムの品質は高いと多くの顧客企業から評価さ
れており、社長も満足しています。

　しかし、1つだけ、社長が頭を悩ませていることがありました。そ
れはE社が地方にある中小企業のため、なかなか新しい人材を獲得で
きないことです。世間的には「IT企業はブラック」というイメージが
あるようで、社長はE社の正確な内情を伝えたいと思いホームページ
に福利厚生の説明を追加してみたりしましたが、なかなか有効な訴求
につながっていないのが現状です。

●施策

　E社の社長は地元の商工会議所経由でSNSコンサルタントに相談を
しました。SNSコンサルタントは社長に、**ソーシャルメディアを利**

用して、ネットのクチコミを広めることを提案。さらには、

「ソーシャルメディアでは決して売り込みにならないように、ユーザーが興味を持つような工夫をしつつ、E社の取り組みを伝えるようにしてください」

とアドバイスをしました。そこで、E社はX（旧Twitter）やInstagramを中心に、

「育児中の社員がリモートで仕事をしている様子」
「アフターファイブに趣味を楽しんでいる社員の様子」

などのコンテンツ配信をはじめました。

　また、E社では社内のグループごとに「働きやすいチーム作り」をテーマにしたミーティングを月2回のペースで実施しています。このミーティングでは、各チームからさまざまな意見が出てくるので、そうした内容をSNSユーザーとも共有するようにしました。その結果、多くのユーザーからも有益な意見をもらえたり、またE社が発信した興味深い意見が多くのユーザーに拡散されたりするようになったのです。

● 結果

　このような地道な取り組みで、多くのSNSユーザーがE社に興味を持つようになりました。そうしたユーザーは、E社の普段の投稿を見るようになります。そして、少しずつSNSユーザーに「某地方都市に働きやすいIT企業がある」という情報が伝わっていきました。

　現在では、月に4〜5件以上も採用に関する問い合わせがくるようになりました。ほとんどがSNSユーザーであり、うち半数以上がほかの都道府県からです。E社の取り組みは、地元への移住者を増やすことにつながっている、と行政からも注目されるようになりました。

6-1
「ソーシャルメディア」は「スマイル0円」と同じ

「InstagramやTikTokで商品がバカ売れしているらしい」そんなウワサを聞いたことがあるかもしれません。しかし、あなたが無名（の企業）の方なら、最初から商品が売れることを期待してソーシャルメディアをはじめても挫折するでしょう。無名な方がはじめたばかりのソーシャルメディアからは、おもしろいぐらいに商品が売れません。ソーシャルメディアは広告とはまったく違うのです。それではいったいどのように進めればよいのでしょうか。ここでも「信頼」という言葉がカギを握っています。

ソーシャルメディアをうまく使えば、信頼関係構築が加速する

　現在、ソーシャルメディアブームともいえる状況が続いていますが、その理由はどこにあるのでしょうか。それは本書の冒頭でも書いたとおり、消費者をとりまく環境と消費者の深層心理（インサイト）にあります。

　第1章で述べたように、今や消費者は、

「信頼できる人からしか買いたくない」
「信頼できる人が紹介してくれたものしか買いたくない」

と考えています。一方、ソーシャルメディアには以下のような利点があります。

- クチコミによる情報発信・情報拡散が原則なので、商品・サービスの信頼性を確認しやすい
- 静止画や動画、文章などさまざまな形で情報が流れてくるので、チェックしやすい
- 情報発信者（企業）の思い、情熱を知ることができる
- 相手と長期的な関係が築ける

こうしてソーシャルメディアの利点を見てみると、「相手と信頼関係を構築しやすい」「信頼できる相手を見つけやすいツールである」ことがおわかりでしょう。これは現在の消費者のニーズに非常によくマッチしています。だからこそソーシャルメディアは、ここまで隆盛していると考えられるのです。

「地道にコツコツ」がソーシャルメディア活用のポイント

とはいえ、人々はソーシャルメディアを「購入意思決定のためのツール」として使っているわけではありません。ソーシャルメディアを利用する人の主目的は「交流」と「情報収集」です。そうした目的でソーシャルメディアを使っていくうちに、結果として「信頼する相手」が見つかるのです。

そして、そのような信頼できる相手……たとえば、美容の分野であれば「共感できる美容インフルエンサー」がおすすめする商品をくり返し購入するように、態度が変容することはあるでしょう。

つまり、ソーシャルメディアの世界の中に企業が入る場合、**いきなり売り込みをするのはNG**。それは、まさにパーティーなどで楽しく交流している2人の中にいきなり割りこみ、「うちの商品を買ってください」と押し売りするようなものです。こうした行動は必ず嫌われますよね。ではどうすればいいのでしょうか。それは企業も、

人々の交流しているなかに参加させていただく

という意識でソーシャルメディアの世界で情報発信したり、ユーザーと交流したりすることです。時間はかかりますが、ユーザーにとって価値ある情報を発信し続け、「信頼できる相手」と思ってもらうまで地道に取り組まなければなりません。

くり返しになりますが「企業からの一方通行で大量の売り込み情報」に疲れた消費者は社会環境の不透明さ（将来の見通しが悪い）もあって、財布のヒモが固くなっています。しかし、このような環境は逆にチャンスとも考えることができます。

「騙されることはイヤだ」

「本物しか買いたくない」

と思っている消費者には「本物であれば、多少値が張っても手に入れたい」と考えている人が少なからずいます。そういった消費者に向けて、「時間はかかるけれども、きちんとつながり信頼関係を作っていく」ことが重要です。これに勝るマーケティングはほかにないでしょう。Webマーケティングにおいても、ソーシャルメディアを利用して、中長期的な信頼を地道に築いていくべきです。

「スマイル0円」は売上向上のための強力な武器

　私がソーシャルメディア研修の講師をすると「ソーシャルメディアでどのぐらい売上に貢献できますか」といった質問をしばしば受けます。そのような質問に私は必ず、

「それは、マクドナルドに『スマイル0円で、どれぐらい売上が上がりますか？』と聞くのと同じです」

と答えるようにしています。

　もし、マクドナルドで店員さんの顔からスマイルが消えたらどうなるでしょうか？　スマイルが消えても、レジに並んだお客さんの購入金額には変わりはないかもしれません。「スマイル＝0円」なのですから、店員さんが仏頂面でもお客さんが同じ商品を買う限り、売上は同じです。

　ただし、それは短期的なモノの見方です。もし、ある店舗の店員さんがいつも仏頂面をしていた場合、あなたはそのお店によいイメージを抱かないですよね。それどころか不快なイメージを抱くでしょう。あなた以外のほかのお客様も同じはずです。結果、長期的にみれば来店客が減り、売上減少はまぬがれないでしょう。

　つまり、スマイルには長期的なイメージ向上＝ブランド向上の機能があるのです。そして、ソーシャルメディアもこれとまったく同じ。日々情報を発信したり、ユーザーと交流したりしても、今日明日の売上が急に上がるわけではありません。しかし、地道に続けていくことで、あなたやあなたの会社のブラン

ド向上につながります。結果として、長期的な売上向上に貢献するといえるでしょう。

ただ1点だけ勘違いしてほしくないことがあります。それは、

ソーシャルメディアによる直接的な売上貢献が明確にしにくいからといって、効果測定をあきらめてはならない

ということ。ビジネスですから、なんらかの効果測定をして、貢献度を計測するのは当然のことです。たとえば、ソーシャルメディアの施策効果を測定する指標は、以下があります。

・インプレッション（表示回数）
・エンゲージメント率（いいね、リポストなどの合計÷インプレッション）
・コメント、DM件数
・視聴回数、視聴率（視聴完了率）、視聴時間　※動画の場合
・ソーシャルメディア接触ユーザーのブランドサイト/ECサイト訪問回数
・ブランドサイト、ECサイトの指名検索数
・ソーシャルメディア接触ユーザーのECサイト成約数/成約率（CV/CVR）
・ブランド想起率（※別途アンケート調査などが必要）

ビジネスのKGIに適切に連動するKPIは、フェーズにより常に変わるので、

現段階での各ソーシャルメディアのKPIは、今使っている指標が最適か

という視点を常に持ち、日々のKPIを計測していくことでビジネス目標に貢献できる精度の高いソーシャルメディア運用ができるはずです。

中小企業こそブランドを大切に

ソーシャルメディアはブランド向上に役立つという話をすると、今度は、

「じゃあ、うちの会社は関係ないですね。ブランドなんて大企業が大切にするもので、うちの会社は小さな企業ですから」

と言われることがあります。本当にそうでしょうか。そもそもブランドとはなにか、ちょっと考えてみましょう。

　ブランドという言葉を聞くと「エルメス」「シャネル」「ヴィトン」などの大手ファッションブランドを思い出すかもしれません。そのような多くの方が憧れる商品や企業もそうですが、ブランドとはそもそも、**私たちの心の中にあるイメージ**のことを指します。「エルメス」というブランドが好きな方は、その方の心の中に「エルメスという商品や企業に対する信頼やロイヤリティ（忠誠心）、期待」があるわけです。だから、高い金額を払っても、エルメスの商品を身につけたいと思うのです。

　一方、中小企業やその経営者が成功するためには、顧客や取引先、従業員など周りの多くの方に、

あなたやあなたの会社を信頼してもらい、好きになってもらい、期待してもらい、応援してもらう

ことが非常に重要になります。大企業のように不特定多数の日本中（または世界中）の人にブランドを築く（＝ブランディングする）必要はまったくありません。**まずは周りの方、そして見込み顧客に少しずつブランディングをしていきましょう。**ブランド向上は、ヒト・モノ・カネなどの経営資源に乏しい中で生き残っていかなければならない中小企業にとって、大企業以上に重要なことです。

　この本をここまで読んできたあなたなら、マーケティングの要諦は「信頼関係の構築と期待の育成」であることは十分ご承知のはずです。ブランディング（ブランドの構築）とは「信頼関係の構築と期待の育成」そのもの。つまり、ブランディングに役立つソーシャルメディアはマーケティングの要諦を押さえたツールだということです。コストをかけずにここまで実行しやすいツールはほかには見あたりません。ぜひ使いこなしてほしいと思います。

「集客・信頼構築・アフターフォロー」に効果的

ここではソーシャルメディアの具体的な利用フェーズについて説明します。次の図をご覧ください。

このようにソーシャルメディアは、

・集客
・信頼構築（一度来訪した人に、定期的に情報を発信できる）
・アフターフォロー

の3つのフェーズで利用できます。

この中で集客とは「気づかせる」「アレっと思わせる」ことで「行動を起こさせる」ことを目的としています。

信頼関係の構築はこれまで述べてきたとおり、マーケティングの要諦であり、本書でくり返し説明してきたところです。大事なことは目的を絞ること。

少なくとも日々投稿する際、「今はなにを目的に投稿しているのか」を意識することです。特に購入前後の「信頼関係の構築」では、ユーザーの気持ちを徹底的に想像して、彼らが求める情報を提供することが重要です。

　そして、最後の**アフターフォロー**。ここにどのぐらい力を入れるかで、**ファンを育成できるか**が決まります。ソーシャルメディアで成功している企業は、じつは購入前の「信頼関係の構築」以上に、購入後の顧客にひと手間もふた手間もかけて楽しませています。それが「おもてなし」につながるのですね。

ユーザーとともに作りあげる

　ソーシャルメディアマーケティングというと、

「XやInstagramの公式アカウントの運用がほとんどだよね」

　そう思っている方も多いでしょう。しかしE社の事例を思い出してください。E社の成功は公式アカウントからの発信だけでは成し得ませんでした。公式アカウントの発信を契機としながらも、**より多くのSNSユーザーによる発信・拡散**があったからこその成功です。

　ここで、現在のデジタルマーケティングでよく使われる**トリプルメディア**について言及します。トリプルメディアとは、メディア分類の考え方の1つで「オウンドメディア（Owned Media）」「ペイドメディア（Paid Media）」「アーンドメディア（Earned Media）」の3つのことです。それぞれの概要は以下のとおり。

●オウンドメディア（Owned Media）
　企業自身が所有するメディアであり、基本的に**企業がコントロールできるもの**です。例としては、企業公式サイト、ブログ、SNSの公式アカウントなどが該当します。

●ペイドメディア（Paid Media）
　広告などの**有料プロモーションメディア**です。

●アーンドメディア（Earned Media）

　顧客やWebメディアなどによって**自然発生的に生み出される露出**のことです。消費者によって自然発生するメディアを特にCGM（Consumer Generated Media、消費者生成メディア）ということがあります。

　企業がコントロールすることができませんが、それゆえ、**そのほかのユーザーらに高い信頼性と影響力**を持ちます。

　事例のE社の例で言えば、**オウンドメディア**（公式アカウント）と**アーンドメディア**（SNSユーザーの発信）の相乗効果で取り組みが成功したのです。

　じつは、どんなに著名な企業でも、自社の公式SNSアカウント（オウンドメディア）だけによる影響は限定的です。たとえば、ソニーやトヨタをイメージしてください。彼らがどんなにSNSアカウントをがんばって運用したところで、ありきたりな内容なら、あなたは「PRがんばっているな」ぐらいにしか感じないのではないでしょうか。

　しかし、彼らが宣伝色なくユーザーが思わず反応してしまう内容を、バリエーション豊かにくり返し投稿していけばどうなるでしょうか？

　ユーザーのなかから少しずつ、公式の投稿を拡散したり、その内容に言及したり、その内容から触発された新しい投稿が増えていきますよね。これは**アーンドメディア**そのもの。ジャンルなどにもよりますが、オウンドメディアよりはるかにアーンドメディアのほうが多くのSNSユーザーに影響を与えそうだと思いませんか。このように、ある事象・商品・サービスなどについて、多くのユーザーが自発的にSNSで言及する状態が急激に活性化することが**バズ**といわれるものです。

　さらに、場合によっては「その道の専門家（インフルエンサー）」に費用を支払って、自社のサービスや製品について投稿してもらうこともあるでしょう。これがソーシャルメディアにおける**ペイドメディア**（SNS広告）であり、SNS広告のなかでも特にインフルエンサー広告と言われるものです。

　もちろん、インフルエンサー広告は、「広告（企業からの支払いが発生していること）」である旨をSNSユーザーにわかるように表記する必要があります（景品表示法）。しかし、無名メーカーの扱う化粧品でも、人気が高くファンか

らの信頼も厚い美容インフルエンサーが（営業とはいえ）その化粧品を取り上げれば、彼女のファンを中心に一定の影響は発生するはずです。

　以上のように、自社公式アカウントなど、オウンドメディアの運用だけがどんなにうまくいこうとも、その効果は限定的です。**いかにSNSユーザーに応援してもらえるか**、まで含めた「トリプルメディア」すべてを適切に活用することで、大きな成功が見えてきます。

　別の言い方をすれば、トリプルメディアの適切な活用はブランディング成功の重要なKPIとなるのです。

Column

アルゴリズムはどこまで追うべきか？

ソーシャルメディアを活用するうえで、一定以上**アルゴリズム**を理解することは欠かせません。ただし、アルゴリズムを追いすぎたり、アルゴリズムに評価されたりすることを最優先することが必ずしも正しいわけではありません。
たとえば、「Instagramでは "いいね！" されるのと "保存" されるのではどちらがアルゴリズムに評価されるか？」などは、知っておいて損はありません。しかし、そうしたアルゴリズムの最新状況を常に追い続けるよりは、

「ユーザーと深く交流したり、"いいね！" や "保存" されるコンテンツを提供するのが大事」

と大きな方向性で割り切り、空いた時間で**より高品質なコンテンツ作成に磨きをかける**ほうがよい結果がついてくるでしょう。
また、たとえば、すべてのソーシャルメディアのアクセスをYouTubeに集める場合、XやInstagramのアルゴリズムを追いすぎることはそもそも無意味です。なぜなら「YouTubeに誘導している」段階で、すでにXやInstagramのアルゴリズムに評価されにくいことをしているからです。
あくまで、**あなたのゴールを達成するために最適な使い方はなにか**を意識して、常に方向性が正しいかをあなた自身でセルフチェックする必要があります。

6-2

あなたのビジネスに最適な
ソーシャルメディアを使いこなす

「ソーシャルメディアの種類が多すぎてどれを選べばよいのかわからない」答えはカンタンです。全部やればよいのです。とはいえ、それは最終的な話。まずは**あなた（のビジネス）に一番マッチしたサービス**を選び、集中して運営しましょう。ソーシャルメディア運営の勘所がわかり余裕が出てきたら、コンテンツを加工して複数のソーシャルメディアで拡散するなどを考えるのが効率的です。本節では、各サービスについて説明します。

ソーシャルメディアの種類

ひと口に「ソーシャルメディア」といっても、さまざまな種類があります。

SNS	**X（旧 Twitter）**
	Instagram
	Facebook
メッセージングサービス	**LINE**
動画投稿	**YouTube**
	TikTok
クチコミサービス（CGM）	**価格.com**
	食べログ
	@コスメ
ブログ	**アメブロ**
	はてなブログ
	note

前ページの表のなかでSNS（ソーシャル・ネットワーキング・サービス）は「狭義のソーシャルメディア」とも呼ばれ、インターネット上で社会的なコミュニケーションのネットワークを構築することに価値をおくサービスです。

SNSのうち、XやInstagramのように興味関心がある相手をフォローするつながりを「インタレストグラフ」といいます。この場合のグラフとは「つながり」の意味。

一方、Facebookのように家族や友人・知人など実際の社会的なつながりをベースとしたものを「ソーシャルグラフ」、LINE（正確にはSNSではありませんが）のような私的な関係者とのつながりを「プライベートグラフ」といいます。

それぞれのグラフについてマーケティングの観点によるポイントは以下のとおりです。

●インタレストグラフ

インタレストグラフをベースとしたツールは興味関心を持った相手を気軽にフォローできるしくみがメインであり、幅広いジャンルで使いやすいものといえます。特にXは情報を拡散するしくみにも長けており、そのオールマイティさから最初にはじめるソーシャルメディアに適しています。

●ソーシャルグラフ

リアルの人間関係をネットに持ち込んだかのようなFacebookが該当します。

お互いに承認することでネット上のつながりが発生し、相互に深い関係を築きやすいのがポイント。一方で、広告配信なしで「ネット上での新規顧客獲得」を主目的にするには適しません。あくまで現実の人間関係を補完するものと考えたほうがよいでしょう。ビジネスのカテゴリでいえば、

- 地域に展開する店舗ビジネス
- 保険販売業

などが、顧客とのタッチポイント（接点）をさらに深めることに向きます。

また、「Facebookのビジネス版」とも言われるLinkedInもソーシャルグラフ

のSNSです。こちらはビジネス版だけあって、知らない人と名刺交換感覚で繋がることができます。

　各自が所属組織や役職などを明記し、さながらネット上の異業種交流会の様相。いきなり営業してくる人もいますが、あまりうまくいかないようです。やはりここでも「まずは相手の役に立つ投稿」などからはじめ、信頼関係を作るべきでしょう。

●プライベートグラフ

　LINEが該当しますが、前述のように正確にはSNSではありません。あくまで相手（見込みユーザー）に友だち登録してもらうことが前提です。そのうえで、タイミングに応じてメッセージやコンテンツなどを配信します。

　スケジューラーやプログラムを組み込むことで、カジュアルなMA（マーケティングオートメーション；タイミングに応じて自動的にユーザーにアクションするしくみ）のような使い方も可能です。

ソーシャルメディアの8大ツールをおさえよう

　ここでは、現在わが国で多くの方に使われている8つのソーシャルメディアの概要を説明します。

　ここで紹介する8つのサービスはSNS／メッセージング／動画投稿／ブログサービスのいずれかになります。クチコミサービスはWebマーケティング担当者が主体的に運用できるものではないからです。

●X（旧Twitter）

　Xの国内の月間アクティブユーザー数は6,700万人（2023年平均値）であり、狭義のSNSのなかではもっともユーザーが多いものです。

　もともと1つの投稿につき140文字という制限があるミニブログサービスでしたが、2022年のイーロン・マスクによる買収後、有料プラン「X premium」の契約ユーザーは長文投稿も可能になりました。

　実名・匿名のどちらでも利用できて、その気軽さから情報が拡散しやすいのが特徴です。おもしろい投稿や有意義な投稿をするユーザーには、そのユーザーの投稿を定期的にチェックできるように設定するユーザー（フォロワーと

呼びます）が数万〜数十万人以上つく場合があります。

利用者の中心は10〜30代の若者層であり、単なる売り込み情報ではまったくレスポンスがない場合も多いです。原則としてゆるい投稿が好まれますので、読まれやすい・好まれやすいように情報を工夫して投稿する必要があります。

●Instagram

写真や動画を中心に扱うソーシャルメディアであり、SNSのなかでは、今一番勢いのあるものといえます。国内アクティブユーザーは公式には3,300万人（2019年）となっています。最新の数字は未公表であるものの、Instagramの公式Xアカウントによると、2019年以降の4年間でさらに倍以上に広がっているとのこと。

ファッション・美容・グルメなど写真映えのする商品・サービスや、女性向けの商品・サービスを扱っている方には、ぜひ使ってほしいツールです。

Instagramのユーザーはオシャレやデザインにこだわりを持つ方が多く、Instagramを使ってユーザーとコミュニケーションをとる場合、事業者側にも**写真や動画のこだわり・世界観**が求められます。決してハードルは低くありません。しかし、Instagramには**ユーザーをEC（ネット販売）に誘導する機能**もあり、商品やブランドと信頼関係を築いたユーザーであれば、よろこんで誘導される場合も多いです。

上手に使えば、ブランド構築だけでなく販売促進にもつなげることができるツールですので、Instagramと親和性が高い事業をおこなっている方は検討してみてください。

●YouTube

YouTubeは、我が国の月間アクティブユーザー数7,120万人を誇る世界最大規模の動画投稿・配信サービスです。このプラットフォームは、幅広いジャンルの動画が投稿され、多様なコンテンツを通じて、知識を共有したり、エンターテイメントとして楽しんだりすることができます。

Instagramのリール機能やTikTokは短尺動画が中心であるのに対し、YouTubeの強みは**中尺〜長尺動画**にあります。数分から数十分（最大12時間）に及ぶ動画は、ものごとをくわしく説明したり、感情を込めて伝えたりするの

に適しています。このような特性は、視聴者に深い印象を残し、高いブランディング効果があるといえるでしょう。

　最近では、YouTubeも短尺動画市場に参入し、YouTube Shortsを投稿・配信できるようになりました。これは、リールやTikTokといったプラットフォームとの競争に対応する動きであり、YouTubeが持つ表現力のリッチさを短尺フォーマットにも拡張しています。現在、YouTube Shortsは非常に人気を集めており、新たなクリエイターやコンテンツを発掘する場となっています。

　しかし、YouTubeでのコンテンツ制作は、XやInstagramなどのほかのソーシャルメディアプラットフォームに比べ、**一本一本の投稿に手間やコストがかかる**傾向にあります。特にBtoC分野では、著名人を起用した動画や、著名人自身がYouTuberとして参入することで、市場は非常に競争が激しくなっています。YouTubeの人気が高いだけに、レッドオーシャンとなっているジャンルも少なくありません。

　それでも、自社の強みが動画で表現しやすい場合や、企画・撮影・編集などの各業務にくわしい方がいてコスト優位である場合であれば、YouTubeはぜひ検討したいメディアです。ユニークかつユーザーニーズの高い動画であれば、演者（顔出し）なしや多少粗削りな編集などであっても、十分視聴者との信頼関係を構築できるでしょう。

●Facebook

　世界中でもっとも利用者が多いソーシャルメディアですが、我が国の月間アクティブユーザーは2,600万人、若年層の利用がアクティブなほかのSNSと比べ、Facebookは30代以上の利用が多いのが特徴です。実名制であり現実世界の人間関係をネット上に再構成できるので、**すでにつながっている方との信頼構築・期待育成**には大きな効果を発揮します。

　また、「いいね！」や「シェア」など、情報を拡散するしくみがあり、ユーザーが「価値がある」と判断した情報や共感した情報は拡散されやすくなります。

　1人のユーザーが1つだけ取得できる個人アカウントのほか、「Facebookページ」と呼ばれる企業の公式アカウントを作ることもできます。

第6章　「ソーシャルメディア」で顧客との信頼を積み重ねる

戦略編

施策編

195

●LINE（LINE公式アカウント）

後発ながら爆発的にユーザー数を増やしているメッセージサービスです。国内の月間アクティブユーザー数は9,700万人。ほかのソーシャルメディアと違い、特定の相手（またはグループ）とのメッセージ交換が主用途のため、情報が勝手に拡散するしくみはありません。

LINEをビジネスで利用する場合は、サービス提供元の用意した有償サービス**LINE公式アカウント**を利用します。メッセージやクーポンの配布がおもな機能ですが、配布先（ユーザー）を自分で勧誘して登録してもらわなければならない、といったハードルがあります。

準備に手間がかかるという意味で、敷居が低いとはいえません。しかし、**高い開封率**が特長のサービスなので、一度登録してもらえば、有効に使えるでしょう。

●TikTok

TikTokは、ここで紹介しているソーシャルメディアの中でも最後発のプラットフォームですが、2018年頃から我が国でも急速に普及し、特に若者層を中心に大きな人気を博しています。

2019年の運営会社発表による月間アクティブユーザー数は950万人であり、現在はさらに増えている可能性があります。また、その半数が10代から20代の若者層であるにもかかわらず、幅広い年齢層に受け入れられています。

TikTokの魅力の1つは、**マーケティングツールとしてのポテンシャルの高さ**にあります。2021年には、日経トレンディによるヒット商品ランキングで「TikTok売れ」がベスト1に選ばれるなど、商品やサービスのプロモーションにおいて大きな成果を上げています。

当初はダンス動画を配信するサービスとして広く認知されていたTikTokですが、現在ではその用途は大きく広がりを見せています。ビジネスのプロモーションから教育コンテンツまで、多様なジャンルでの活用が進んでおり、TikTokは**情報発信の場**として、また知識や文化を共有するプラットフォームとして、その可能性を広げています。

TikTokの独特なコミュニティ形成の基盤はフォローシステムにありますが、実際にはその優れた**レコメンドシステム**が多くのユーザーに支持されています。フォロワー数に関係なく、「○○ジャンルで高品質な動画」とシステムに

判断されると、そのジャンルに関心のある多くのユーザーにレコメンドされ、**爆発的にインプレッションが増加する**ことがあります。このように、TikTokはユーザーの可処分時間獲得の最大化に貢献するレコメンドアルゴリズムを搭載しており、ほかのソーシャルメディアもこのメカニズムを取り入れはじめています。

●アメーバブログ

アメーバブログは基本的に記事執筆がメインのブログですが、SNSのように**ユーザー同士のつながりを促進するコミュニティ機能**が組み込まれている点が他のブログと大きく異なる点です。

たとえば、ブログ会員同士でコメントや「いいね！」、読者登録、フォローなどの機能が備わっており、ほかのユーザーと交流しやすく、双方向のコミュニケーションが可能です。つまり、アメーバブログのなかだけで集客をすることも可能になっています。

●note

noteもブログ機能が基本ですが、**書いた記事を有償販売できる**しくみがユニークです。

さらに、SNS拡散という観点から考えると、**「リポストするとお得に読める」機能**は効果的に使いたいところです。この機能は、ユーザーがXで有料記事の紹介ポストをリポストすると、割引価格（無料も可）で記事を購入できるしくみです。

たとえば、あなたが価値ある記事を執筆したあと、noteを使えば「Xで拡散してくれたユーザーにだけ無料で記事が読める」ようにすることもできます。

ソーシャルメディアマーケティングはPDCAでのみ成長する

最初はなにを投稿していいかわからなかった人でも、何度も投稿しているうちに、

「今回の投稿は『いいね』の数が多い」
「コメント欄が賑わっている」

などと感じることがでてきます。逆に「いいね」やコメントが少ない投稿もでてくるでしょう。投稿した結果に違いがでてきたら、「どうしてだろうか？」と理由を考えるクセをつけることが必要です。

第4章でも触れましたが、ソーシャルメディアの運用においても、成功させる唯一の方法は**PDCAを回す**ことです。大切なことは「起こったことの原因を推測し、次の投稿では改善をする。そして目標値を設定する」ということです。

各ソーシャルメディアでは投稿に対する反応などの運用情報を計測できる「アナリティクス」や「インサイド」といったツールが利用できます。基本的な指標や用語などは第4章および前節で紹介したものと同様です。

以上がソーシャルメディア全体についての説明となります。次節では、代表的なソーシャルメディアとしてX/Instagram/YouTube/LINEを個別に解説します。

事例 13

国家資格講師のSNS活用
～ユーザーとの交流を経て多くの反応を得る

第6章

第6章 「ソーシャルメディア」で顧客との信頼を積み重ねる

●背景

　国家資格のオンラインスクールを運営しているF氏は、同資格に関するさまざまな情報を提供するブログメディアを運営しています。

　F氏はブログへのアクセスを増やそうと、以前からXも運用していました。毎日、ブログ記事のカンタンな紹介文と記事URLを掲載した投稿を続け、その合間にクスっと笑えるジョーク投稿や毎日のランチの写真アップなどユルい投稿も織り交ぜたりしています。しかし、思ったような成果がなかなか上がりませんでした。

●施策

　F氏がSNSコンサルタントに相談したところ、

「Xに限らず、現在の各SNSは『ユーザーの可処分時間獲得の最大化（＝いかにそのSNSのなかでユーザーが時間を使ってくれるか）』を目指してます」
「X以外の自社ブログなどに誘導する投稿ばかりしていては、拡散が制限されますよ」

との情報をもらいました。さらに、各SNSは利用中のユーザーができるだけ長く使ってくれるよう、**レコメンド**（各ユーザーの趣味嗜好にマッチした投稿をおすすめする）機能を強化しているとのこと。

　そのため、現在のSNSで多くのユーザーに情報を届けるためには、

戦略編

施策編

199

ユーザーおよび各SNSシステムに対し、**自分のアカウントが「なにについて書いているアカウントか（＝アカウントの専門分野）」を明確にすることが必要**で、さらにターゲットとなるユーザーと**深く交流することが有効**のようです。そこでF氏は以下の工夫をして投稿を続けていきました。

・ユーザーが参加しやすいように、資格の試験問題をクイズ形式で出題
・資格内容に関することを雑学的に紹介
・世の中のニュースなどで話題になったときのみ、関連するブログ記事を紹介
・フォロワーが同資格に関して呟いた場合、丁寧なリプライを発信
　例：「合格した」という投稿に対してお祝いの言葉、「勉強した」という投稿に対して労い／励ましの言葉など

●結果

　F氏のX投稿は、多くの同資格受験生にレコメンド（おすすめ）されるようになりました。さらに、受験生の興味のありそうな内容ですから、いいねやリポストなどの反応も多くなり、さらにXからターゲットユーザーにおすすめされる……といったプラスのサイクルを実感できるようになりました。

6-3

拡散性が高く気軽に使える X

Xのユーザーには「ゆるいコミュニケーション」を目的としている人が多くいます。また、多くのXユーザーは「趣味やエンタメをはじめ、自らの関心が高いトピックス」を求めています。このことから、Xでのマーケティング利用に向く商品・サービスは**ユーザーの関心・思い入れ・こだわりの程度の高い商品・サービス**といえるでしょう。また、Xは**匿名での利用が可能**なため、「人にいえない悩み」やアダルトなどの分野の商品・サービスも向きやすいといえます。本節では、X利用のポイントを説明していきましょう。

ユーザーにも SNS にも好まれる運用を心がける

F氏はユーザーにもXにも好まれる運用を心がけた結果、ブログ記事を紹介する投稿のときより、はるかに多くのユーザーから反応をもらえるようになりました。ブログ記事を紹介する投稿を文脈にそって厳選したこともあり、記事を紹介したときのアクセス数は大きく増加し、さらにリピートによるブログアクセスも増加する結果となりました。

もともとSNSのなかでも拡散性の高いXですが、すでにフォローされている方に情報を届けるのに比べ、新規ユーザー（＝まだフォローされていないユーザー）に情報を届けるためには、既存ユーザーに自発的に拡散してもらうか、X広告を出校するなどが必要であり、敷居が高い部分がありました。

しかし、現在ではレコメンドを強化したアルゴリズムの採用により、

アカウントの専門性を高め、ターゲットにとって価値のある投稿を徹底することで、Xからも評価されて新規／既存の両ユーザーにおすすめされやすくなる

といった大きなトレンドができています。このトレンドは一過性ではなく、おそらく今後も続く本質的な傾向だと感じています。レコメンドについては、SNSのなかで本格的に採用したのはTikTokが最初でしたが、「ユーザーの可

第6章 「ソーシャルメディア」で顧客との信頼を積み重ねる

戦略編

施策編

処分時間の獲得を最大化する」という考え方のもと、XをはじめほかのSNSも
レコメンド重視に舵を切っています。

　あなたがSNSを趣味で使ったり、情報受信専門で使ったりするのであれば
どんなアカウントを運用してもかまいません。しかし、もしターゲットを定め
てマーケティングに利用するのであれば、**ユーザーにもSNSにも好まれる専門特化したアカウント**として設計・運用することを強くおすすめします。

ゆるいコミュニケーションが成功を呼ぶ

　Xのユーザーのほとんどの人は**企業の売り込み情報なんてほしくない**と考え
ています。そのため、企業アカウントを設定した瞬間に、なかなかフォロワー
が増えないという課題に直面します。フォロワーが増えないポスト（ツイー
ト、つぶやき）はだれからも関心を持たれないということで、レコメンドもさ
れなくなり致命的です。

　そこで、前述の事例のように、

「自社商品・サービスに関心のあるユーザーにとって、価値があり、さらに楽
しめるコンテンツ」

が重要になってくるわけです。そうしたコンテンツを継続提供することで、少
しずつユーザーとの間に信頼関係が生まれます。すると、ゆるいポストの間に
ときおりビジネスに関するポストを挟んでも受け入れられるようになるので
す。つまり、成功のポイントは企業アカウントであっても**フォロワーにゆるいポストやコミュニケーションができるか**にかかっています。

炎上に注意

　Xで人気をとろうとしすぎると、担当者が意識しないうちに投稿内容が過激
になったりエスカレートしたりすることがあります。Xは非常に拡散しやす
く、また匿名性が高いこともあり、あなたの投稿内容によっては、**ほかのユーザーから批判・誹謗中傷が殺到する**ことがあります。これを「炎上」といいま
す。

企業アカウントが炎上すると、それまで積みあげてきた信頼・ブランドが大きく毀損されます。特に差別的な内容や政治・宗教的な内容は炎上しやすいですし、またどんな内容でも過激なもの・極端なものも炎上しやすいといえます。そういったポストを避けるよう、普段から意識しておくことが重要です。炎上については第9章（P.322）も参考にしてください。

リポストの効果的な使い方

　Xは新しいポストがフォロワーの目に留まるようなしくみになっていますので、**1日に数回～十数回**ポストするほうが効果的です。とはいえ、「1日に何度もポストする」といわれると気が滅入るかもしれません。このような問題は**リポスト**（リツイート）をうまく使うことで解消できます。

　リポストとは、他人のポストをそのままコピーしてフォロワーにつぶやくことです。コピーといっても「最初にポストしたユーザー」が明確になっているXの正式な機能です。価値がある、おもしろいポストを積極的にリポストするとフォロワーに喜ばれます。

　また、あなたのフォロワーのポストでおもしろいものがあれば、その投稿も積極的にリポストしましょう。自分のポストがリポストされると「認められた」気がしてだれでもうれしいものです。

　このようなことをくり返しているうちに、多くのフォロワーから好意を持たれ、またあなたのポストをリポストしてくれるフォロワーも増えるでしょう。

　以上、Xの利用方法を説明してきましたが、先にも書いたとおり、Xには炎上リスクもあります。なによりも「Xを楽しむ」意識のある担当者が運用しないと、本人が辛いばかりか、ほとんど効果も上がらないでしょう。

　そういったポイントを頭にいれたうえで、Xにどの程度力をいれるのかを、マーケティング戦略全体をふまえて判断することが大切です。

6-4
世界観やこだわりのある
ブランド・商品はInstagram

Instagramはもともと画像に特化したSNSでしたが、現在では動画投稿・ショッピング機能なども備わった高機能なサービスに進化しています。また、画像にテキストを入れてミニブログ的な使い方をされるなど、単なる**趣味・エンタメに捉われないツール**になってきました。

一方で「世界観やこだわりを大切にする」という当初からのコンセプトはブレておらず、ユーザーからは変わらず高い支持を受けているようです。そのようなInstagramをどのように活用するべきか、説明します。

Instagramが人気なのはなぜ？

Instagramは2010年にスタートした後発のソーシャルメディアです。しかしながら、狭義のソーシャルメディアのなかでは今一番勢いがあるサービスといっても過言ではありません。

なぜ、Instagramにユーザーの人気が集まるのでしょうか？　その理由として、次の3点が挙げられます。

●静止画像や動画が中心の感性を揺さぶるメディアである

Instagramは**画像や動画**が中心のソーシャルメディアです。FacebookやXでも動画を扱うことはできますが、それらはテキストがメインのツールです。それらに対し、Instagramは画像や動画を共有することに特化していて、撮影した画像・動画をかんたんに加工して投稿できます。

操作がかんたんとはいえ、Instagramのユーザーは**流行に敏感な若者層**が多く、自分のこだわりを表現するために、撮影や加工に時間をかけます。Instagramの中には、そうしたこだわりの画像や動画が蓄積されており、アクセスするユーザーの感性を揺さぶるメディアになっているのです。

●ユーザーが世界観に浸れるしくみが用意されている

　Instagramには、Facebookの「シェア」やXの「リポスト」に相当する投稿の拡散機能がありません。また、1つひとつの投稿には「ほかのサイトへのリンクURL」を付加することもできません。結果的に、ユーザーの閲覧する画像・動画は「リコメントされた投稿」「自分がフォローした人の投稿」が圧倒的に多くなります。**自分の志向にマッチした心地よい体験に没入しやすい**、といえるでしょう。

　また、Instagramのユーザーは気になるアカウント（別のユーザー）がいた場合、相手のプロフィール画面を開いて過去の投稿一覧を確認し、「その相手をフォローするかどうか」を判断することが一般的です。そのため、多くのユーザーは、

「過去の投稿の1枚1枚が、自分の伝えたい世界観を表現しているか」
「写真の集合体（投稿一覧画面）が統一された世界観を作り出しているか」

を常に気にしています。なぜなら、ユーザーがフォローするのは、**自分の感性に響くような投稿をしているアカウント**だからです。

　以上のようなしくみで、それぞれのユーザーが**自分なりの世界観を表現する投稿**を志向しており、そうした投稿を閲覧するユーザーが十分に楽しめるようになっているのです。

●日常を表現しやすい機能が追加されている

　「こだわり」「世界観」を表現するユーザーが多いことは、2017年に「インスタ映え」という言葉が流行語になったことからも明らかでしょう。Instagramの投稿（通常投稿）は、大切なプロフィール画面に一覧で表示されますから、こだわりのあるユーザーは「1枚でも気の抜けた投稿があるのは許せない！」というマインドになる傾向があります。

　しかし、それでは非常に窮屈な世界になってしまいますよね。世界観にこだわる投稿をする一方で、ふだんから仲のいい友人同士では気軽な投稿を楽しみたい、というニーズもあるでしょう。そこで、通常の投稿機能に加えて**ストーリーズ**という機能が実装されています。ストーリーズは、通常投稿と同じように画像・動画をアップできますが、次の点で大きく異なります。

- ・スマホの縦画面に全画面表示され、没入感が高い
- ・24時間で消えてしまう。また、プロフィール画面の一覧に出てこない

　以上のような特徴から、一般のInstagram利用者の間では、ストーリーズは仲がいい友人同士でコミュニケーションを楽しむ目的によく使われています。この本のようにマーケティング目的として活用するなら、フォロワー（ファン）とカジュアルに交流していくのに向く機能でしょう。

　ストーリーズには時間制限があるものの、フォロワーに質問やアンケートをしたりリンク（URL）を貼ったりするなど、通常投稿にはない機能もあります。残しておきたいストーリーズはハイライトとしてプロフィール下に登録することもできます。

　いろいろと工夫してフォロワーとの心理的距離を縮めていきましょう。

マーケティングに活用できる6つの機能

　前述したとおり、現在のInstagramは非常に多機能・高機能になっています。すでに言及した機能もふくめ、ここではマーケティングの観点からInstagramの主要機能を確認しておきましょう。

●フィード投稿

　写真や動画をタイムラインに投稿する機能で、おもに既存のフォロワーに表示されます。プロフィール画面に一覧として表示されるので、プロフィール画面の世界観を構成する要素になります。すべてのフォロワーに均等に表示されるのではなく、フォロワーとの親密度／投稿の新鮮さなどのアルゴリズムで表示順が決定します。

●リール

　最大3分の短尺動画を投稿する機能です。フォロワーに加えて後述の「発見タブ」で多くの新規ユーザー（非フォロワー）にリーチすることもできます。エンターテイメント性が高く、バイラル効果が狙いやすい機能です。

●ストーリーズ

24時間で消える短期間の写真や動画を投稿する機能です。テキストやスタンプ、任意のURLを追加してカスタマイズ可能で、**フォロワーへカジュアルな情報発信／交流**ができます。画面上部に表示され、24時間後に自動的に削除されます。

●ハイライト

24時間で消えるストーリーズをプロフィールに保存し、いつでも閲覧できるようにする機能です。カテゴリごとに整理して表示できます。**長期的にフォロワーへ重要な情報を提供する**際に便利です。

フィード投稿では不可能な「URLの追加」ができるので、他サイトへの誘導などの動線設計も可能です。

●発見タブ

ユーザーが興味を持ちそうなコンテンツをアルゴリズムで表示する機能です。ユーザーがフォローしていないアカウントの投稿が中心で、人気のリールやフィード投稿、話題のアカウントが表示されます。

ユーザーの過去のアクティビティや関心にもとづいて新たなコンテンツを発見できる場所で、**新しいアカウントのフォローやトレンドの把握**に役立ちます。

マーケティング活用の観点からは、いかに「発見タブ」に自社の投稿などを表示させるかが1つのポイントとなります（くわしくは次項で説明）。

●マップ

Instagramのマップ機能は、位置情報をもとに投稿を探索できます。一見Googleマップに似た機能ですが、お店などの公式情報が中心のGoogleマップに対し、Instagramのマップは**ユーザーのクチコミ**が主となります。どちらが優れているということはなく、マーケティング観点からは両方対策すべきでしょう。

位置情報がタグ付けされた投稿を地図上にマッピング、その地域の写真や動画を一覧できます。旅行先やおすすめスポットを探すときに利便性が高い機能です。ビジネス利用では、**店舗や観光地のプロモーション**などに活用できます。

Instagramのフォロワー獲得方法

Instagramでフォロワーを増やすためには、まずそれぞれの**機能の特性**を理解しておく必要があります。つまり次の理解が必要です。

①おもに既存のフォロワーに情報が流れるフィード投稿／ストーリーズ
②フォロワーではない新規ユーザーにもリーチできるリール／発見タブ

あなたのコンテンツを新規ユーザーに広く届けるためには、まずは**現在のフォロワーから十分にエンゲージメントを獲得する**ことが重要です。

まずはフィード投稿／ストーリーズ／リールの機能で、既存のフォロワーとの交流や「いいね！」やコメントを積極的に行うと、投稿がさらに多くの人に表示されやすくなりますし、システムからの評価も高まります。

そうすることで、リールは多くの新規ユーザーにリコメンドされるようなります。また、フィード投稿やリールが新規ユーザーの発見タブに表示されやすくなります。

そして最終的には**プロフィール画面が新規フォロワー獲得の決め手**となります。リールや発見タブであなたの投稿に興味を持った新規ユーザーは、あなたのプロフィール画面をみてフォローするかどうかを決定します。新規ユーザーが、あなたをフォローしたくなるような魅力的な情報を提供しましょう。

Instagramをビジネスで活用する5つの基本戦略

Instagramを自社で運営していくときの戦略を5つご紹介します。

●アカウントをビジネスプロフィールに変更する

Instagramでアカウントを作成すると、最初は「個人用アカウント」として作成されます。ただ、ビジネス用途でInstagramを利用するためには**ビジネス用プロフィール**に変更しましょう。ビジネス用プロフィールにすると、次のことができるようになります。

・Instagram の分析機能（インサイト）が利用できる

・Instagram 広告を出稿できる

　なお、ビジネス用プロフィールへの変更は、アカウントの設定画面でおこないます。Instagram の操作方法の詳細は、公式ヘルプセンターを参考にしてください。

参考 Instagram　ヘルプセンター（公式）
https://www.facebook.com/help/instagram

● **ターゲットユーザーにマッチしたキャンペーンを実施する**

　Instagram を使って適切に**キャンペーン**をすると、ユーザーのロイヤリティ（忠誠心）を高めることができます。キャンペーンは、以下のアクションをすることを条件に、抽選で商品・サービスをプレゼントすることなどです。

・あなたのブランドの投稿をフォローする

・あなたのブランドの投稿にコメントをつける

・あなたの指定するハッシュタグをつけて、ユーザーが投稿する

　これらの条件を組みあわせて利用することもあります。こうしたプレゼント企画を適切に実施すると、ユーザーのロイヤリティはさらに向上し、ユーザーとブランドとの距離を縮めることができます。

　また**ユーザーに、指定したハッシュタグをつけた独自の投稿をお願いする**キャンペーンはユーザーの許可をとったうえで、ユーザーの作成したコンテンツ（投稿）をあなたのブランドのアカウントで利用することもできるでしょう。

● **「ショッピング機能」を利用し、ユーザーが自然と購入するように導く**

　Instagram のショッピング機能は、ユーザーが Instagram で見つけた商品を、Google などの検索エンジンを経由することなく**シームレスに購買できる機能**です。EC 業者などが Instagram の世界観のなかで商品を訴求し、ユーザーが望めば直接 EC サイトへ進んで購入できます。

このショッピング機能が利用できるアカウントは、実際に有形商品を販売する事業者であることや、そのビジネスはFacebookのコマースポリシーに適合するものであることなど、いくつかの条件を満たす必要があります。詳細は公式ページで確認してください。

> **参考** Instagram　ショッピング（公式）
> https://www.facebook.com/business/instagram/shopping/guide

●無関係な#（ハッシュタグ）を使わない

以前のInstagramでは投稿につける**ハッシュタグ**が非常に重要でした。ハッシュタグとはInstagramの投稿を分類するラベルのようなもので、**#（半角シャープ）**を任意の文字列の前につけて使います。

```
#八王子
#イタリアン
#マルゲリータ
#女子会
```

なぜ重要だったかといえば、Instagramでユーザーが投稿を検索する際、検索対象となるのはハッシュタグのみだったからです。またできるだけ多くのハッシュタグを付けることでハッシュタグ検索に露出しやすいということで、システム上限の30個近くもの多数のハッシュタグを付けることが一般的でした。

しかし、現在では投稿内容に**関係の薄いハッシュタグを多く付けること**はかえってマイナスです。くり返し説明しているように、Instagramでもシステムが**「あなたの投稿のジャンル」を正しく判定し、そのジャンルに関心のあるユーザー**に正しくレコメンドされることが重要です。そして、Instagramのシステムがあなたの投稿内容のジャンルを正しく判定するために、

あなたの投稿ジャンルや投稿内容に関係あるハッシュタグに絞って付与する

ということが大切になっています。

数の大小は関係ありません。数個でも十数個でも、あなたの投稿に関係あり、あなたの投稿に興味を持つユーザーが強く関心を持つと考えられるハッシュタグに絞り、付与することが重要です。

●インフルエンサーマーケティングを活用する

「インフルエンサー」とは数千から数万、あるいはそれ以上のフォロワーを抱える、SNS上で影響力を持ったユーザーのことです。インフルエンサーは有名人に限りません。数千フォロワー程度の一般人の方でも、独自の世界観を持った投稿を継続し、多くのユーザーの憧れとなっている人もいます。

インフルエンサーの多くは、特に美容・ファッション・グルメなどの分野で活躍しています。こうしたインフルエンサーと提携して、自社の製品を自然な形で訴求してもらうことで、そのインフルエンサーに憧れを持つ一般ユーザーにアプローチできますね。このようなインフルエンサーマーケティングはどのソーシャルメディアでも可能ですが、世界観を大切にするInstagramとは特に相性がよいといえるでしょう。

現在では、企業が自らインフルエンサーを探さなくても、インフルエンサーをキャスティングする会社は多くあります。インフルエンサーマーケティングがはじめての場合、そういった会社を利用するのもいいでしょう。なお、インフルエンサーに対価を支払って自社の製品を使ってもらう場合、「PR案件」「提携案件」であることを明らかにすることが必要です。

ユーザーの心をつかむ写真の撮影方法

ひと口に写真の撮影方法といってもさまざまなテクニックがありますし奥も深く、すべてを説明できるものではありません。ここでは、Instagramで利用する写真を初心者の方がスマートフォンで撮影するという前提で、かんたんに使えて効果を出しやすいテクニックを紹介していきます。

まず気にしていただきたいのはプロフィール画面。プロフィール画面では「世界観」を意識した写真にしましょう。前述のとおり、Instagramのユーザーが気になるアカウント（別のユーザー）を見つけた場合、そのアカウントのプロフィール画面の投稿一覧を見て、フォローするかどうかを決定します。つまり、1枚1枚の画像も大切ですが、それらの画像が集合体として、どう見える

のかがより一層大切になってくるのです。

「世界観の構築」といってもさまざまな手法がありますが、たとえば、

- 各画像のフィルターを統一する
- 同じ商品の画像を複数枚（2～3枚）続けることをルール化する
- 商品を撮影するアングルに一定のルールを設ける

など、あなたのブランドや商品にマッチした世界観が演出できるよう、工夫をしてみてください。そのほか以下のような撮影テクニックがあります。

グリッド線を利用する	グリッド線とは撮影時のカメラのモニターに縦横2本ずつ表示される線のことで、撮影時の構図などを考える際に参考となるものです。
自然光を利用する	スマートフォンのフラッシュを使うと一部だけに強い光があたり、周辺と色味が異なってしまったり、影が強く出てしまったりします。基本はフラッシュをオフにして、自然光で撮影したほうが魅力的な写真に仕上がります。
俯瞰（真上のアングル）で撮影する	料理などに使われるテクニックです。特にピザやサラダなど、円形の食器に盛られた料理にぴったりの手法です。真上から撮影することで全体が見通せますし、オシャレな写真となります。
斜め上のアングルで撮影する	前述のとおり、微妙に傾いている写真は不安定さを感じるため、グリッド線を使って水平・垂直にあわせることが必要です。一方で、躍動感を表現するには思い切って斜めに振った構図を採用することも有効です。料理の場合は接写することでシズル感を演出できるでしょう。
普段から小物を探しておく	特に商品を撮影する際、ちょっとした小物を配置するだけでイメージがかなり向上することがあります。そうした小物類は、いざ撮影となってから探しても、なかなかイメージにあうものは見つかりません。将来の撮影のことを意識しながら、普段から小物類を探しておくことがおすすめです。

6-5
YouTubeのビジネス活用で顧客の心をつかむ

かつて「動画をビジネスで活用する」といえば、大手企業が広告代理店に依頼して制作してもらうテレビCMぐらいで、中小企業とは無縁のことでした。しかし、今やスマートフォンに内蔵されている動画撮影機能を使って、だれでもかんたんに動画を撮影・投稿できる時代です。中小企業でも、自社でさまざまな動画を制作し、それをYouTubeに投稿したり、自社のWebサイトに貼りつけたりして、ビジネスにうまく活用している事例が増えています。

YouTubeを使った動画マーケティングをおすすめする理由

今から動画マーケティングをはじめるなら、なんといってもYouTubeの利用がおすすめです。その理由は、次のとおりです。

●世界最大の動画投稿・共有サイトであり、日本での利用者も多い

前述のとおり、YouTubeは世界で毎月20億人以上が視聴する世界最大の動画投稿・共有サイトです。日本でも7,200万人以上が利用しています。それだけ使いやすく、情報も多く手に入りやすくなっています。

さらに、YouTubeを中心にインターネットを活用するユーザーがいるので、そうした層があなたの会社や商品の情報を見つける入口になります。

●編集から再生分析、ユーザーとのコミュニケーションまで無料でできる

YouTubeは動画投稿と視聴のいずれも、基本的に無料でできます。カンタンな編集ならパソコンのOSに付属する編集ソフトが使えますし、再生情報を分析できる「YouTube Studio」も無料です。さらに、公開した動画にコメントを受けつけることで、視聴ユーザーと双方向のコミュニケーションをとることもできます。

第6章 「ソーシャルメディア」で顧客との信頼を積み重ねる

戦略編

施策編

●Google検索と相性がよく、SEOに強い

YouTubeはGoogle傘下の組織が運営しており、Google検索では多くのキーワードで上位表示されやすくなっています。また、YouTubeにアップロードした動画情報から自社サイトにリンクを貼ることで、一定のSEO効果も期待できるでしょう（詳細は後述します）。

動画を「テレビCMの代わり」にしない

以前、ある経営者の方が次のようなことをおっしゃいました。

「うちの会社はテレビにCMを流すほどの予算はありません。しかし、同様の製品を扱っている企業はCMを実施して売上が上がっているそうです」
「そこで、うちでは自社製品のコマーシャル動画を作ってWebサイトのトップに貼ろうと思っています。制作業者にも支援してもらって、かっこよくてクールな動画にするつもりです」

そのとき私は「だれも見ないので、やめたほうがいいですよ」とアドバイスしました。Webで活用する動画メディアとテレビCMでは、まったく活用方法が違います。

テレビCMの効果があるのは、数百万以上という大勢の方の目にとまるからです。しかも、なぜ大勢の方がCMを見てくれるかといえば、**ついでに見る**というだけにすぎません。テレビの視聴者はドラマや音楽番組など、自分の見たい番組コンテンツのためにテレビを眺めているのです。CMはそのコンテンツの間に流れる「ムダなもの」にすぎません。それでも「視聴者の数」という母数があまりにも大きいために、確率的にある程度の人数の方がCMで流した商品を買ってくれているのです。

その事実をふまえれば、カッコいいCMを作って、あなたのWebサイトのトップに貼りつけたところで、どんな結果になるかは明らかでしょう。だれもわざわざCMを見るためにWebサイトへ訪れはしないのです。

この本をここまで読まれてきたあなたなら、もうおわかりのはずです。第3章の「返報性の法則」でも説明したとおり、あなたが売り込みをすればするほど相手は逃げてしまいます。一方で、あなたが役に立つ話をすれば、相手は近

づいてきます。あなたは、Webマーケティングの全体のしくみの中で信頼関係を構築し、期待を持ってもらうという目的を持って動画を制作することが、動画活用の正しい方法です。

まずは「代表挨拶」と「商品・サービスの紹介」の動画を作ってみよう

それでは、どのような動画コンテンツを作ればいいのでしょうか？

これは、「信頼関係の構築と期待の育成」という目的が明確であれば、自然と決まってきます。第4章P.102の「売れるWebサイトのページ構成」でも説明したとおり、Webサイトで信頼関係の構築と期待の育成のためには、「手に入る結果」「共感」「事実とその保証」「選ばれる理由（USP）」「有益な情報の提供」という5つのコンテンツが必要でした。その中で、動画に向くものは以下のようなコンテンツがあります。

代表挨拶、開発ストーリー	USPの3つの観点（実績・技術・想い）をベースとして、視聴者に語りかけるように、マイクに向かって話します。基本的には第2章でも説明したライティングと同じ方法でスクリプト（シナリオ）を考えます。現在と過去のギャップを意識し、視聴者に共感してもらえる構成にします。
役に立つ情報の提供	見込み顧客に喜んでもらえるような、あなたの専門知識を活かした情報を定期的に投稿します。くり返し情報を提供し、お客様を育てていくことがポイントになります。
よくある質問、使い方・操作方法	動画で提供することで、直接売上につながらないお客様からの問い合わせや質問が減少します。また、このような情報を必要にしている人にとっては、立派な「有益な情報」ですから、しっかり説明すれば信頼性も向上するでしょう。
スタッフ紹介、社内の様子	スタッフが頑張っている様子や社内の様子を開示することで、親近感を持ってもらうことができきます。

第6章

「ソーシャルメディア」で顧客との信頼を積み重ねる

戦略編

施策編

商品・サービスの紹介、ベネフィット（どのような価値を提供するのか）	動画は商品・サービスのよさを伝えるために最適なコンテンツですが、この種類の動画ばかりだと売り込み要素が強いように感じられる場合があります。一方で、自動車・バイク用品や改造部品、コレクターが存在する商品など趣味性の高いものは、商品の詳細説明だけでファンが飛びつく場合があります。あなたの商品・サービスの種類によって、取り扱いを検討してください。
お客様の声	ファン・リピーターのお客様に、動画であなたの会社・商品のよさを説明してもらうことは「第3者の意見」として、非常に説得力があります。ただし、お客様にご協力いただくことが前提ですから、制作のハードルは少し高くなります。

　上記の中で、まずおすすめしたいのが代表挨拶と商品・サービスの紹介です。この2つは、ビジネスをおこなううえで基本となる情報です。あなたが最初に取り組むべきコンテンツといえるでしょう。

　制作する動画は、当初は短時間（3〜5分以内）で検討しましょう。YouTubeのアルゴリズムの観点から「長尺の動画のほうが優遇されやすい」と言われることもありますが、それはエンタメなど視聴者が趣味や娯楽として消費するもので、かつ飽きないように台本もしっかり作られている場合です。これからビジネスでYouTubeを活用するあなたは、まずは必要な情報を適切にまとめ、ユーザーが集中できる短時間で提供するのがおすすめです。

　一方、表中の「役に立つ情報の提供」は、その情報に対するユーザーの関心度の高さ（どれぐらい重要か、どれぐらい独自の情報が含まれているか）によっては、長尺でもしっかり視聴してくれる場合もあります。

　定期的に動画を作成して、視聴（維持）率などの数字をチェックすることで、より品質の高い動画が作れるようなるはずです。

動画で情報発信をする意味

　ここまで見てきたように、基本的には、動画で提供するコンテンツも、テキストライティングや静止画で提供していたコンテンツと同じ種類のものです。

それでは、動画で新しく情報を発信する意味はどこにあるのでしょうか？　理由は3つあります。

●理由①　より臨場感があり、いきいきと伝わる

経営者や社員が動画を使って顔出しで説明すれば、見込み顧客にとって強く印象に残ります。有益な情報提供のように定期的に投稿するものは、毎回、経営者や社員の姿を目にするわけですから、実際にリアルで会ったわけでもないのに、かなり親近感を感じてもらえることになります。ザイオンス効果も非常に高くなるのです。

さまざまなメディアの中で動画がもっともシズル感が高くなりますし、文章や静止画では説明が難しい製品の操作方法なども、動画であればかんたんに伝わる場合があります。

●理由②　新しい選択肢の提供

現在、ネット上にはさまざまなサービスやコンテンツが溢れているので、ネットユーザーは基本的にせっかちでわがままです。さらに、ユーザーの中には、まったく同じ情報でも「テキストでさっと流し読みしたい」と考える方もいれば、「動画でじっくり見たい」という方もいるでしょう。テキストだけでなく、動画でも同じ情報を提供することで、より多くのユーザーの要望に応えられます。

●理由③　SEOの効果が高い

現在、中小企業のサイトに動画を埋めこむには、

「撮影・編集した動画はYouTubeにアップロードし、あなたのWebサイトにYouTubeのコンテンツを埋めこむことで動画を表示させる」

という方法が標準的になっています。技術的には、直接あなたのサイトのサーバーに動画をアップロードすることもできるわけですが、なぜいったんYouTubeにアップロードしてから、自社のサイトに適用する方法をとるのでしょうか？

それは、YouTubeにアップロードした動画を活用する方法は、SEO効果が

第6章 「ソーシャルメディア」で顧客との信頼を積み重ねる

戦略編

施策編

高いからです。YouTubeに動画を投稿する際、あなたのWebサイトの情報や
URLを記載できます。つまり、YouTubeからあなたのサイトにリンクが貼ら
れる（被リンク）効果があるのです。YouTubeにアップロードされる動画の数
が増えれば増えるほど、もちろんその効果も大きくなります。

1本の動画を、10本の経路で拡散させる

　せっかく作成した動画はできるだけ多くの人の目にふれてもらいたいもの。
YouTubeに投稿した動画のリンクをWebサイトに貼るだけでは、まだまだ不
十分です。

　本書で説明したX・Instagram・Facebookなどのソーシャルメディアにも共
有し、知人・友人を中心に拡散させましょう。ソーシャルメディアでは営業色
が強いコンテンツは嫌われますが、この本を読んであなたが作成した動画は、
人々に喜ばれるコンテンツになっているはずです。また、メルマガやステップ
メールでの紹介、ブログへの貼りつけも検討してみてください。

動画を1本制作したら、10本の経路で拡散させる

　そのぐらいの心づもりで毎回取り組むことで、動画の視聴数も少しずつ増え
ていくでしょう。

6-6

LINE公式アカウントは
開封率の高さを活かす

メッセージングサービスのLINEは事実上、国民的なメッセージサービスのインフラとして圧倒的に多くの方が毎日アクティブに使っている点が最大の特長です。とはいえ基本は**1対1の情報交換をするサービス**。どんなにメジャーなサービスでも1人ひとりのユーザーとつながらなければ意味がありません。その点に留意して地道につながりを作っていきましょう。

LINEは「友だち集め」が成功するポイント

LINE公式アカウントとは、メッセージ交換サービスの「LINE」を使った、企業向けサービスで、低価格でプロモーションできます。FacebookやXのように情報が拡散する機能はありませんが、メッセージ交換サービスならではの強みがあります。

一番大きいメリットは**開封率の高さ**でしょう。LINEでつながった相手（友だちと呼びます）に、お店はLINE公式アカウントを使って、メッセージや画像、クーポンなどを送信できます。そのメッセージはプッシュ式であり、ユーザーのスマートフォンに着信すると振動したり着信音を鳴らしたりします。そのため、ユーザーがスマホを手にしている場合、ほぼ着信に気づくでしょう。また、メッセージのタイトル部分はスマホのトップ画面にポップアップ（表示）するので、その意味でも気づかれやすくなります。

さらに、通常LINEのメッセージは友人や家族から届くものですから、ユーザーにとってうれしく感じるものです。LINE公式アカウントのメッセージは、そのようなメッセージと同じように届きますから「だれから届いたメッセージだろう」と着信のたびに**ユーザーは注意を傾けます**。

以上のような理由からLINE公式アカウントの開封率はメルマガに比べ高くなっているのです。

第6章 「ソーシャルメディア」で顧客との信頼を積み重ねる

戦略編

施策編

注意したい2つのポイント

お店が配信するLINE公式アカウントのメッセージを、常にユーザーに読んでもらうためには、次の2つのポイントをおさえる必要があります。

①ユーザーに友だち登録（友だち追加）をしてもらう
②売り込みが強すぎてブロック（メッセージが表示されなくなってしまうこと）されないようにする

上記①のユーザーがお店のアカウントを登録するためには、次のいずれかのアクションが必要になります。

(1) お店のアカウントIDを検索して登録する
(2) スマホでお店のアカウントのQRコードを読みとって登録する
(3) Webサイトなどに設置された「友だち追加」ボタンを押して登録する

いずれにしても、ユーザーが能動的に登録作業をしてくれないと、なにも届けることができません。実際にLINE公式アカウントの友だち登録数が数人〜数十人しかいないお店は数多くあります。

また、登録してくれたユーザーにブロックされないように注意しましょう。これは、今まで説明してきた「ユーザーに価値ある情報を提供し、信頼関係を構築する」ことと同じ考え方です。

成功のための3つのポイント

逆に、うまく友だちを増やしてプロモーションを成功させているお店も多くあります。以下、成功のためのポイントを説明します。

●店舗内でのツールを充実させる
LINE公式アカウントでは、三角POPやステッカーなどの告知グッズが用意

されています（有償）。そこには自社のアカウントIDやQRコードが書かれているので、飲食店の場合はテーブルの上など、ユーザーが登録する時間を作れる場所に設置します。レジ前であれば、お会計のときに店員から登録を促すこともできるので、どのような業種でも対応しやすいでしょう。

また、サービス提供元が用意するグッズだけでなく、店内用ポスターや手作りPOPなど、**認知を高めるツールを自作する**ことも必要です。

●登録のメリットを訴求する

ユーザー目線で**登録にどんなメリットがあるのか**をきちんと訴求することが必要です。単なる割引だけでなく、たとえば「LINE公式アカウント登録ユーザー限定のメニュー」や「最新情報はまずLINEから配信」など、ユーザーに「登録しないと損だ！」と思わせる施策を考えましょう。また常に同じサービスだとユーザーも飽きてくるので、どこかのタイミングで新しい施策に変えていくことも有効です。

●登録キャンペーンを実施する

上記の「登録のメリット」の延長で、「登録したら、その場で××がもらえる」などの**キャンペーン**は多くのユーザーに喜ばれます。ただし、キャンペーンの内容がありふれたモノだと効果は限定的ですので、ユーザーに「おっ」と思わせるアイデアを考えましょう。

以上、3つのポイントを継続して取り組むことで、LINE公式アカウントでの登録ユーザーを増やしていくことができます。ただし最終目的は**お店の集客と顧客育成につながる友だちを増やす**ことです。「友だちを増やす」ことだけにこだわりすぎると、登録してくれたものの集客や顧客育成に関係のないユーザーばかり増えることにつながりかねません。

各施策は、「この施策で、お店の顧客・ファンとなってくれる友だちが増えるか？」という視点で検証しながら進めていきましょう。

第6章　事例 14

ラーメン屋のGoogleビジネスプロフィール
～SNSとの併用で行列のできる人気店へ

●状況

　Gさんは、都内某駅から徒歩10分の場所でラーメン屋を開いています。北陸地方の港町で生まれ育ったGさんは魚介類に造詣が深く、自慢の「海鮮ラーメン」は隠れた人気メニューとなっています。一度注文されたお客様の多くがリピーターになるほどです。

　このように、Gさんのラーメン屋は、味には自信があります。しかし、最寄りの駅から離れた閑静な住宅街の一部にある店舗には、駅前を行き交う不特定多数のお客様は流れてきません。近隣住民のリピートを中心に、細々と経営を続けている状態でした。

●施策

　ある日、Gさんはホームページ制作会社から紹介されたWebコンサルタントに集客について相談しました。Gさんの状況をヒアリングしたWebコンサルタントは、

「駅近辺でラーメン屋を探している方が、スマホで検索した際、Gさんのお店を見つけやすくなるようにしましょう。そのためには、Googleビジネスプロフィールの登録が必要です」
「名物の海鮮ラーメンは味もいいですが、見た目も豪華なので、お客様がSNSで拡散してくれるような施策を打ちましょう」

とアドバイスしました。GさんはインターネットやSNSにくわしくあ

りませんが「集客のためだ」と思い、くわしい方法をWebコンサルタントに聞いて、次の2点を実行するようにしました。

・Googleビジネスプロフィールに店舗情報を登録し、クーポン情報などをこまめに更新する
・海鮮ラーメンの写真をSNSに投稿したお客様には、「SNS割」として割引料金にする

●結果

上記施策を実施後、「XやInstagramを見た」という新規お客様の訪問が少しずつ増えてきました。

また、Googleビジネスプロフィールは、登録してしばらく効果を感じられませんでしたが、Gさんが地道に情報を更新したり、Googleマイビジネス上でお客様が書きこんだ情報に対し丁寧に回答したりすることを続けていきました。すると、駅前でスマホを使って『ラーメン』と検索すると、Gさんのお店が3番目に表示される状態になったのです。

それ以来、Gさんのラーメン屋にはさらに新規顧客が訪れるようになり、そうした方々の中から新しいリピーターも誕生するようになりました。

現在では、以前のような静かな店舗のイメージは完全になくなり、開店前から行列ができる人気店となりました。

6-7 店舗を経営されている方は、今すぐMEOをはじめよう

いまや、外出中に近隣のお店の情報を探す際にスマホを利用しない方はいないでしょう。そうしたお店の情報はSNSだけでなく、検索エンジンを利用して探す方も多くいます。検索エンジンで近隣のお店を探しているときにGoogleマップが表示され、そこにお店の情報が掲載されているものを見たことがあるでしょう。それが無料で表示できるとすれば取り組まない手はありませんね。

お店を支援する「Googleビジネスプロフィール」と「MEO」

事例では、Gさんのお店の情報をGoogleマイビジネスに登録することで、駅前でスマホを使って「ラーメン」と検索した人々の検索結果に、Gさんのお店の情報が表示されるようになりました。

そもそもGoogleビジネスプロフィールとはなにか、ご存知でしょうか？Googleビジネスプロフィールとは、Google検索やGoogleマップなどのサービスに、あなたのお店の情報を表示させるためのしくみのことです。たとえば、以下のような表示を見たことがないでしょうか？

橋本駅（神奈川県）付近で、スマホで「ラーメン」と検索

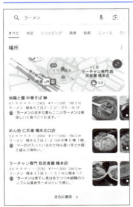

これは、私が橋本駅（神奈川県）の近くにいるときに、スマホで「ラーメン」と検索した際の検索結果画面です。なぜ私がそのような検索をしたのか？　それは、仕事で橋本駅近辺を訪れた際、ランチでラーメンを食べたくなったからです。

このような行動は、さまざまな街を行き交う人々にとって、日常的なものでしょう。そして、このようなユーザーを自分の店舗に誘導するためには、**Google 検索や Google マップで店舗を上位表示させる**ことが必要です。そのための登録のしくみが「Google ビジネスプロフィール」です。

もちろんライバル店も多いので、登録しただけですぐに上位表示、というのは難しいです。しかし、Google ビジネスプロフィールに登録したあと、Google マイビジネスの店舗情報をこまめに更新したり、店舗情報に書かれたクチコミに丁寧な回答を続けたりすることで、上位表示されるようになります。

Google ビジネスプロフィールは無料で利用できますが、効果を出すには**継続的な活動**が必要です。上記のような一連の活動、すなわち、「Google ビジネスプロフィールに登録し、Google マップや Google 検索の地図上で上位表示を目指す活動」を **MEO（地図エンジン最適化）**といいます。

SEO と比べると、MEO の知名度はかなり低いものです。しかし、地域に根差した中小の店舗の場合などは、お店のホームページに SEO 対策をして上位表示を狙うよりも、MEO に取り組んだほうが、少ない手間で大きな効果を生むことが多々あります。SEO ほど複雑でもありませんし、気軽にはじめられるというメリットもありますので、お店を経営されている方は、ぜひ MEO に取り組んでみてください。

SNS をやれば MEO はやらなくてもいい？

以前、私がお会いした飲食店の店主のなかに、

「うちのお店は SNS に集中しているから、それ以外の施策はいらない」

とおっしゃる方がいました。しかし、それはもったいない考え方です。なぜかといえば、MEO（Google ビジネスプロフィール）と SNS とでは狙うターゲッ

トが異なり、お互い補完する関係だからです。

　まず、Googleビジネスプロフィール上の店舗情報は、おもに検索から流入する新規ユーザーに見てもらえる情報です。一方、各種SNSの情報は、お友だちやフォロワーなど、おもにリピーターがチェックする情報です。GoogleビジネスプロフィールとSNS、それぞれを活用することで、新規・リピーターのいずれにもリーチできますので、「どちらかをやればいい」というものではありません。

　1つの情報（ソース）を各ターゲット別にアレンジするなどして、できるだけ手間を省きながら、それぞれのユーザーに向けて、情報発信をしていきましょう。

MEOに有効なGoogleビジネスプロフィールの3つの機能

　集客のために活用できるおもな機能は、以下の3つです。

投稿機能	「お知らせ」や「写真」などを店舗情報に掲載できる
クチコミ機能	ユーザーが店舗の感想を書きこみ、オーナー（店主など）が返信などのコミュニケーションをとることができる
ウェブサイト作成機能	短時間で自社のホームページを作れる

　それぞれについて、くわしく説明します。

●投稿機能

　Googleビジネスプロフィールの管理画面から、テキストや写真（画像）を投稿できます。投稿できるテキストは100～300字程度と多くはないですが、お知らせ、新着情報などをこまめに掲載することで、最新情報を発信できるとともに、MEOとしての効果も期待できます（地図上での上位表示にプラスの効果があります）。

　また、投稿した画面には他Webサイトへのリンクボタンなどを設置できま

す。この機能を活用すれば、お店の公式ページやネットショップへの動線を作ることができます。

●クチコミ機能

Googleビジネスプロフィールの店舗情報には、**ユーザーがクチコミを書きこむ機能**が用意されています。このクチコミを増やすことは、MEOとしてプラスの効果がありますから、チラシやSNSで顧客に訴求し、少しずつクチコミを増やしていきましょう。

ただし、当然ながら、お店の関係者によるクチコミの投稿など、いわゆる"サクラ行為"はGoogleのポリシーで禁じられています。また、クチコミとは「ユーザーが素直な気持ちで店舗を評価し書きこむ」ものですから、クチコミのなかには店舗にとって都合が悪く感じるものもあるかもしれません。そのようなクチコミであっても、原則として、**店舗側で勝手に削除することはできません**。根拠がないことが明らかな誹謗中傷などは、Googleに報告すれば削除してもらえるものもあります。

それでは、もしクレームや否定的な意見がクチコミとして投稿されてしまった場合はどうすればいいのでしょうか？　その場合は、クチコミの**返信機能**を使ってください。投稿された否定的なクチコミを放置するのではなく、

・来店頂いたことへの感謝
・ご指摘頂いたことへの感謝
・ご指摘をふまえて改善した内容

これらを丁寧に返信するのです。そうした返信を見て、クチコミを記載したユーザーは納得するかもしれません。それ以上に、クチコミでのやりとりを目にする大勢のユーザーにとって、あなたのお店は「対応が丁寧なお店だ」という印象が残るでしょう。不手際がないに越したことはありませんが、不手際そのものよりも、その後の対応のほうがお店への評価に大きな影響があるものです。

常に真摯な気持ちで、こまめにコミュニケーションをとっていくようにしてください。

●ウェブサイト作成機能

Googleビジネスプロフィールでは、**自社のかんたんなWebサイト**を作成できます。こちらの機能も無料です。すでにGoogleマイビジネスに登録してある情報をもとにWebサイトを作成していくので、とてもかんたんにWebサイトを作れます。新規に店舗ビジネスをはじめる方で、自社のWebサイトを作成していない方にとっては、非常に重宝する機能でしょう。

さきにウェブサイト作成機能で、自社のWebサイトを整備しておき、日々のネット集客はMEOを中心に実施します。その結果、Googleマイビジネスの店舗情報から自社Webサイトへと誘導する動線が整備できます。

なお、Googleビジネスプロフィールで作ったWebサイトのドメインは、Googleが用意する無料のドメインのほか、独自ドメイン（有料）も利用できます。

正式な「ビジネスオーナー」として、店舗情報を登録しよう

新規でビジネスをはじめた場合、以下のURLからGoogleビジネスプロフィールに登録します。

参考 Googleビジネスプロフィール
https://business.google.com/create

しかし、あなたが従来からビジネスをしている場合、Googleマップ上に**貴社の情報がすでに登録**されているかもしません。これは、Googleが自動生成した情報や別のユーザーが登録した情報が存在することが要因です。その場合、すでにある登録情報を整備して、正式な登録情報としましょう。

そのためにも、まずGoogleマップ上に、あなたの店舗情報が存在するか、確認してみます。Google検索またはGoogleマップで、次のキーワードを使って、貴社名（店舗名）を検索してみてください。

「貴社名」

「貴社名＋地域名」

「貴社名＋地域名＋業種」

「貴社名＋住所」

　これらのキーワードで検索しても、マップ上に情報が表示されない場合、貴社はまだGoogleビジネスプロフィールに登録されていません。先述のURLから新規登録をしましょう。一方、貴社の情報がマップ上に表示された場合、そちらの情報を整備していくことになります。

　そして、その際に大切なのが、あなた自身が、掲載されている企業（店舗）の正式なオーナーであることをGoogleに通知することです。これをオーナー登録といい、Googleマップに表示されている店舗情報の中で、「ビジネスオーナーですか？」という項目をクリックして設定を進めていきます。具体的な方法は、以下のヘルプを参考にしてください。

> **参考** Googleビジネスプロフィールヘルプ　Googleでビジネスプロフィールを追加または登録する方法
> https://support.google.com/business/answer/2911778

6-8

メルマガで価値ある情報を
しっかり届ける

ソーシャルメディアはいずれも民間企業が運営するプラットフォームであり、良くも悪くもプラットフォームありき、アカウント停止などのリスクにさらされます。一方、電子メールは特定の企業に依存することなく、メルマガのリスト（ユーザーのメールアドレス）もあなた自身で管理することができます。ソーシャルメディアとは比べ物にならないぐらい安定したビジネスインフラといえるのです。

メルマガは確実に顧客に情報を届けられるツール

ソーシャルメディアや動画メディアの隆盛もあり、

「もうメルマガの時代は終わった」
「メルマガではもう効果がでない」

などの意見を聞くことがあります。たしかに、最近ではソーシャルメディアの台頭もあり、メルマガの影が薄くなったような印象もありますが、そのような状況だからこそ、うまく使えば思わぬ効果を生むことができます。ただし、ネットユーザーの多くがメルマガや営業メールに日々さらされていますから、1つひとつのメルマガの開封率は決して高くありません。一般には3〜5%程度ともいわれています。

一方で、メール／メルマガの安定性は本節の冒頭にも書いたとおり。きちんと毎回読んでもらえる読者にさえなってもらえれば、見込み客を購入まで導き、リピーターやファンのロイヤリティを育てるのにこれほど強力なツールはありません。Xもフォロワーのタイムラインにあなたの投稿を流すことはできますが、ユーザーがアクセスしない時間帯だと過去の投稿としてチェックされにくくなりますし、アルゴリズムによっては表示されないユーザーも存在します。

それに比べ、メルマガは必ず相手のメールソフトに受信されるのです（迷惑フォルダの場合もありますが）。唯一あなたからプッシュ型でまちがいなく顧客に情報を提供できるツールといえるでしょう。

読まれるメルマガの原理原則

メルマガで1人でも多く読者になってもらうための原則を説明します。

●登録の項目を少なくする

メルマガの登録フォームを用意するときはできるだけ項目を減らしましょう。メール配信用に「メールアドレス」のみ登録させるか、多くても「氏名」を加えて2項目以内にすることを強くおすすめします。

メルマガ登録時に「ユーザー情報を多く取得しよう」とよくばると登録数が落ちてしまいますし、まだユーザーと関係性ができていないうちに情報を入手したところで適切な利用はできません。「まずは登録しやすい環境を整える」ことに注力してください。

●発信頻度を考える

あなたのメルマガの内容が充実していてよほどのファンにならない限り、週に何回もメルマガが届くと「このメルマガ、頻繁に届くな」と思われるケースが多いようです。一方、メルマガを発行するほうも頻繁に発行していると、どうしても内容が薄くなりがちです。そのため、

【内容が薄いメルマガが頻繁に届く】→【わずらわしい】→【解約を考える】

という流れにおちいることがあります。相手との関係性を持続するには、週1回でも十分すぎるくらいです。業種にもよりますが、実際には月に1〜2度程度が適切だと思います。そのぶん、配信する際には充実した内容になるよう気を配りましょう。

●あえて「メルマガ」に見せない

これはある意味、裏技なのかもしれません。ユーザーは「メルマガ」と聞く

と「またか」と思いがちです。ですが、月に1度あるいはそれより低い頻度で、

○○（担当者の名前）より、お客様へ△△のお得情報

など、特別感のあるメールが来たらどうでしょうか？

　まちがいなく、一般的なメルマガよりも開封率が上がるはずです。必要以上に煽るのはNGですが、毎回お客様に「どんなメール、どんな情報を流したら喜ばれるか」を中心に考えることで、さまざまな見せ方ができるはずです。

　そのほか、下記のような点についてこだわるようにしましょう。

毎回配信する際のタイトルにこだわる	第4章（P.111参照）のキャッチコピーと同じ考え方です。特に「どのような価値があるのか明らかにする」「具体的に数値で表す」を心がけてください。
読みやすさにこだわる	書籍や雑誌と違って画面をスクロールしながら読むメールは、行間が詰まっていると非常に読みにくいものです。真面目な内容のメルマガであっても、読みやすさを優先して数行に1行は空けるなど、ユーザーに配慮して執筆してください。
有益な情報を提供する	「まずは売り込みではなく、価値ある情報を提供する」というのはメルマガにおいても必須の考え方です。
ライバルを研究する	常にライバルとなるメルマガを研究し、「あなたの見込み顧客にとって、もっとも喜ばれる情報提供の仕方」を追求してください。

ステップメールの極意は「営業色を入れない」こと

　あるユーザーが新しくメルマガ登録した場合、通常は最新号からの配信になります。バックナンバーを公開している場合でも、そのユーザーが過去のバックナンバーをきちんと読んでくれることはまれでしょう。

　一方で、新しくあなたの商品を購入してくれた顧客に対し、お礼のメールや

使い心地を確認するメールをタイミングよく発信したい場合もあるでしょうし、または、あなたが持つノウハウを1から体系的に伝えたい場合もあるでしょう。こういった場合、一般のメルマガでは対応できません。

だからといって、多くの顧客にそれぞれ最適なタイミングで順番にメールを配信しつづけるのはとてもたいへんです。1人〜2人ならともかく、数十人〜数百人になってくると管理は難しくなるでしょう。

そこで利用したいのが**ステップメール**です。ステップメールとは、あらかじめ用意していた複数のメール文を、あなたが設定したタイミングにあわせて自動的に発信するメールシステムです。用途としては先に述べたとおり、以下の2つがあります。

①見込み顧客や購入済顧客に対し、最適なタイミングで**メールによるサポート**をする
②見込み顧客に対し、あなたの持つノウハウなど価値ある情報を**体系的に提供**する

①の例として、アパレルの小売業のほうが商品を購入された顧客へ自動的に配信するステップメールを見てみましょう。以下のようにシナリオ次第では、細かい気配りに加えて押しつけにならない販促をシームレスに実行できます。

(1) 購入日当日	サンキューメール
(2) 翌日	あらためて御礼のメール＋アフターサービスのお知らせ
(3) 1週間後	お伺い（寸法など問題ありませんか）メール
(4) 1か月後	お伺い（お気づきの点はありませんか）メール＋キャンペーン情報
(5) 3か月後	新しいシーズン物の入荷のご案内

②の例として、弊社の無料メール講座を確認してみましょう（現在はWebサ

イトのリニューアルの関係で、下記メール講座は一旦停止しています)。

無料メール講座

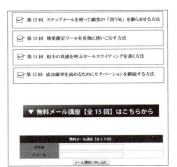

　このメール講座では、ぼんやりと「自分の会社もWeb対策をやらないといけないなぁ」と思っているユーザーに情報を提供することで、Webマーケティングの需要を顕在化させる顧客育成を狙っています。そのため、メルマガ内容はおもに「有益な情報提供(Webマーケティングに関するノウハウ)」に絞り、営業・販促要素はいっさい入れていません。さらに、各回のタイトルはできるだけ「ユーザーの期待させるもの」にしてありますが、決して煽りではなく、内容も読んだ後に十分満足してもらえるものにしてあります。

　このメール講座を読んでいただいた方の中には、

「こんな営業色がいっさいなくて、しかもノウハウを惜しみなく提供しているメールを無料で配信するなんてもったいないですよ」

とおっしゃってくださる方も多くいらっしゃいました。しかし、そんなことはありません。顧客になってくれる割合がもっとも高くなるのは、これまでの実体験から「ヘタに営業要素を入れたり、ノウハウを出し惜しみしたりする場合」よりも、

営業色がいっさいなく、かつノウハウを惜しみなく提供している場合

と感じています。まさに「情けは人のためならず」という言葉のとおりです。

施策編

第7章

検索エンジンに
評価してもらう
「SEO」の勘どころ

記事執筆 コンテンツ作成	ソーシャル メディア （SNSなど）	Web広告
SEO ※狭義のSEO		

※広義のSEO

Webサイトの構築・運用

守りのWebマーケティング

第7章

事例 15

経営コンサルタントのWebサイト
～信頼性を高める施策で問い合わせ急増

●状況

　地方都市の○○市にある地方銀行に勤務していたHさんは、このたび早期退職制度を使って経営コンサルタントとして独立することにしました。長年の経営指導や融資業務の経験を活かし、地元の中小企業の活性化に貢献するつもりです。

　これまで取引があった社長さんから何件か顧問契約をいただきましたが、より多くの新規顧客を発掘したいと思い、地元のWeb制作業者に自社のWebサイトを構築してもらいました。独立にあたり、Webサイトのことを少し勉強したHさんは「Webサイトの集客が必要だ」と考え、集客につながりそうなさまざまなキーワードでブログ記事をかきました。

「資金　調達　○○市」
「融資　即日　○×県」
「資金　調達　方法　○○市」
「融資　成功　ポイント　○×県」

　SEOはすぐに結果が出るものではありません。Hさんもそのことは理解していたので、上記のようなキーワードで見込み顧客の検索意図を満たす記事をしっかり書き、定期的に記事をメンテナンスしました。また、自社と同業種のサイトにメールを送り、相互リンクを依頼

するなど地道にリンク対策もしました。

　そのような施策を続けたものの、しばらく日時が経過してもなかなか思ったように検索結果の順位は上がりません。Hさんはどうしたものか、ほとほと困ってしまいました。

●施策

　Hさんは商工会議所にWebコンサルタントを紹介してもらい、さっそく相談にいきました。Webコンサルタントはサイトを見て、開口一番、

「Hさん、現在あなたは個人事業主ですよね。まずは法人化しましょう」

とアドバイスしました。さらに、以下のようなWebサイト内だけに限らない、**Hさんの会社の信用度や専門性・権威性・信頼性を高める施策**を中心に助言しました。

- ・会社のドメインは "co.jp" を使う
- ・ドメインのWhois情報（インターネット上のドメイン名に関する登録情報）は会社名で登録する
- ・Googleビジネスプロフィールに登録する（くわしくは第6章 P.224参照）
- ・事業サービス内容について、会社名でリリースを出す
- ・事務員を募集しているなら、自社サイトや外部の採用サイトに求人を出す
- ・サイトの会社概要を充実させ、法人番号や適格事業者番号、取引先、取引銀行、資本金、経営理念、会社沿革などを記す
- ・個人情報保護方針（プライバシーポリシー）や特商法にもとづく表記を独立したページで用意する

・関連する官公庁や業界団体との積極的な交流をする

・法人や代表者個人で許認可・資格などがあればそれを記す

・事業に有益にはたらく資格などあれば取得する

・SNSを運営して情報発信を心がける

●結果

　対応して数ヶ月後、SEOの効果が現れ、いくつかのキーワードで検索結果の上位表示されるようになりました。

　毎月の新規問い合わせ数は増加しており、まずまずの効果が出ているようです。

　このままいくと、近いうちにHさん1人でこなす業務量を超えそうな勢いであり、Hさんはいったん仕事量を絞るのか、それとも、新しい社員を雇って増加する業務量に対応していくべきか、ぜいたくな悩みを抱えるようになりました。

7-1
もはやSEOはパソコンに向かう だけのものではない

SEOとはSearch Engine Optimizationの略で、あなたのサイトの情報を検索エンジンに正しく伝える技術のこと。検索エンジンの検索結果で上位表示させる技術ではありません。検索エンジンに正当に評価してもらったうえで、検索結果の上位に表示するためには、あなた自身やあなたのサイトの価値そのものを向上させるしか道はないのです。現在では、こうした従来のSEOを"超える活動"が強く求められています。

SEOの全体像を把握しよう

まずはSEOの全体像を俯瞰してみましょう。SEOは大きくわけて内部施策（内部SEO）と外部施策（外部SEO）の2つがあります。

●内部施策

あなたのWebサイトの内部を検索エンジンに対して最適化することにより、あなたの高品質な記事を正当に評価してもらい、結果として上位表示を狙う施策です。「このサイトはなにについて書いているのか」を検索エンジンに正しく伝えたり、検索エンジンがサイト内にあるコンテンツをスムーズにチェックできたりするようにします。

●外部施策

あなたのサイトに対して、ほかのWebサイトからのリンクを増やすことにより、権威性や信頼を獲得し、結果として検索エンジンでの上位表示を実現する施策です。

Googleなどの検索エンジンは「ほかのWebサイトからより多くのリンクをもらっている（被リンク、または外部リンクといいます）Webサイト」を価値あるサイトとみなし、検索エンジンで上位表示させようとします。

これは、「多くのサイトからリンクされているWebサイトは、きっとユー

ザーにとっても価値あるサイトに違いない」という、いわば「人気投票」的な考え方ですね。

さらに現在では、「テクニカルSEO」「オンページSEO」「オフページSEO」という分類もあります。以下の分類は、一般的な分け方をベースにしながらも、私自身が整理しやすいように一部アレンジしています。

SEOの全体像と分類

内部施策
オンページSEO **SEO観点からのコンテンツ制作（第5章参照）** コンテンツを検索結果上位に表示するための タグ・見出し設定なども含む
テクニカルSEO **SEOのベースとなる部分** ・Googleにしっかりクロールしてもらう ・インデックスしてもらう ・ユーザー体験のうちスピードを改善する

外部施策
（オフページSEO） **Webサイトの権威性・評判を 高め、結果「信頼性」を 担保する活動** ・「被リンク獲得」が最大の目的 ・必ずしもリンク獲得だけでなく、 　サイテーション（Web上の言及） 　だけでもよい ・そのほか、寄稿／相互リンクなど、 　Webサイト信頼性獲得のためのあ 　らゆる活動

本章でこの3つのSEO手法をお伝えしますが、オンページSEOについては、おもにタイトルなどの各種タグ設定について解説します（コンテンツ制作については第5章で説明しているため）。

「なにを言うか」だけではなく「だれが言うか」も重要になっている

HさんがWebコンサルタントにアドバイスを受ける前におこなっていたSEO施策は以下が挙げられます。

・ユーザーの検索意図に合う記事を書いてタイトルや見出しを工夫した
・定期的に記事を更新した
・ほかの関連性の高いサイトからリンクをもらう働きかけをした

これらのSEOが必要ない、とは言いません。これまでと同様、今後も重要です。ただし、これらは純粋なコンテンツ作成を除き、**GoogleにあなたのWebサイトの内容を正しく伝える手段**が中心です。現在さらに求められているのは、

あなた自身や、あなたのサイト／コンテンツの信用をさらに高めること

です。なぜ「あなた自身（のサイトやコンテンツ）の信用を高めることが重要なのか」をお伝えするために、P.106のたとえ話で説明しましょう。

以前は、どの町にも一軒ぐらい「とてもまずい中華屋さん」みたいなお店がありました。現在ではそんな店は淘汰され、どの店も「そこそこ安くてそこそこ美味しい」というものばかり。成熟社会では少しでもマイナスポイントのあるお店は生き残るのが難しいのでしょうね。

このように、価格はたいして変わらないのに商品の品質ばかり向上することを私は「中華屋の味のインフレ現象」と呼んでいます。そして、この「中華屋の味のインフレ現象」は、リアル社会だけではありません。Webコンテンツの世界でも起きています。どういうことかと言えば、

さまざまな検索クエリで、Googleの検索結果上位表示を目指す人々が多すぎて、あらゆる種類のコンテンツがあふれ、それぞれの質も上がりすぎている

ということが起きているのです。

このようなことが起きた理由は、高いレベルで検索意図を満たすコンテンツをGoogleが評価することで、そのようなコンテンツの作り方の「パターン」が広く流布してしまい、事実上のWebコンテンツ作成の標準になっているからです（P.144参照）。

これは私の見立てですが、Web上に高品質な一方、どれも似たようなコンテンツがあふれてしまっているので、Googleはコンテンツだけでの評価をある程度あきらめているように思えます。

そして、どれも似たような高品質コンテンツなのであれば、コンテンツの質ではなく、**コンテンツの執筆者／監修者／オーナーを判断の拠り所にする**比重を高めようと考えているようです。さきほどの中華屋の話でいえば、

「どこの中華屋も安くておいしい」＝「すべての中華屋が安心できる材料を使っている」

とはなりませんよね。中華屋のオーナーのなかには利益を出すために粗悪な材料を使っている人もいるかもしれません。そういったことは味（＝コンテンツ）から気づくことは難しいでしょう。**そのオーナーやお店自身が信用できるのか**、といった問題になるわけです。

重要な情報であればあるほど、正確性・信ぴょう性が大切になります。作成されたコンテンツの中身だけで判定できなければ、**執筆者／監修者／所有者の価値や信頼性が高いほうを優遇する**のは正しい判断でしょう。

個人より法人、信頼できる組織・団体が評価されるように

ここであらためて、第1章でも触れた **E-E-A-T** をおさらいしましょう。これはGoogle検索品質評価ガイドラインに掲載されているワードです。

E-E-A-Tは、「Experience（経験）」、「Expertise（専門性）」、「Authoritativeness（権威性）」、「Trust（信頼性）」の4つの頭文字をとったものです。Webコンテンツの品質を評価するうえで特に重要とされている基準であり、これらの要素についてWebマーケティングで実施すべき施策に、以下のような例があります。

Experience（経験）	・実際に経験・体験したことをベースに執筆する ・肯定的な部分のみならず、改善が必要な点やデメリットなども含め、透明性を担保する ・成功事例や実践事例などのケーススタディを公開し、あなたのプロダクト（商品やサービス）がどのように顧客の課題を解決したのかを明らかにする
Expertise（専門性）	・専門分野に関する深い知識と理解が含まれた高品質なコンテンツを作成する ・わかりやすくくわしい記事、実践結果・研究結果なども十分に含める ・その分野の専門家や経験豊富なプロフェッショナルがコンテンツを作成・監修し、さらに彼らの専門性を明示する

Authoritativeness （権威性）	・業界内や専門分野におけるほかの信頼できるWebメディアからの言及やリンクを獲得する ・業界団体や関連省庁と良好な関係を構築し、各種イベントへの参加／認証や資格の取得、賞の受賞などにつとめ、自他両サイトでの言及や明示をめざす
Trustworthiness （信頼性）	・SSL証明書の導入やプライバシーポリシー明確化、特商法表記などを確実に実施、ユーザー情報を確実に保護する ・企業情報を詳細に記述してユーザーが容易に情報にアクセスできるようにする

　なお、ガイドラインのなかで特に明記されているわけではありませんが、E-E-A-Tを重視すると、**個人サイトより法人サイトのほうが事実上有利**です。ネット上に限らず、リアル社会でも同じビジネスをしているのなら、個人より法人のほうが明らかに信用されやすいでしょう。それと同じです。もちろん個人だったとしても、一定の分野で著名度がある方などは、その限りではありません。

　つまり、「法人か個人か」で評価しているわけではなく、その事業でどういった存在が顧客に信頼されるかを追求した結果、Googleアルゴリズムでは法人サイト優遇の方向に進んでしまっている状況です。

Column

Google検索品質評価ガイドライン

E-E-A-Tが掲載されている、Google検索品質評価ガイドライン。正式名称は「General Guidelines」といい、Webサイトの制作者や運営者向けではなく、**Webサイトの品質を評価する担当者**（Googleが採用した外部の品質評価者）が参考にするガイドラインです。
公式には日本語訳は公開されておらず、国内では大手SEO会社による私訳版などが公開されています。

> **参考** 検索品質評価ガイドラインアイレップ私訳版
> https://www.irep.co.jp/press_pdf/google_general_guidelines_all.pdf

原本はPDFで170ページ以上とボリュームがあり、Googleから雇われた外部評価者はこのガイドラインを基準として、さまざまなWebサイトを評価します。Googleはこのガイドラインに掲載している項目を「直接、検索エンジン順位決

定のランキング項目（シグナル）にはしていない」と公表しています。しかし、E-E-A-Tをはじめ、本ガイドラインの内容に従ってネット上のWebサイトは評価されるわけですから、**本ガイドラインの内容と検索エンジンのランキングは事実上密接に関係**しています。

以上のような理由から、Webサイト制作者／運営者以外でも、本ガイドラインの内容について、概要だけでもおさえておくことは重要です。

YMYLジャンルではさらにE-E-A-Tを重視

YMYLとは「Your Money or Your Life」の略で、こちらも検索品質評価ガイドラインに掲載されている項目です。人々のお金や健康、幸福に関する情報（ジャンル）のことを意味し、この分野ではいっそうのE-E-A-Tが求められるとしています。

YMYL に含まれる範囲

- ・ニュース／時事問題　　・ショッピングや金銭取引
- ・金融　　　・医療　　・法律
- ・国民に関する公的な情報　・その他

YMYL分野では公的機関や大手企業など、よほどの信頼性・権威性が担保された運営元によるサイトでなければ上位表示は難しい傾向にあります。したがって、中小企業や個人にとっては自らに強みをもつ専門領域以外では手を出さないことをおすすめします。

初学者はGoogle検索セントラルを活用しよう

Google検索セントラルとは、Googleが公式に提供している**Webサイト管理者向けのサポートツールやコンテンツ群**のことです。たとえば、以下のようなものが含まれます。

・サポートツール：Googleサーチコンソール（GSC）
・コンテンツ：検索エンジン最適化（SEO）スターターガイド

Google検索セントラルを活用すれば、SEOについて網羅的・体系的に学びながら実践することができます。相当なボリュームがあるため一度にすべてを修めようとするのは現実的ではありませんが、まずはスターターガイドやE-E-A-T／YMYLをはじめとする信頼性に関わる部分だけでも優先的に目を通すようにしましょう。

くり返しになりますが、SEOはあくまで「あなたのWebサイトの価値を正しくGoogle検索エンジンに伝える手段」です。そのため、過度にWebサイトの評価を高めようとする手段はGoogleの基準（ガイドライン）違反となります。特にSEO初心者の方は、Google公式以外のWebサイトなどでまちがったSEO知識などを入手してしまい、悪意はないもののGoogleのガイドライン違反に抵触するような施策を行ってしまうことがあります。

　仮に故意ではなかったとしてもガイドライン違反ではGoogleからペナルティを課されることがあります。特に初心者の方はかならず「検索エンジン最適化（SEO）スターターガイド」を一読してください。

参考 検索エンジン最適化（SEO）スターターガイド
https://developers.google.com/search/docs/fundamentals/seo-starter-guide?hl=ja

7-2

SEOのベースになる 「テクニカルSEO」

本節ではSEOのベースとなるテクニカルSEOの基本を説明します。テクニカルSEOは「Googleにしっかりクロールしてもらう」「インデックスしてもらう」「ユーザー体験としてのページスピードを改善する」がおもな目的です。施策を取り組む際には、Webサイト構築や運用の技術者の手を借りる必要がある場合も多いので、適時連携しながら進めてください。

まずはクロールとインデックスのしくみを理解する

　世界中には無数のWebサイトがあります。これらのWebサイトはどのようにしてGoogle検索サイトに表示されるのでしょうか？そのしくみは「①クロール」「②インデックス」の2段階の作業で実現されています。

①クロール（クローリング）	Googleが管理するクローラーというプログラムが24時間休みなくインターネット上を巡回し、リンクを辿りながらネット上にあるWebページの情報を収集します。このクローラーの挙動を、クロールまたはクローリングといいます。
②インデックス	クロールして収集した情報は整理され、Googleの検索エンジン用データベースに格納されます。これをインデックス登録といいます。

　以上のクロール／インデックス登録を、Googleが適切におこなえるように働きかける施策がテクニカルSEOの中心となります。

　ちなみに、クロールされたWebページがすべてインデックスされるとは限りません。低品質なコンテンツ、既存のネット上にあるコンテンツと類似のコンテンツなどはインデックスされないこともあります。サイト運営者にとっては厳しい処置のように感じるかもしれませんが、これもユーザーファーストの

一環であることはまちがいありません。

施策① URL の正規化

Webサイトに同じ内容のページが複数ある場合、Googleから「重複コンテンツ」と見なされて評価を下げられたり、それぞれのページにGoogleの評価が分散したりすることがあります。また、ユーザーから見ても、整理されたWebサイトとは思えません。

このようなサイトで、検索エンジンからの評価を1つのページ（URL）に集めることを **URL の正規化** といいます。

正規化が必要になる代表的なケースを2つ挙げます。

❶ URL の「www 有無」「http/https（暗号化有無）」の統一

http://www.sample.com
https://www.sample.com
http://sample.com
https://sample.com

上記のURLは **Google が「それぞれ別の URL」と判断** します。これらはいずれか1つのページにアクセスするように統一しなければ、Googleからのページ評価がそれぞれに分散し、さらに重複コンテンツと判断されるおそれもあります。

301リダイレクトを利用して、統一すべき1つのURLにそのほかすべてのURLから転送するようにしましょう。

> **参考** リダイレクトと Google 検索（Google 検索セントラル）
> https://developers.google.com/search/docs/crawling-indexing/301-redirects?hl=ja

なお、「wwwの有無」はどちらに統一しても問題ありません。ただし、「http/https」は暗号化通信（https）に統一しましょう。暗号化通信については第9章P.320も参考にしてください。

❷商品情報のページなどで、類似のページが多数あるケース

「色違い／サイズ違い」など、多数の個別商品ページがあるサイトの場合、Googleから重複コンテンツとみなされるおそれがあります。また、類似した内容のページであるなら、代表的なページに評価を統一させたほうが、検索結果上位に掲載されやすくなるでしょう。

このケースは①と異なり、各ページへのアクセスを残しながら、評価の分散や重複コンテンツによる低評価を防ぐ必要があります。そこで、301リダイレクトではなく「canonical」タグで対処しましょう。具体的には、評価を統一する代表的なページを決め、それ以外のページに「canonical」タグを記述し、代表ページを指定します。

> **参考** rel="canonical"などを利用して正規ページを指定する方法（Google検索セントラル）
> https://developers.google.com/search/docs/crawling-indexing/consolidate-duplicate-urls?hl=ja

施策②　Webサイトの階層構造と内部リンク

　Googleはクローリング時に、Webページ間のリンクのつながりを辿ってWebサイトの構造を把握します。その結果を正しくインデックスしてもらうためには、**Webサイトの階層構造**についても正しく理解してもらう必要があります。

　次の図はツリー状になっているWebサイトの構造図です。

Webサイトの構造

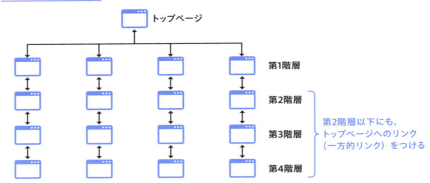

下記のチェックポイントをおさえながら、施策を検討しましょう。

●少ないクリックで目的のページにたどり着けるか

サイトを構築するとき、図のように**3〜4階層以下（できれば3階層以下）の浅い作り**にすることが理想です。それ以上深すぎることが必ずしも悪いことではありません。しかし、ユーザーもGoogleもあなたのサイトの中で迷子になってしまう可能性があります。

もし重要なページを深い階層に設置するなら、トップページから**少なくとも2〜3クリック以内**で該当のページに到達できるように、リンク構造を工夫しましょう。

また、関連するページからすぐに目的のページに遷移できるように、Webサイト内部で関連するページ同士、**リンクを貼りめぐらせる**ことが必要です。特にGoogleは、クローラーが定期的に世界中のWebサイトをチェックしています。そのときに内部リンクをきちんと貼らないと、あなたのサイト全体をスミからスミまでGoogleにチェックしてもらえなくなります。そうすると、サイトの一部のページがGoogleの検索エンジンに登録されなくなるのです。

ぜひ、きちんと内部リンクを貼り、ユーザーからもGoogleからもチェックしやすい構造にしてください。

●第2階層以下のページに、トップページへのリンクが付いているか

また、図のとおり、第2階層以下のページからは「トップに戻る」などの**トップページへのリンク（一方通行のリンク）**をつけてください。これで、ユーザーの利便性を高めるとともにSEO的な効果も上がります。

くわしくは7-5節で説明しますが、Googleは「別のページから一方通行のリンクをもらっているページは、重要度が高いページである」と判断しています。つまり、**多くのページから一方的にリンクをもらうことで、あなたのWebサイトのトップページが上位表示される**可能性が高まるのです。

この手法は、トップページ以外に上位表示したいページがある場合も同じです。1点だけ注意してほしいのは、トップページ以外の場合は、**関連性があるページからのリンクに限ります**。まったく関連性のないページへのリンクがあちこちに貼られていたらユーザーにとって使いにくくてしかたがないからです。この原則は押さえておきましょう。

●アンカーテキストを使用しているか

内部リンクを貼るときは、**あるテキスト文字をクリックしたら、別のページに遷移する**ようにしてください。このテキストを「アンカーテキスト」といいます。たとえば、HTMLの文章中に、

```
<a href="https://○○○.jp/">資金調達</a>
```

と記述すると、「資金調達」という文字列をクリックしたら、"https://○○○.jp/"のページへリンクするハイパーテキストが作成されます。なぜ、このアンカーテキストが重要かというと、

「"https://○○○.jp/"というWebサイトは、『資金調達』について書かれたサイトです」

とGoogleに伝える効果があるからです。アンカーテキストの作成は、このあと次節で説明する「3種の神器タグ」と同じぐらい重要な施策です。同じ文字列が非常に多いなど、不自然なケースはGoogleからペナルティを受ける可能性がありますが、適正な範囲でアンカーテキストを積極的に使っていきましょう。

施策③　パンくずリストの導入

あなたは、Webサイトの閲覧中に、次のような表示を見たことはありませんか？

```
トップ　＞　商品一覧　＞　デジカメ
```

これは「現在、自分がWebサイトのどの階層にいるか」をわかりやすく表示したナビゲーションで、**パンくずリスト**と呼びます。変わった名前ですが、由来は童話「ヘンゼルとグレーテル」で、彼ら2人が森の中に入っていくときに

帰り道で迷わないよう、パンくずを少しずつ落としていった、というエピソードからこの名前がついたようです。

パンくずリストの各テキストは**アンカーテキスト**となり、内部リンクの強化に役立つとともに、ユーザーにも非常にわかりやすいナビゲーションにもなります。あなたのサイトでもぜひ導入してください。

施策④ モバイルファーストインデックス（MFI）への対応

Webサイトに「デスクトップ版サイト（表示）」と「モバイル版サイト（表示）」の2つがある場合、**Googleは「モバイル版」を中心に評価**します。このことをモバイルファーストインデックス（MFI）といいます。

どんなに優れたユーザー体験を提供するサイトでも、それがデスクトップ版だけの表示で、モバイル版の表示が最適化されていない可能性があります。もしかすると、スマートフォンで閲覧した場合は、文字が小さくて閲覧しにくいなどの問題が発生するかもしれません。そのようなサイトはモバイルフレンドリーではないと判断され、サイトの評価を下げられてしまう恐れがあります。

以下を参考にMFIに適切に対応しましょう。

- デバイスのスクリーンサイズに応じて、サイトの見え方を最適化する手法「レスポンシブデザイン」を採用する（推奨）
- モバイルに最適化された文字サイズ、タップしやすいボタンやリンク、画像サイズの圧縮やキャッシュの活用によるロード時間の短縮など、コンテンツの最適化をはかる
- Googleが提供する「Lighthouse」（Chromeブラウザの拡張機能）を利用し、対象となるWebサイトのモバイルフレンドリーの程度をチェック、必要な場合は改善する

施策⑤ コアウェブバイタル（Core Web Vitals）への対応

コアウェブバイタルとは、**Webサイトのユーザー体験を評価する指標群**です。Googleは検索ランキング要因の「ユーザーエクスペリエンス（ユーザー体

験）」で、コアウェブバイタルの指標を採用していると公表しています。

コアウェブバイタルのおもな指標は以下のとおりです。

LCP (Largest Contentful Paint)	コンテンツが読み込まれて、表示されるまでの時間の計測に関わる指標。
FID (First Input Delay)	ボタンタップなど、ユーザーのアクションに対する応答時間の計測に関わる指標
CLS (Cumulative Layout Shift)	ページの視覚的安定性に関わる指標。読み込み時にページ上のコンテンツがシフトする大きさを計測するなど（シフトは小さいほうが良好）。

Webページの読み込み速度は、**PSI（ページスピードインサイド）**で計測できます。PSIはGoogleが提供するツールで、コアウェブバイタルの指標を含む詳細なレポートをチェックできるので、定期的に確認することをおすすめします。

参考 ページスピードインサイド
https://pagespeed.web.dev/?hl=ja

コアウェブバイタルを含むユーザーエクスペリエンスは、滞在時間や直帰率などのユーザー行動と相関関係があります。それ故に重要な指標ではありますが、あくまで重要なのは**遅すぎないこと（数値が悪すぎないこと）**です。

必要以上に読み込みが速くても、それが評価されることはありません。PSIのレポートの許容内であれば十分であり、それ以上のリソースはほかの目的に向けるほうが現実的です。

Column
クロールバジェットのコントロール

Googleのクローラーは、世界中のWebサイトを巡回してサイトの情報を収集しています。しかし、そのリソースにも限りがあるため、それぞれのサイトで1日にクロールできるページ数の上限があります。このことを**クロールバジェット(Crawl Budget)** と呼びます。

ページ数が数千以上もあるような大規模サイト、商品数の多いECサイトなどは気にする必要がありますが、ページ数が数十～数百程度の個人や中小企業のサイトでは特に気にする必要はありません。

クロールバジェットはサイトの人気度や応答速度をはじめ、総合的な観点から決定されます。

Column
Googleに「エンティティ」として認識されることが重要

エンティティとは「実体」の意味。Webマーケティングにおけるエンティティとは「人物、場所、モノ、アイデア、抽象的な考え方、具体的要素」などのうち、他の存在と明確に区別できる**ユニーク(一意)な存在または概念**のことです。

Googleは特定の存在や概念を単なるキーワードではなく「エンティティとして認識したい」と考えています。たとえば、Googleで「ワンピース」と検索してみてください。Googleは著名なマンガ作品として、その文字列を特別なものとして把握していることがわかります。

特にE-E-A-Tの観点から信頼性を評価される存在(個人、法人など)になるためには、Googleにエンティティとして認識されることが第一歩といえるでしょう。エンティティとして認識されるためには、以下のような取り組みが考えられます。

法人の場合
・Googleビジネスプロフィールに登録する(第6章 P.228)
・信頼できる公的機関からリンクをもらう

個人の場合
・書籍を出版してAmazonに著者ページを作成する
・SNSで広く言及される

　何かをしたからといって必ず認識されると決まっているわけではありませんが、ふだんから信頼性を向上する取り組みを行う必要があります。

第7章 検索エンジンに評価してもらう「SEO」の勘どころ

戦略編

施策編

7-3
ギリギリまで最適化する「オンページSEO」

ここからはオンページSEOのうち、第5章で説明した純粋なコンテンツ作成以外の部分を見ていきましょう。具体的には**タイトルや見出しの最適化**などが中心になります。これらは一度設定したら終わりではなく、その後の検索順位（＝Googleの評価）やユーザー行動の数値（＝ユーザーの評価）を参考に、くり返し改善していきます。

適切なキーワードを「3種の神器タグ」に入れる

検索エンジン（Google）はWebサイトをページ単位で評価します。よって、まずは各Webページで、

このページはなにについて書いてあるのか

をGoogleに正しく伝えることが内部施策の第一歩であり、もっとも重要なことでもあります。では、検索エンジンはWebページの「どこを」みて、そのページに書かれてあることを判断しているのでしょうか？

もっとも重視されているのが、HTMLファイルの中にある**「タイトルタグ」「見出しタグ」「メタディスクリプションタグ」**の3つです。これを私は「内部施策の3種の神器タグ」と読んでいます。かんたんにイメージするために、各ページを雑誌の記事にたとえると、

タイトルタグ：記事名（記事タイトル）
見出しタグ：記事の見出し
メタディスクリプションタグ：その記事の概要（新聞広告に記載されるものなど）

になります。それぞれくわしく説明をしていきましょう。

●タイトルタグ

タイトルタグとは、その**Webページの「タイトル」を設定するタグ**のことです。

タイトルタグ

タイトルといっても、人間の目につきやすいように、HP上部に目立つように書く文字のことではなく、上図の線で囲んだ部分のことです。また、Googleなどの検索結果画面にも表示されます。

人間には、あまり目立たないかもしれませんが、Googleとっては、文字どおりWebページのタイトルなので、たいへん重要視するわけです。あなたのWebページには、ちゃんとタイトルタグが設定されているでしょうか？Webサイトのソースを見て、ないようでしたら、きちんと設定してください。以下は資金調達コンサルタントのWebサイトにおける入力例です。

```
<title>資金調達　〇〇市｜〇〇市内で資金調達の相談なら　E経営コンサルティング事務所</title>
```

タイトルには必ず「検索キーワード（第5章P.141）」を含めてください。キーワードはできるだけ**左側（先頭）**にあるほうが効果は高くなります。一方で、

キーワードを詰めこみすぎて不自然な文章にはしないでください。キーワードは1回〜2回入っていれば十分ですし、それ以上多いと不自然でスパムとみなされるおそれがあります。

●見出しタグ

「見出しタグ」は記事の見出しに相当するものです。大見出しにあたる「h1」タグを始め、小見出しにあたる「h2」〜「h6」タグまであります。

通常「h1」タグは1つのページの中で1つだけ使います。雑誌の1つの記事に大見出しが1つなのと同じです。

一方、小見出しは1つの記事の中に複数ありますから、「h2」〜「h6」タグは1ページの中で複数回使ってかまいません。ただ、「h2」〜「h6」タグは数字が大きいほど見出しのレベルが小さい、というルールがあります。

たとえば、記事の中で1つのトピックを書く場合、最初に「h2」タグの小見出しをつけます。そのトピックの中で、小見出しが必要な場合「h3」タグを利用します。さらに「h3」タグの中にも小見出しが必要なら「h4」タグを利用する……、といった関係になります。

見出しの書き方は以下のような形式で、キーワードを含めて書きましょう。ユーザーが目にする文章ですから、自然な日本語かつ魅力的なコピーになるようにしてください。

<h2>社会保険労務士の仕事の魅力を徹底解説</h2>

●メタディスクリプションタグ

3種の神器の最後は「メタディスクリプション」タグです。こちらは雑誌でいうと「概要」のことでした。Webサイトの場合は、検索エンジンの検索結果に、あなたのWebサイトの説明文を記述します。

検索結果ではどのように表示されるのか、例をみてみましょう。次の図はWebサイトがGoogleに表示されたときの様子です。線で囲んであるモノが、「サイトの説明文」にあたります。

メタディスクリプションタグ

　ここに、わかりやすい説明を書いておくことで、ユーザーは**「あなたのWebサイトに訪問するのか、しないのか」を判断**するのです。とても重要ですよね。ここでもキーワードは必須です。私の場合は、以下のような概要を書いています。

```
<meta name="description" content="Webコンサルティング、Webマーケティング支援、Web集客の専門会社。SEO対策、リスティング広告やソーシャルメディアを活用して集客・販促・売上・リピーター養成まで大きな成果を上げる「売れる仕組み」を提供します。代表は中小企業診断士。">
```

　日本語の説明部分を、あなたのWebサイトにあうように書き換えて、HTMLファイルの<head>タグと</head>タグの間に挿入してください。

　Googleの検索結果に表示される説明文と、メタディスクリプションタグに入れた日本語の内容が必ず一致するわけではありません（Googleからその理由

は説明されていません)。しかし、ユーザーが「あなたのサイトを訪問するか」を決定する大切な文章になりますので、ぜひトライしてみてください。

ユーザー行動を意識したタイトルや見出しの設定

前項で3種の神器タグ、つまり「タイトルタグ」「見出しタグ」「メタディスクリプションタグ」の3つの設定方法を理解できました。

ただ、あなたが正しいと思って設定した内容が最適解なのかはわかりません。はじめて設定したばかりであれば、修正点はあるほうが一般的でしょう。それでは、どのようにして各種タグ設定の評価や修正をおこなえばよいのでしょうか。つまり、PDCAのうちCとAはどのようにすればよいのでしょうか。

ここでPDCAのCHECK(評価、検証)に使えるのがユーザー行動の指標です。具体的には、以下のようなものが挙げられます。

・CTR(クリック・スルー・レート:クリック率)
・滞在時間
・直帰率

これらのユーザー行動値は、Webユーザーの満足度と高い相関関係があると考えられます。

ただ、ユーザー行動の数値が、検索エンジンの順位決定の要素(ランキングシグナル)であるかについて、Googleは明らかにしていません。Googleはランキングシグナルとして200以上の項目を利用していると言われており、さらにそのすべてが公開されているわけではないのです。

ただ、仮にこれらのユーザー行動が現在ランキングシグナルとして使われなかったとしても、今後のアルゴリズム改善で使われるようになるかもしれません。また、GoogleのAIはユーザーデータを匿名化して利用していると言われますが、ランキングシグナル以外でも匿名データとして利用されている可能性もあります。結論として、

ユーザー行動の計測データを「タイトルや見出しが最適な設定になっているか」の値を評価軸とする

のは理にかなっています。私もこれまでの経験上、「ユーザー行動の値と検索順位は一定の関係性がある」と感じています。

1点気をつけるべきことは、

理想的なユーザー行動の値は、検索クエリによって異なる

ということです。

たとえば、検索クエリで「英会話 勉強法 くわしく」と入力したユーザーは、目的となるWebサイトを見つけて長時間滞在するのが理想かも知れません。

一方、「トイレ 水漏れ 電話番号」と入力したユーザーは、現在とても慌てている状況が目に浮かびます。きっとトイレ修理業者の電話番号を見つけ次第、すぐにWebサイトを離脱するでしょう。つまり、滞在時間は短いほうが望ましいのです。

以上のように、あなたのWebサイトの各ページについて、ユーザーの検索クエリと検索意図から導きだされる理想的なユーザー行動の値を推測し、その値に現実を近付けていく必要があります。このことをふまえて、コンテンツ内容はもちろん、タイトルタグや見出しタグを調整しましょう。

フレッシュネス

「ページ内容が最新かどうか」もSEOに関わってきます。ページ更新に関するアルゴリズムはフレッシュネスと呼ばれ、Googleのランキングシグナルの1つです。

ただし、すべてのページで等しくフレッシュネスが重要であるわけではありません。「どのぐらいフレッシュネスが重視されるか」は情報の種類によって異なりますが、基本的には記事（ページ）単位で判断されます。

フレッシュネスが必要な場合、「どれぐらい最新にすればよいの？」と疑問を持たれるかもしれませんが、理想をいえば、

「つねにユーザーに最新の情報を提供できるよう、すべてを最新に」

としか言えません。特に検索結果は競合サイトとの相対比較ですから、競争が激しい領域ほど、求められる水準は高くなります。

　ただ、現実問題として「すべてを常に最新に」というのは難しいこともあるでしょう。その場合は以下のように、情報の種類ごとにメリハリをつける案もあります。

・ニュース速報：随時
・一般的なニュース：1日1回
・トレンド情報：週1回〜

　上記のようにしたうえで、各ページで「最新情報は“ニュース速報ページ”へ”などのアナウンスをすればユーザーに不利益を与えることはないでしょう。

　なお、前述のとおり、フレッシュネスはページ単位でチェックされますが、**並行してサイト全体でも確認されている**と考えてください。たとえば、ある特定のページだけ常に最新にして、そのほかのページが古い情報のままのWebサイトがあった場合、あなたはそのサイトを信用できるでしょうか。これはGoogleのアルゴリズム以前の問題ですし、実際にサイト全体がメンテナンスされていない場合、サイト全体の評価が個別ページの評価にも影響することはよくおこります。以上を参考に、あなた管理するサイトの各ページの更新頻度を計画していきましょう。

7-4
サーチコンソールで内部施策の状況をチェックする

ここまで実施してきたSEO施策を**Googleサーチコンソール（GSC）**で検証しましょう。Googleサーチコンソールは GA4 と双璧を成す「Google 公式の2大SEOツール」といえ、Webマーケティングでぜひ利用すべきツールです。

ひとことで言えば、「Webサイトに訪問したユーザーの行動を解析する GA4」と「ユーザー訪問以前の Web サイトの状況を確認できるサーチコンソール」です。Googleサーチコンソールをぜひ使いこなしてましょう。

Googleサーチコンソールでできること

5-5節で見たとおり、Googleが提供している Web 担当者向けツール「Googleサーチコンソール（GSC）」には以下の機能があります。

①あなたのWebサイトに、どのようなキーワードで、何回ぐらいユーザーが流入しているのか、を確認できる（5-5節で説明）

②Googleからの通知を確認できる

③GoogleがあなたのWebサイトをどのように認識しているかチェックできる

④新しい記事の作成や記事の修正をした場合、すみやかにインデックスしてもらえるよう、Googleにインデックス登録をリクエストできる

⑤検索エンジン向けサイトマップ（XMLサイトマップ）を登録できる

どれも Web 担当者には必須と言える機能が無料で利用できます。またサーチコンソールを導入されてない方は、ぜひ導入してください。ここではGoogleサーチコンソールの導入方法および上記③〜⑤について見ていきましょう。

(1) Googleアカウントにログイン（Googleアカウントを持っていない方は、先に取得してください）

(2) 次のURLにアクセスする

Googleサーチコンソール
https://search.google.com/search-console/about?hl=ja

(3)「今すぐ開始」のボタンをクリックすると、Webサイトのドメインまたは URLを登録する画面が表示される

URL登録の画面

262

(4)登録では「ドメイン」か「URLプレフィックス」かを選ぶ。一般的にはドメインが推奨されるが、無料ブログサービスなど、DNSによる所有権の確認ができない場合は、URLプレフィックスを選ぶ

(5)あなたのWebサイトのURLを入力すると、「続行」のボタンが有効になるため、それをクリックすると「所有権の確認」の画面が表示される

(6)画面の指示に従い、Googleから提供されるHTMLファイルをあなたのWebサイトにアップロードする。アップロードが難しい場合は、画面の指示に従い、別の方法（HTMLタグを＜head＞内に埋めこむ方法や「Google Analytics」と連携させる方法など）を選択する

　成功すれば、サーチコンソールにアクセスできるようになりますが、Googleの巡回が終わるまで、数日間程度はなにもデータが表示されません。焦らず少しだけ待ちましょう。

Googleは、あなたのWebサイトをどのように認識している？

　サーチコンソールで、あなたのWebサイトを実際に見てみましょう。以下のようなことがわかります。

●あなたのサイトの外部リンク、内部リンクの数

　左メニューの「リンク」から、あなたのWebサイトの外部リンク（被リンク）や内部リンクの状況が確認できます。外部リンクや内部リンクはWebサイトの適切な運営に比例して少しずつ増加していくものであり、その状況を確認できます。

●あなたのサイトのページ数（インデックス数）

左メニューの「インデックス作成＞「ページ」にて、あなたのWebサイトに追加したコンテンツ（ページ）が、Googleのサーバーに登録（インデックス）されている状況が確認できます。

正常にインデックスできなかった場合はエラーとして表示されますが、すべてのエラーが問題なわけではありません。たとえば、ページ内に意図的に「noindex」タグを付与している場合もエラーになることがありますので、エラーの要因をおさえることが重要です。

XMLサイトマップを送信する

P.112で「XMLサイトマップ」について触れました。あらためて解説すると、XMLサイトマップとは、**Webサイト内に存在するURLをXMLデータとして書き出したもの**です。検索エンジンにサイトの構造を知らせ、クロール時にサイトを正しく巡回しサイト構造を適切に把握するのに役立ちます。

XMLサイトマップは、すべてのサイトに必須というわけではありません。公開したばかりのサイトや大規模サイト、あるいは通常のサイトでも記事更新をいち早くGoogleに伝えたい場合などに利用します。

サイトマップはテキストなので手書きでも可能ですが、更新のたび作成するのもたいへんです。「XMLサイトマップ作成ツール」を利用したり、CMS（コンテンツ管理システム）や各種Webプラットフォームのプラグインや内蔵機能を利用して自動で生成したりすることができます。たとえば、以下の例があります。

・WordPress：プラグイン「Google XML Sitemaps」を使用可能
・Shopify：自動的にXMLサイトマップが生成

　作成したXMLサイトマップは、Googleの場合「Googleサーチコンソール」にアクセスし、サイトマップセクションからファイルを送信します。Bingは「Bing Webmaster Tools」を使用して送信しましょう。
　XMLサイトマップを適切に更新しないと、以下のようなデメリットが発生してしまいます。

●新しいコンテンツのインデックス登録が遅れる

　検索エンジンはXMLサイトマップを通じて、新しいコンテンツや更新されたコンテンツの情報を受け取ります。よって、更新されないと検索エンジンは新しいページを見つけるのが遅くなり、その結果インデックス登録も遅れます。新しいコンテンツへの検索トラフィック獲得の機会減少につながってしまいます。

●古いページが検索結果に残る

　XMLサイトマップに古いページが残されたままの場合、そのページが存在しないにも関わらず、検索エンジンは同ページのクロールを継続します。
　このことが検索結果に404エラーページや無効なページが残る要因となり、ユーザー体験の悪化が懸念されます。

> **参考** サイトマップについて（Google検索セントラル）
> https://developers.google.com/search/docs/crawling-indexing/sitemaps/
> overview?hl=ja

Googleのインデックス登録状況を検査する

　本章P.246にて、低品質なコンテンツ／類似コンテンツなどは「インデックスされないことがある」旨を説明しました。一方、高品質でオリジナル性が高いものであれば、記事作成や修正をおこなった後、ほかの記事から適切にリンクが貼られていたり、XMLサイトマップを正しく送信したりすることで、

その記事はすみやかにGoogleにインデックスされるでしょう。

任意のページのインデックス状況を確認するには、左メニューの「URL検査」を使います。もしなんらかの理由でインデックスされていないようであれば、URL検査から引き続きインデックスのリクエストができます。

ただし、URL検査を使ったインデックスのリクエストは**応急的な措置**と考えてください。本来、記事の品質に問題がなく、Googleがクロールできるように適切な対応（リンク設置／XMLサイトマップ送信）がされていれば、自動的にインデックスされるはずのものです。

そもそも記事の品質が低い場合はURL検査を使ってインデックスのリクエストしたところでインデックスされません。まずは記事の品質、つづいてGoogleに記事の作成／修正を適切に知らせることをおさえましょう。

Column

画像の設置にはalt属性を加える

Webページに画像を掲載する場合、imgタグを使いますが、その際**alt属性**の指定を忘れないようにしましょう。alt属性は、画像の内容を代替するテキストを入力するものです。具体的には以下のように入力します。

```
<img src="画像のURL" alt="画像の説明テキスト">
```

画像にalt属性を指定すると、以下のようなメリットがあります。

- Googleが画像の内容を把握するのに役立つ
- 画像の読み込みが遅いときに代替としてテキストを表示する
- 読上げソフトを使用する際、画像の代わりにテキストを読み上げる
- Googleの画像検索で表示されやすくなる

入力するテキストは、その画像の内容をカンタンに表したものがよいでしょう。なお、画像の内容と関係ないテキストを入力する行為はガイドライン違反となります。気を付けましょう。

7-5

良質なリンクを集める
「オフページSEO」

オフページSEOとは、Webサイトの権威性・評判を高めて信頼性を担保することで、結果として検索上位を実現する活動です。ここでのもっとも大切な指標は、外部のWebサイトから自サイトにリンクを貼ってもらう被リンク（外部リンク）の獲得ですので、本節では被リンク獲得を中心に説明します。ただし、外部リンクだけでなくサイテーション（外部サイトやSNSなどでの引用／言及）でもかまいません。

なぜ、ほかのサイトからリンクをもらうことがSEOになるのか？

外部施策をカンタンにいえば、「ほかのサイトからあなたのサイトへリンクを貼ってもらう」ことです。一時期、SEO対策といえば、この「ほかのサイトからリンクをもらう」というイメージが非常に大きいものでした。

なぜ、ほかのサイトからリンクをもらうことがSEOになるのでしょうか？

くり返しになりますが、Googleのような検索エンジンの立場から考えると、できるだけ有益な情報が掲載されているサイトを上位表示したいと思うわけです。その際、Googleは、「より多くのサイトから、一方的被リンク（相互リンクではない、相手のWebサイトから一方的にあなたのサイトに貼られているリンク）を集めているサイトは、有益なコンテンツが掲載されている」と判断します。また、Googleは「ページランク」という概念で、各Webサイトを評価しています。ページランクはサイトの運営年数や被リンクの状況などで判断されるのです。

GoogleがあなたのWebサイトの評価をする際も、同じように判断されますが、同じ被リンクをもらっている場合でも、ページランクが高いサイトから被リンクをもらっているほうが、あなたのサイトの評価は高くなります。つまり、

「優秀なサイトに評価されている（＝リンクを貼られている）サイトは優秀だろう」

という風に、Googleは判断しているのです。そのため、被リンクを多くもらいたいのですが、いかんせん、相手がリンクを貼ってくれないことにはどうしようもないですよね。というわけで、いかにして**良質なサイトから被リンクを集めるか**が外部施策の基本的なテーマとなります。

リンクスパム（ガイドライン違反）に注意する

Googleはランキング決定の要素として、**被リンクの質や量**を利用しています。それゆえ、Webマーケティングにおいて被リンクの獲得は非常に重要ですが、Googleのガイドラインに反した被リンク獲得を厳しくチェックしています。

Googleは「Google 検索の検索結果ランキングを操作することを目的としたリンク」とリンクスパムと定義し、下記ページにてくわしく言及しています。

> **参考** Google ウェブ検索のスパムに関するポリシー
> https://developers.google.com/search/docs/essentials/spam-policies?hl=ja

同ページにはリンクスパムの具体例も挙げられており、そのうち一部を列挙します。

- ランキングを上げることを目的としたリンクの売買。次のようなページがこれに該当します。
  - ＊リンク自体やリンクを含む投稿に関して金銭をやり取りする
  - ＊リンクに関して物品やサービスをやり取りする
  - ＊特定の商品について記載してリンクを設定してもらうのと引き換えにその商品を送る
- 過剰な相互リンク（「リンクする代わりにリンクしてもらう」）や、相互リンクのみを目的としてパートナーページを作成する
- 自動化されたプログラムやサービスを使用して自分のサイトへのリンクを作成する

このほかにも、「被リンクのアンカーテキストがすべて同じ」「不自然なぐら

い短期間に被リンクを獲得する」なども不正とみられ、ペナルティが課されることがあります。

被リンク獲得は非常に有効ですが、Googleのガイドラインを遵守したうえで獲得していきましょう。

具体的な被リンク獲得手法

王道な被リンク獲得手法は、**ユーザーがリンクしたくなるようなコンテンツ作成**です。独創的なコンテンツは、多くのユーザーに引用される可能性があります。特に、オリジナルで独自の視点を持った記事は、ほかのWebサイト運営者にとっても魅力的です。

記事が引用されることで被リンクを獲得できればベターですが、被リンクがもらえなくてもSNSでの言及（メンション）や引用（サイテーション）されるだけでも効果があります。

コンテンツにはテキストに限らず、プログラムや画像、動画も含まれます。たとえば、補助金の専門家であれば、かんたんな質問に答えることで適切な補助金を教えてくれるプログラムを提供すれば、多くのユーザーがそれをブックマークし、くり返し使うでしょう。

このように、ユーザーが「参考にしたい」「引用したい」「くり返し使いたい」と感じるようなコンテンツを作成することが、オフページSEOの王道です。

それをふまえたうえで、以下のような被リンク獲得手法が挙げられます。

●被リンク営業

被リンク営業とは、ほかのWebサイト運営者に対して、自分のサイトへのリンクをお願いする手法です。リンク獲得には、物品や金銭のやり取りが含まれるべきではありません。それはGoogleのガイドラインに違反します。被リンク営業において、リンクを貼ってもらうための相手のメリットには「相互リンク」や「寄稿」が考えられます。

相互リンク	相互リンクもランキング目的でおこなうとガイドラインに抵触します。しかし、関連性のある記事同士でユーザーのためになる相互リンクであれば問題ありません。
寄稿	専門分野に関連したサイトに記事を提供し、そこから著者のサイトへのリンクを貼ってもらう方法です。

●SNS拡散

SNSで記事を拡散したり、言及や話題にしてもらったりするだけでも、サイトの権威性や信頼性の向上に寄与します。SNSは情報の拡散力が高いため、被リンク獲得の可能性を広げる手段としても有効です。

●競合調査

競合サイトがリンクされているのに、自分のサイトにはリンクがない場合、それは被リンク営業のチャンスです。

なぜチャンスなのでしょうか。それは競合サイトにリンクを送っているWebサイトなどの運営者に対し、あなたのサイトの記事のほうが役に立つこと／専門性・信頼性が高いことなどを伝えることで、あなたのサイトにもリンクをしてもらえる可能性が高いからです。もちろん前提として、あなたのサイトの記事のほうが競合のそれより客観的に高品質であることが必要なのはいうまでもありません。

競合サイトがどのサイトからリンクされているかを調べるには、有償の競合サイト分析ツールが必要です。たとえば、ahrefsやSemrushなどがあります。費用はかかりますが、有効なリンクを獲得するための手段として検討する価値があります。

これらの手法を活用して、効果的な被リンク獲得を目指しましょう。

施策編

第8章

ムダなく最速で
集客を増やす
「Web広告」の秘訣

記事執筆 コンテンツ作成	ソーシャル メディア （SNSなど）	Web広告
SEO ※狭義のSEO		
※広義のSEO		

Webサイトの構築・運用

守りのWebマーケティング

第8章

事例 16

結婚相談所のWeb広告
～アラサー会社員I子が入会するまで

●シーン①

　I子は大手食品メーカーの商品企画部に勤めるアラサー女子です。毎日の仕事はハードですが、楽しくやりがいのある日々を過ごしています。そんなI子のプライベートはというと……大学時代から付き合っていた彼がいましたが、3年前、多忙によるすれ違いが原因で別れてしまいました。以来ずっとフリーなのですが、仕事が充実していることもあって特に寂しさなどは感じていませんでした。

　しかし先日、学生時代の仲良し3人組のX子とY子が相次いで結婚することがわかりました。今現在3人のうち彼がいないのはI子だけ。そんなこともあり、ちょっとだけ焦りに似た感情を感じました。

　次の休日、I子が自宅でX子とY子の結婚祝いを探すために、ギフトを扱うサイトを見ていたとき、サイトの本文下に「タイミングは自分で作る！結婚相談所なら○○」と広告が表示されます。

　「結婚相談所かぁ……」ちょっとだけ気になったI子でしたが、その日は2人へのお祝い品を決める必要があったため、その広告は読み飛ばして商品選びに戻りました。

●シーン②

　ある日の夜、X子の結婚式の2次会の段取りの件で3人が集まりました。ひととおり打ち合わせを終え、夕食をとっていたとき、I子はY子から「いい人いないの？」と聞かれました。X子もY子も、I子が前の彼と別れたことは知っていますが、それ以降のことは知りませ

ん。

　I子は正直に、仕事が充実していて特に焦っていなかったけれど、2人が結婚すると聞き、少しだけ焦るような気持ちになったことを告白しました。

　それを聞いたX子は、「仕事が忙しくても、結婚相談所なら気になったお相手とスケジュールに合わせて会うことができるわよ。年代別とかいろいろあるみたい」とI子に言いました。

　I子はなるほどと思い、自宅に帰ってから検索エンジンで「結婚相談所　30代」と検索してみました。すると、さまざまなWebサイトの情報や広告が……。あたりまえですが、非常に多くの種類の相談所があり、どれを選んでいいかわかりません。

　そんな中、「タイミングは自分で作る！　30代の結婚相談所なら○○」という、どこかで見た記憶のある文言がありました。思わず、I子はその広告テキストをクリック。パーティーの概要を見てみるとなかなかよさそうで、続けて相談所のシステムを見てみました。Webを見る限り信頼できそうな雰囲気であり、もっといろいろ調べてみたいと思ったI子でしたが、明日朝が早いことを思い出しました。

　「今夜は遅いから、また別の日に探そう」そう考えて、その日は寝る準備に入りました。

●シーン③

　平日の朝、始業前にマーケティング関連のポータルサイトをチェックしていたI子は、そのサイトの本文下に、例の結婚相談所の広告が表示されていることに気がつきました。

「こんなビジネス系のサイトにまで広告を出すなんて、大手企業なのかしら。それに、もしかしたら私の仕事に理解がある男性も多いのかもしれない」

　I子は広告をクリックし、結婚相談所のサイトを開きました。さす

がに会社でサイトをみるのはマズイので、URLをコピーしてメール
に貼り付け、自分のプライベートアドレスへ送信しました。夜、自宅
に帰ったI子は、ゆっくりと結婚相談所の入会規約を確認し、入会希
望面談の予約をするのでした。

8-1

中小企業がまず実施すべき Web広告とは

Webサイトを構築したばかりでなかなかアクセスがふえない……。そんなときに使えるのがWeb広告。少額からはじめられ、うまく設計すればあなたのターゲットに近いユーザーだけを誘導できます。将来的にはSEOやSNSで安定的な集客を狙う場合でも、まずは広告ですぐに集客をして、WebマーケティングのコミュPDCAを回すことがおすすめです。

Webサイト作成後はWeb広告を使って集客しよう

第4章では成果が上がるWebサイトの構築方法を説明しました。しかし、じつはどんなに力を入れて構築したWebサイトでも、最初から大きな効果を得ることは不可能です。Webサイトをいったん完成させ、さまざまなユーザーにアクセスしてもらい、そのプロセスや結果を分析ツールなどで把握し、Webサイトの修正や調整をくり返して、本当に成果の出るサイトとなります。

これはつまり「あなたのビジネスに最適化し、研ぎ澄まされたサイトにする」ということです。そのためにもWebサイト公開直後から、お金を払ってでも多くのユーザーにアクセスしてもらうことが必要です。

そこで活用できるのがWeb広告です。さまざまなタイプの広告がありますが、いずれもWeb上のテキストや画像などの広告をクリックすることで、あなたのサイトにネットユーザーを集客することが基本となります。

まずはリスティング広告からはじめよう

リスティング広告とは、先ほどの事例＜シーン②＞に登場するもので、GoogleやYahoo!の検索結果画面に表示させるテキスト広告です。この広告をユーザーがクリックすることで、費用が発生するクリック課金という方式を取っており、画面に表示されているだけでは費用は1円も発生しません。「1日の広告予算を○○円とする」など柔軟な設定ができ、数千円〜数万円の小さい

予算から広告を始めることができます。費用対効果もわかりやすく、現在Web広告の中で主流となっています。

リスティング広告

　検索エンジンの検索結果に表示されるのですから、いってしまえば、「検索結果の上位表示をカネで買う」ということです。検索エンジンで検索しているユーザーの心理には、明らかに「なにかを知りたい・ほしい」という能動的な欲求、明確な顕在需要があります。Web広告を使えば、その欲求や需要に対し、必要であれば数百から数千の検索語句において、あなたのサイトを上位表示できるのです。「ビジネスは時間との勝負」といわれますが、この機能を使わない手はないでしょう。

　リスティング広告利用時に気を付けることは、ユーザーが広告をクリックした後、あなたのWebサイトにアクセスしても、サイトの出来が悪かったりターゲットからズレていたりすると、すぐにユーザーは離れてしまい、コンバージョンにつながらず赤字だけが残ってしまうことです。もし、事例の中で「30代　結婚相談所」と検索したI子が広告をクリックした後、画面に「シニアも安心な結婚相談所」と大々的に書かれたWebページが表示されたら、まちが

いなくI子はその画面から離脱し、検索エンジンに戻るでしょう。

　また、リスティング広告は人気のある手法のため、広告費が上がっていく傾向にあります。しかし、この本を読んでツボを押さえた運用をすれば大きな成果につながるはずです。ぜひチャレンジしてほしいと思います。

　なお、近年では**AIの機械学習を利用したリスティング広告**の自動運用が広がっています。ただ、自動運用をするには「リスティング広告の設定・運用に一定の知見を持ち、手動でも確実に実施できること」が前提となります。そうした知見なしでは、適切な自動運用のPDCAを回せないからです。

　将来的に自動運用を考えている方も、まずは本章の内容をしっかりおさえてください。

Google と Yahoo! のどちらに出すべきか？

　前述のとおり、わが国の検索エンジン市場のシェアは、**Google と Yahoo! の2つで9割以上**を占めています。リスティング広告についても、Google とYahoo!が提供する広告配信システムが代表的なものです。

　前者を「Google 広告」、後者を「Yahoo!広告」といいます。また、これらが提供しているリスティング広告（検索結果連動広告）の正式名称は「検索広告」といいます。これらGoogle と Yahoo!のリスティング広告を比較すると、一部の機能や画面、操作性などが異なります。ただ、基本的にはGoogleのしくみをYahoo!が利用しており、機能追加などもYahoo!がGoogleを後追いしている状態です。よく聞かれる質問に、

「Google と Yahoo! のどちらにリスティング広告を出せばいいでしょうか？」

というものがありますが、結論からいえば、**どちらにも同じように取り組むべき**です。

　そもそも、Google と Yahoo!の検索エンジンを同じ頻度で使っている人はどのくらいいるでしょうか？　あなた自身や周りを見回しても、どちらか1つを使っていることが大半だと思います。つまり、どちらか一方にしか広告を出さないことは、取りこぼしてしまう層が出てしまう、ということです。

「Googleの利用者には男性やITにくわしい人、Yahoo!の利用者には女性やIT
に弱い人が多いので、扱う商品に合わせてどちらにリスティング広告を出すか
決めたほうがいい」

といわれる方もいますが、それぞれの利用者は以前ほど違いがなくなってきて
います。さらに、「ターゲットに合っている」と思った検索エンジンのほうが
競争は激しく、かえって費用がかかってしまった、ということもありえます。
つまり、実際にやってみるまでわからない点が多いのです。

　Googleと Yahoo!のリスティング広告は、どちらも同じ考え方・ほぼ同じ操
作性で実施できるわけですから、まずはそれぞれに取り組んでみて運用しなが
ら、成果が上がるほうの比重を高めていく、といった手法がおすすめです。

Column

広告と PR

よく広告と並んで使われる用語に **PR** というものがあります。あなたは「広告と
PR」の違いをご存じでしょうか？
PRとは「パブリック・リレーションズ」の略であり、おもにメディア関係者との
関係性を構築し、企業や商品を取り上げてもらえるように訴求することです。
一方、広告とはメディアや代理店に金銭を支払い、企業や商品の情報を発信す
ることです。
似たような印象を受けるかもしれませんが、**PRの場合は基本的にお金がかかり
ません**。企業側がメディア関係者にお願いをする、という形になります。メ
ディア側には掲載の義務はなく、メディア関係者たちが「その情報には価値があ
る」と感じれば、メディアに掲載されますし、そうでなければ掲載されないだけ
です。
Webマーケティングと親和性の高いPRといえば、**プレスリリース**が挙げられま
す。プレスリリースは、あなたの会社や商品・サービスについてメディアに取
り上げてほしいことを執筆し、メディアに対して直接情報を発信します。先ほ
どの説明のとおり、あなた自身で原稿を書き、あなた自身が各メディアに発信
すればお金がかかることはありません。一方で、メディアに対する発信代行や
原稿の代理執筆をする業者も多く、そういったサービスを利用すればもちろん
費用がかかります。
新しいWebサイトの立ち上げ時など、本章で学ぶWeb広告は非常に有効に使え
ますが、並行してプレスリリースの活用も検討する価値は十分にあります。

8-2

成約率がアップする
ランディングページの法則

リスティング広告は少額からはじめられますが、コストパフォーマンスを上げるためには知識とスキルが必要です。ここでは、広告効果を最大にする方程式をロジカルに理解したうえで、方程式の構成要素の1つである**成約率の向上**の具体的な手法をみていきましょう。

広告の効果を最大にする方程式とは

　リスティング広告はクリックするたびに費用が発生しますから、1クリックあたりの費用は小さいほうがいいですし、どんなにクリックされても成果につながらないと意味がありません。それでは、**リスティング広告の効果（コストパフォーマンス）を最大にする方程式**とはどのようなものでしょうか？　それは、

【1クリックあたりの費用をDOWN↓】×【成約率をUP↑】

です。たとえば、先の結婚相談所の場合は、「ユーザーが結婚相談所の入会希望面談の申し込みをする」がWeb上の成果でしょうから、できるだけ少ない来訪（＝広告のクリック数）で申し込みが発生したほうがコストパフォーマンスは上がります。考えてみればカンタンなことですよね。

　なお、「1クリックあたりの費用」をWebマーケティング用語で**CPC（コスト・パー・クリック）**と呼びます。また、成約率は第4章で学んだとおり、**CVR（コンバージョン・レート）**です。これらのワードを使って、先ほどの方程式を言い換えると、

【CPC（1クリックあたりの費用）の最小化】×【CVR（成約率）の最大化】

となります。CPCやCVRなどの用語は、Webマーケティングに本格的に取り

第8章 ムダなく最速で集客を増やす「Web広告」の秘訣

戦略編

施策編

組むためにはぜひ覚えてほしいものですが、ここでは、まずはコストパフォーマンスを最大化するための考え方だけしっかり頭に入れてください。

ランディングページはユーザーの検索意図を考えて決めよう

　ここでは、まず【CPCの最小化】と【CVRの最大化】のうち、後者の施策について考えてみます。

　【CVRの最大化】は、ずばり**ランディングページの出来**で決まります。ランディングページとは、ユーザーがほかのサイトや検索結果、**リスティング広告からあなたのサイトに訪問した際に最初に表示されるページ**のことです。特にリスティング広告では、広告がユーザーにクリックされたあと、「どのようなページを表示させるか」を広告単位で自由に設定できるため、ここにどれだけ力をいれるか次第で成果が何倍も違ってきます。

　ランディングページのよくあるパターンとして、企業サイトの「トップページ」が表示される場合がありますが、あまり得策ではありません。たとえば、検索エンジンで「30代　婚活イベント」と入力した結果、表示されたリスティング広告をユーザーがクリックした場合で考えてみましょう。どのようなページが表示されるとユーザーの期待にこたえることができるでしょうか？　この場合の**ユーザーの検索意図**を想像してみます。まさに事例のI子のケースですね。おそらく、

「30代が出席できる婚活イベントにはどんなものがあるのだろうか」
「30代が出席できる婚活イベントを探したい」

　そういった検索意図に違いありません。そうであれば、ランディングページには「30代の方が出席できる婚活イベントの概要」や「これから開催予定の30代向け婚活イベントのスケジュール一覧」など、**ユーザーの検索意図に合致するコンテンツ**を大きく表示するべきです。

　一方、同じようにユーザーが「30代　婚活イベント」と検索して表示された広告をクリックしたときに、婚活イベント運営会社のトップページが出たらどうでしょうか？

一般的には、婚活イベント運営会社のトップページには、さまざまなニーズの婚活イベントに関する情報が掲載されているでしょう。その中には、30代向けだけではなく、20代向け・40代向け・50〜60代向け・バツイチ向けなど、その婚活イベント会社が運営する、すべての婚活イベントに関する情報がまんべんなく掲載されているはずです。

仮に、ユーザーが「婚活イベント」というキーワードで検索したのであれば、すべてのジャンルの婚活イベントを探せるトップページをランディングページにするのもいいでしょう。しかし、明らかに30代の婚活イベントを探しているユーザーに対してトップページを表示させるのはよくありません。ユーザーはさまざまな情報が掲載されているページから30代中心の婚活イベントに関するページを探してそのページに遷移します。これは、直接30代の婚活イベントのページをランディングページにするのと比較して、自分の目で情報を探し出して1つ画面を遷移するという**手間が増える**ことを意味します。そうすると、そのぶん、あなたのWebサイトから離脱する確率が高くなるのです。

ユーザーは検索結果をクリックした後でも、検索で入力したキーワードを意識しています。自分が訪問したページが、自分の求めていたページかどうかを直感的に判断するためです。そんなときに、自分の意識したキーワードとジャストフィットしていないページを見ると、検索画面に戻って、別の広告や検索結果をチェックすることも十分考えられるのです。

以上のように、CVRを向上させるためには、**ユーザーの検索意図とできるだけマッチするランディングページを表示させる**ことが非常に大切です。

成約率（CVR）を上げるランディングページのポイント

前項で述べた、「ユーザーが検索したキーワードとランディングページの内容を合わせる」とは、あなたが多くのキーワードでリスティング広告を出稿するならば、それに合わせて**できるだけ多くのランディングページを用意する**ということです。

ランディングページを作る際、ほかにどのようなことに気をつけるべきでしょうか。ランディングページといえども、基本は「売れるWebサイト」と同じです。ランディングページのライティングにおいても、基本的には第4章P.102の「結果・共感・事実・保証をふまえて書く」を参考にしてください。そ

のうえで、専用のランディングページを作成するときに特におさえておきたいことを説明します。

●1枚もののページを作る

専用のランディングページでは、ページ遷移をなくし、上から下へスクロールして読んでいくだけの**1枚もののページ**がよくみられます。これは、ランディングページからコンバージョンのボタンに至るまでページの遷移が多いと、どうしても途中で離脱するユーザーが一定数でてきてしまうためです。

たとえば、サプリや食料品など、比較的低価格で衝動買いが期待できる商品などには、少しでもコンバージョンを高めるために1枚もののページを利用することが有効です。1枚もののページには、

・できるだけわかりやすい操作にして迷わせない
・一気にコンバージョンのボタン（購入など）までたどりついてもらい、気持ちが盛り上がっているうちにボタンを押してもらう
・ユーザーへのオファーを1つに絞り、迷わず行動させる。たとえば、[購入する] ボタンしか設置しない

などのマーケティングテクニックが使われています。

ユーザーが慎重に比較検討する「高額商品の購入ページ」などでは、このような1枚もののページですぐにコンバージョンに結び付くことは考えにくいですが、そういった商品の場合でも、いきなり購入をコンバージョンに設定するのではなく、「無料小冊子申し込み」「メルマガ登録」（＝リスト収集）など、敷居の低いオファーをコンバージョンとして設定することで、専用のランディングページが活きてきます。

●1枚を長くしすぎない

あまりにも1枚の縦長スクロールにこだわってしまい、ページが縦に長くなりすぎると、かえってユーザーが離脱してしまうこともありますので注意が必要です。このことは、「コンバージョンのボタンをスクロールの一番下だけでなく、途中にも配置する」方法で、ある程度クリアできます。

●画像を使いすぎない

インパクト重視で画像を多く使っていたりすると、ページの読み込みが遅くなることがあります。ページの読み込みが遅くなると、イライラしたユーザーが離脱する怖れがありますし、後述する「広告の品質スコア」もマイナスとなります。ページの読み込み速度にも十分注意しましょう。

●心理法則を効果的に使う

あなたの公式Webサイトには、ユーザーが何度も訪問する可能性があります。信頼性を第一に考え、心理法則は多用しすぎないことが基本です。しかし、専用のランディングページは何度もユーザーが目にするものではありません。また、検索結果からきたユーザーの中には明らかに買う気マンマンの人もいるでしょう。一般的なページより多く心理法則を利用すると、効果が出る場合もあります。

心理法則については第5章の一覧表を参考にしてください。

●SEOを考慮しなくてもいい

Webサイトの既存ページの場合、当然SEOを考える必要があります。また、一度検索結果で上位表示されると、検索結果の順位下落のリスクがありますから、ページに大きな変更を入れにくいものです。

しかし、専用のランディングページは、**広告からの訪問だけ**を考えたものですから、検索結果の順位（SEO）を考慮する必要はありませんし、訪問したユーザー動向を見て、大胆にページを作り替えることも問題ありません。

以上のような工夫をしながら、何種類もランディグページを作っていくことはかんたんなことではありません。しかし、地道にキーワード＋ランディングページのセットを増やしていけば、他社にマネされにくい独自の強みとなります。ぜひ、長い目で育てていく広告戦略を検討していきましょう。

8-3
クリック費用最小化のカギを握る
品質スコア

引き続き、広告効果を最大にする方程式の構成要素についてみていきます。リスティング広告はクリックされるごとに費用が発生するので、**クリック費用の単価をできるかぎり下げる**ことが広告効果の最大化につながります。リスティング広告のクリック費用は非常にロジカルに決定されます。しっかりポイントをおさえて、広告のコストパフォーマンスを上げていきましょう。

キーワードはミドルワードとスモールワードから選ぼう

　リスティング広告には「広告として成果を上げる」目的以外に、「SEOに有効なキーワードを、時間をかけずに探す」という目的もあります。リスティング広告は、何千でも何万でも、多くのキーワードで検索エンジンの上位表示をすぐに実現できるという利点があるからです。

「それなら、なんでもかんでも、思いついたものをかたっぱしから登録すればいいのでは？」

と思ってしまいますが、じつはそうではありません。キーワード選びには、いくつかのポイントがあります。基本的なキーワード候補の選び方は第5章P.145で説明していますが、ここでは【CPCの最小化】＝**リスティング広告のクリック費用を下げるためのキーワード選び**について説明します。

　後述するように、広告のクリック費用は**品質スコア**に影響されます。この品質スコアを上昇させる要因に「広告のクリック率を上げる」というものがあります。

　たとえば、「新宿で開催！　30代の婚活イベント」という広告を出す際、次のキーワードのうち、クリック率が高くなるのはどれでしょうか。

「イベント」(超ビッグワード)
「婚活イベント」(ビッグワード)
「30代　婚活イベント」(ミドルワード)
「30代　婚活イベント　新宿」(スモールワード)

　上記のうち、明らかに検索の総回数が多いのは「イベント」でしょう。しかし、「イベント」という言葉で検索している人の検索意図はさまざまです。たとえば、

「直近で開催されるイベントの種類を知りたい」
「イベントを開催できる会場を知りたい」
「イベントという言葉の語源を知りたい」

など、多種多様な検索意図を持つ人がいそうです。おそらく、「新宿で開催される30代向けの婚活イベントを探したい」という検索意図の人の割合はかなり少ないでしょう。

　つまり、「イベント」というキーワードで検索された場合に「新宿で30代の婚活イベント」の広告を出した場合、検索回数は多いので、**広告の表示回数（インプレッション）は大きくなる**と予想できます。しかし、その広告は「イベント」で検索した人の検索意図と合致しないので、**ほとんどクリックされない可能性が高い**のです。クリック率とは、

実際のクリック数÷広告の表示回数

ですから、この場合クリック率が低下し、結果として品質スコアも低下します。

　一方で、「30代　婚活イベント」のようなミドルワードや「30代　婚活イベント　新宿」のようなスモールワードは、ユーザーの検索による表示回数はビッグワードより少ないでしょうが、検索意図が明確です。高い確率で広告をクリックしてもらえるでしょう。その結果、クリック率は上がるのです。

　以上のように、リスティング広告は**クリック率が高くなると考えられるミド**

ルワードやスモールワードを中心に、多くのキーワードを設定することをおすすめします。

　1つひとつのキーワードの表示回数が小さくても、数が増えれば合計表示回数は十分大きくなります。いくつものマイナーな検索ワードの中から、より高い確率でコンバージョンにつながるキーワードを見つけ出し、SEOで活用していきましょう。

リスティング広告は「入札制」

　「広告」というと、テレビや新聞のイメージから、

「広告＝あらかじめ決められた価格で広告枠を買うものだ」

と思う方が多いのではないでしょうか。しかし、リスティング広告の場合は「あらかじめ決められた価格」ではなく、「入札制」で1クリックあたりの金額が決まります。

　リスティング広告が表示される検索結果画面を思い出してください。検索結果の上部や下部に広告が表示されていました。それらの広告の場所はすべて同じ価値ではありません。下よりは上にある広告のほうが目立ちますし、より多くのユーザーにクリックされる確率が高くなります。つまり、あるキーワードで検索された結果の画面において、どの順番で広告を表示するのかは、広告を表示したい各広告主（各会社）の入札価格によって決まるのです。

　入札は「上限CPC」を何円にするか、という形でおこないます。CPCとは、P.279で説明したとおり、コスト・パー・クリックの略で、「1クリックあたりの費用」という意味でしたね。つまり上限CPCとは「1クリックにつき支払える上限金額」という意味になります。たとえば、「婚活イベント」というキーワードで、複数の婚活イベント運営会社が入札したとします。その結果、

入札金額1位　　A社の上限CPC ＝ 500円
入札金額2位　　B社の上限CPC ＝ 300円
入札金額3位　　C社の上限CPC ＝ 200円

だったとすると、

A社の実際のクリック単価：301円
B社の実際のクリック単価：201円
C社の実施のクリック単価：（入札金額4位の金額による）

となります。つまり、「1クリックあたり何円まで支払えるか」という金額が大きい順に広告の掲載順位が決まることになります。

　しかし、ここで非常に重要なことがあります。上記のように入札金額の順にそのまま広告掲載順位が決まるのは、「品質スコア」が同一の場合です。各広告主はキーワードごとに「品質スコア」という評価を広告システムから受けているのですが、この品質スコアが異なると、数倍〜5倍程度まで、同じキーワードで同じ位置に表示するための入札金額が変わってきます。つまり、品質スコアが低いA社が1,000円かかるところ、同じキーワードで同じ位置を狙うB社は200円で済む、ということが実際に起こるのです。

　これだけコストが変わってくると、勝負にならないのはおわかりでしょう。このようにクリック費用に大きく影響を与える品質スコアとは、いったいどのようなものなのでしょうか。

1クリックあたりの費用を大きく変える「品質スコア」とは

　GoogleもYahoo!も、リスティング広告において、キーワード単位に10段階の「品質スコア」と呼ばれる評価を付与しています。品質スコアは「検索するユーザー」および「広告配信システム（Google、Yahoo!）」の双方に価値がある広告を上位に表示する、という考え方で設定されています。具体的には、以下の3点によって品質スコアが決定します。

①広告のクリック率
②広告とリンク先のページ（ランディングページ）の関連性
③ランディングページの品質

それぞれ説明しましょう。

❶ 広告のクリック率

　表示回数（インプレッション）あたりのクリック数＝**クリック率（CTR）が高い**ほど、ユーザーから好まれる広告と評価されます。また、クリック率が高い広告は、それだけ広告配信元の収入にもつながることになります。

　このような理由から、クリック率が高い広告は、ユーザーと広告配信元の双方に価値があるとされ、クリック率は、品質スコアにもっとも影響を与える指標になっています。

　クリック率を上げるためのポイントは、以下の2つです。

---

(1) ユーザーが入力したキーワードを広告文に含める
(2) ターゲットをはっとさせ、気をひく広告文にする

---

　(1)については、ランディングページの項（P.280参照）でも説明したとおり、ユーザーは検索エンジンに入力したキーワードを強く意識しています。つまり、**広告文にもそのキーワードを含ませる**ことがセオリーです。さらに、リスティング広告では検索キーワードと一致するテキストは、広告文の表示の際、強調して表示されます。より目立つことになるのでクリックも増えるのです。

　(2)については、3-2節の眼鏡屋さんのチラシのコピーと考え方は同じです。リスティング広告のタイトル・本文はわずかな文字数であり、チラシのタイトルやサブタイトルのように「本文（ランディングページ）を見てもらう」という機能に特化しています。

❷ 広告とリンク先のページ（ランディングページ）の関連性

　ランディングページの項で、「ユーザーが検索エンジンに入力したキーワードと関連性の低いランディングページは、コンバージョンにつながりにくいし、場合によってはユーザーが離脱する」という説明をしました。また、さきほど広告文に検索キーワードを含ませることの必要性についても説明しました。

つまり、「ユーザーの検索キーワード」「広告文」「ランディングページ」の3つの関連性が強く求められています。このように考えれば、品質スコアの評価に「広告とランディングページの関連性」が関係することも理解できるでしょう。

　関連性を高めるためには、ユーザーがランディングページを見たときに「検索キーワードと関連があるページだ」と印象を与えることはもちろん、SEOと同じ考え方を取り入れることも重要です。SEOの施策には「このページはなにについて書かれてあるのか」を検索エンジンに対して明らかにする目的があります。必要な施策ができていれば、検索エンジンと同様、広告配信システムも「そのページに書いてあることは、広告文との関連性が高い」と判断するでしょう。その結果、高い評価を得ることになります。

　具体的にいうと、ランディングページのタイトルタグ、メタタグ、見出しタグに検索キーワードを入れたり、本文中に検索キーワードや関連語を含ませたりするのです。くわしくは、第7章をご覧ください。

❸ランディングページの品質

　これもランディングページの項で説明しました。ランディングページが重く、読み込みに時間がかかるようだとユーザーはイライラします。そのぶんだけユーザーの離脱が増加しますので、価値が低くなるといえるでしょう。GoogleやYahoo!など広告配信システムは、そのようなランディングページが設定されていると品質スコアを低下させます。

　なお、読み込み速度が遅いとマイナスポイントになりますが、読み込み速度が速いからといってプラスポイントになるわけではありません。

品質スコアをアップさせるリスティング広告の設定法

　前項の「品質スコアの3つの決定要因」のうち、②、③はランディグページの状態に左右されます。リスティング広告の設定を工夫することで改善できるのは、「①広告のクリック率」です。

　それでは、広告のクリック率を改善するためには、リスティング広告をどのように設定すればいいのでしょうか?

実際に設定する前に、まずは「リスティング広告の構造」を把握しましょう。リスティング広告の構造はGoogle、Yahoo!とも同じで、アカウントを開設後、最初に「キャンペーン」を作成し、続いて「広告グループ」「キーワード」と作成していきます。この「キャンペーン」「広告グループ」「キーワード」は階層構造になっています。

<u>リスティング広告の構造</u>

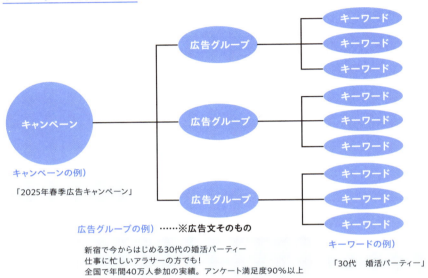

　それぞれについてポイントを説明しましょう。

●キャンペーン

　広告を管理する**もっとも大きな単位**です。「予算」や「出稿地域」、「出稿期間」「1日のうち出稿する時間帯」などでキャンペーンを分けると広告を管理しやすくなります。

　また、デバイス（PCかスマホかなど）ごとにもキャンペーンを分けることをおすすめします。デバイス単位でキャンペーンを分けておくと、たとえば広告を運営していて「この広告はPCよりスマホのほうが反応がいいから、スマホにより大きな予算をふりわけよう」などといった施策がしやすくなります。

●広告グループ

1つの広告グループにつき、**広告文（出稿する広告）を1つ設定**します。たとえば「30代向けの婚活イベント」と「50～60代向けの婚活イベント」では、それぞれユーザーに刺さる広告文が変わるのでグループを分ける、などです。

このように設定することで**「キーワード≒広告文≒ランディングページ」の関係**が作りやすくなり、結果としてクリック率の増加、品質スコアのアップが実現しやすくなります。

●キーワード

上位のグループに登録した広告文を、**どのようなキーワードで検索されたときに表示させるか**を設定します。たとえば、以下のような例が挙げられます。

広告文例

新宿で今から始める30代の婚活イベント

仕事に忙しいアラサーの方でも……

全国で年間40万人参加の実績。アンケート満足度90％以上

キーワード候補

「30代　婚活イベント」

「アラサー　婚活イベント」

「新宿　婚活イベント」

「新宿　30代　婚活イベント」

以上をまとめると、

①予算、地域、期間、デバイスの単位でキャンペーンを分ける

②広告グループ1つに、広告文を1つ

③キーワードは広告文のテキストと親和性の高いものとする

この3点を守って広告の設定をすれば、おのずと品質スコアが高くなりま

す。GoogleとYahoo!それぞれの広告は、以下から開始できます。

Google広告

https://ads.google.com/intl/ja_jp/home/

【公式】Yahoo!広告

https://www.lycbiz.com/jp/service/yahoo-ads/

また、実際の操作方法は以下を参考にしてください。

参考 Google広告ヘルプ
https://support.google.com/google-ads/

参考 Yahoo!広告ヘルプ
https://ads-help.yahoo-net.jp/s/?language=ja

　ここまで読んできたあなたは、「最小の費用で最大の効果を出す」リスティング広告の活用方法がわかったはずです。しかし、最初から大きな成果を上げることはなかなかできません。というのも、リスティング広告は「仮説を立てて実行し、結果を見て修正する」という、まさに**PDCAをまわしながら成果を上げていく広告**だからです。つまり、日々の地道な運用の結果、大きな成果を手にすることができます。

　それでは、どのように運用をしていけばいいのでしょうか。次の事例では、リスティング広告を使って事業を大きく成長した会社の様子を見てみましょう。

第8章

事例 17

婚活イベントのWeb広告
～目標値を決めて試行錯誤。売上10億円に

●状況

　保険代理店のJ社は、もともとお客様のうち独身の方向けサービスとして実施していた「婚活イベント」を、事業として本格的に実施していくことになりました。発生する費用は会場費とバイト代、諸経費など。毎回、きちんと参加者が集まれば、十分収益化可能です。

　事業を始めた当初こそ、お客様のクチコミで参加者が集まりましたが、次第に参加者が減っていき、定員20名のはずが数名しか集まらないこともありました。売上が費用に及ばないばかりか、人数不足による参加者の不満の声もあがるようになったのです。

●施策

　「婚活イベント」専用のWebサイトを作ってリスティング広告で集客することにしました。イベントから得られる利益の範囲でリスティング広告をして、定員分の人数を集客することが事業化の最初の目標です。

●結果

　J社はまず1回あたりのイベントで使えるリスティング広告費を次のように算出しました。

①広告で利用できる最大金額	60,000円
②必要な広告クリック数	500回
③必要インプレッション（広告表示回数）	25,000インプレッション
④1クリックに支払える費用	120円

　この目標値を定めたうえで、クリエイティブ（画像やテキスト）・出稿媒体・出稿時間などをテスト（A/Bテスト）するなど試行錯誤をつづけた結果、1回のイベントから得られる利益の範囲で十分に目標人数を集客できるようになりました。あとは各地でイベントを開催し、事業の規模を広げる（スケールアップする）だけです。

　5年後、J社は47都道府県すべてにおいてイベントを開催、365日いつもどこかの会場では婚活イベントが実施されている状態になりました。現在、お見合いパーティー事業の売上は10億円を超え、業界のリーディングカンパニーへと成長しています。保険代理店事業の何倍もの規模になっています。

8-4

「利益を出すための計算」をしよう

前節までに広告効果を最大化する方程式の考えかたと、1クリックあたりの広告費用の削減および成約率向上の具体的手法を学びました。ここからはいよいよ実践。広告効果をどんなに上げても、最終的に利益がでなければ意味がありません。利益を出すための実践的な思考法を確実におさえましょう。

広告費は「費用」ではなく「投資」として考える

　リスティング広告に限らず、Web広告を実施する際に「費用」と考えると、うまくいきません。たしかに広告である以上、お金が出ていくことは避けられませんが、「費用」ではなく「投資」と考えるべきです。

　費用と投資、どう違うのでしょうか。投資とはきちんとリターンを計算することが前提になっています。つまり、

「今回、××円使った（投資した）ならば、○○円の利益が発生するはずだ」

という確度の高い計算ができていて、はじめて投資になります。言うなれば、投資とは先に払ったお金よりも、後からより多くのお金を手にすることです。投資という考え方にもとづいて広告を実施することが、ビジネスの拡大につながるのです。

J社が事業拡大に成功した理由

　それでは先ほどの事例のJ社はどのようにしてビジネスを拡大していったのでしょうか。その内容を見てみましょう。まず、前提となる状況は次のとおりでした。

婚活イベント開催に関するもの

①定員は20名

②参加費用は4,000円（ここでは男女同額とします）

③1回のイベントの開催費用（会場代、人件費、その他）は20,000円

これまでのリスティング広告の実績

④広告が表示された回数のうち、2%クリックされている

⑤広告をクリックした人のうち、4%が婚活イベントに申し込んでいる

このような場合、どのような計算が成り立てば利益が出るビジネスになるでしょうか？ まず婚活イベントの売上は、

参加費（4,000円）×定員（20名）＝売上（80,000円）

となります（定員まで集客できた場合）。また、1回の婚活イベントで発生する開催費用は20,000円ですから、1回の婚活イベントによる利益は、

売上（80,000円）－費用（20,000円）＝利益（60,000円）

となります。つまり、集客費用として使える最大値は**利益の60,000円まで**となります（もちろん、60,000円すべて使ってしまっては、利益が0なので婚活イベント開催してもくたびれ損、ということになりかねませんが）。

ここで、集客にはリスティング広告を使うわけですから、最大60,000円以内で20名の申し込み（コンバージョン）を獲得することが必要です。前提⑤では、「広告をクリックした人のうち、4%が申し込み（コンバージョン）している」ということでした。これは、「CVRが4%である」ということです。

今回、コンバージョンが20（定員数）必要であり、そのために必要な広告のクリック数は、以下の計算式で求めることができます。

必要な広告クリック数＝コンバージョン数÷CVR

＝ 20 ÷ 0.04 ＝ 500 クリック

つまり、**広告が500回クリック**される必要があります。また、広告が500回クリックされるために、必要な広告表示回数（インプレッション）は、④より以下の計算式で求めることができます。

必要インプレッション＝クリック数÷クリック率（CTR）
= 500 ÷ 0.02 = 25,000 インプレッション

　以上より、500回広告がクリックされるには、**広告が25,000回表示**される必要があることがわかりました。また、1クリックに支払える費用の上限は、

広告費用として支払える上限金額（60,000円）÷必要なクリック数（500回）= 120円

となります。以上のように、リスティング広告の平均CPCを120円以下におさえ、かつ25,000回広告を表示させることで、婚活イベントが黒字化できる、という計算が成り立ちます。J社はこのようなビジネスプランをたて、次々と婚活イベント開催地と開催頻度を増やし、ビジネスを拡大していったのです。
　計算式をまとめると、以下のようになります。

---

①広告に利用できる金額を算出する（売上－費用＝利益が使える金額の上限となる）
②必要な広告クリック数を「必要なコンバージョン数÷CVR」で求める
③必要インプレッションを「必要なクリック数÷クリック率」で求める
④1クリックに支払える費用を「広告で利用できる金額÷必要なクリック数」で求める

　ぜひあなたも、「利益を出すための計算」をしっかりとして、ビジネスプランをたてるようにしてください。

Column

リスティング広告と広告代理店

リスティング広告の設定や運用には、大きく分けて2つの方法があります。

①あなた（の会社）自身で設定・運用する
②広告代理店に依頼する

②のリスティング広告を取り扱っている代理店は数多くあります。代理店への手数料は支払額の20%が一般的です。たとえば、10万円を支払うと8万円分を広告費として活用し、代理店が2万円を受け取る、という形です。広告代理店へ依頼するメリットとしては、「代理店のノウハウを活用できる」「日々の運用業務が不要」などが考えられます。

多くの企業にとって、リスティング広告の運用業務は中核となる業務ではないでしょうから、「お金を払ってでも代理店に任せたい」と思われることも多いでしょう。しかし、よく考えてみてください。代理店は「リスティング広告の設定の仕方や運用のプロ」であっても、「あなたの業界・業務のプロ」ではありません。特にキーワード選びなどは、その業界・業務に精通していないと、なかなか適切にできない面があります。

ですので、仮に人手が足りずに代理店に任せるのだとしても、すべてをまかせっきりにするのではなく、特に設定や日々の運用の評価などでは、主体的にあなた（の会社）も参加しましょう。

本章でははじめての方でもリスティング広告で成果を出せるよう、できるだけわかりやすく説明しています。代理店を利用する場合も、ぜひ本書の内容をふまえ、代理店とともに取り組みましょう。それが成果を出すことにつながります。

第8章 ムダなく最速で集客を増やす「Web広告」の秘訣

戦略編

施策編

8-5

広告の運用／評価ツールを使いこなす

前節で学んだ広告運用（実践）の思考法にもとづき、本節では**広告運用／評価ツールの具体的な使い方**について見ていきます。非常に多機能なツールですが、重点的にみるべきポイントは決まっています。そのポイントをおさえ、少額からPDCAを回すことをつづけることで、大きな成果につながるはずです。

広告の評価でチェックする項目を確認する

　あまり専門用語は覚えたくないかもしれませんが、広告の評価をする際に、やはり**覚えておいてほしい用語（項目）**があります。広告評価ツールを使ううえでも必要ですし、専門家に相談したり専門書を読んだりする際にも、必要最小限の項目の意味を押さえておくと、格段に業務がはかどります。

　ほとんどがすでに出てきたものです。一覧にしますのでこれを機会に覚えてしまいましょう。数も多くないので、ぜひチャレンジしてみてください。

クリック単価（CPC）	1クリック当たりの費用のこと。CPC＝コスト・パー・クリックの略
クリック率（CTR）	表示された広告がクリックされる確率のこと。CTR＝クリック・スルー・レートの略
コンバージョン	Webサイトの目的である「ゴール、成約」を達成すること。コンバージョンには「購入」や「お問い合わせ」などがある
コンバージョン率（CVR）	広告がクリックされた回数のうち、コンバージョンを達成した割合。CVR＝コンバージョン・レートの略
インプレッション	広告の表示回数のこと

顧客獲得単価（CPA）	1つのコンバージョンを獲得するためにかかったコストのこと。総費用÷コンバージョン数で求められる。コンバージョン単価ともいう
品質スコア	出稿するリスティング広告に対して、キーワード単位に10段階に設定される品質評価

コンバージョンタグを設定する

リスティング広告を始めると、インプレッションやクリック単価、クリック率などは特になにもしなくても管理画面に表示されるようになります。

しかし、コンバージョンについては、「コンバージョンタグ」と呼ばれる専用のタグをあなたのWebサイトに設定しない限り、管理画面には表示されません。具体的には「問い合わせ完了画面」や「購入完了画面」（いわゆるサンキューページ）のソースコード（HTMLコード）にコンバージョンタグを貼り付けます。それにより「広告をクリックしたあと、そのユーザーがコンバージョンを完了した」ことがわかるようになるのです。

利益を出すための計算を立てるためにも、コンバージョンの取得は欠かせません。コンバージョンタグの設置はリスティング広告の運用に必須、と心得ましょう。

Google広告とYahoo!広告のコンバージョンタグの設定方法は下記を参考にしてください。

参考 Google広告　ウェブサイトでのコンバージョン トラッキングを設定する
https://support.google.com/google-ads/answer/6095821/

参考 Yahoo!広告　コンバージョン測定の新規設定（ウェブページ）
https://ads-help.yahoo.co.jp/yahooads/ss/articledetail?lan=ja&aid=1161

管理画面は構造さえおさえれば怖くない！

リスティング広告にはじめて取り組む方にとって、管理画面をチェックできるようになることが1つの大きなハードルです。

リスティング広告の管理画面

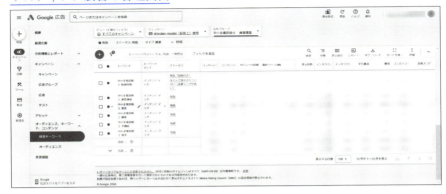

たしかに、いきなりこんな細かい表をみせられて、すんなり受け入れられる人は少ないかもしれません。なかには、「リスティング広告恐怖症」になってしまう人もいるようです。しかし、リスティング広告の管理画面は、その構造さえ知ってしまえばかんたんにチェックできます。

リスティング広告の管理画面でまず見るべきは、管理画面の左側にある「キャンペーン」メニュー中の「キャンペーン」「広告グループ」「広告」のタブ、そして「オーディエンス、キーワード、コンテンツ」メニュー中の「検索キーワード」です（下図）。

管理画面左側メニュー

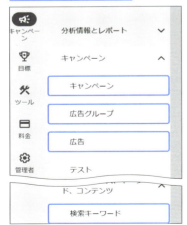

画面右のメインエリアは、タブで切り替えることにより、「キャンペーン」「広告グループ」「広告」「キーワード」の明細（詳細情報）の一覧表示を確認することができます。たったのそれだけです。

「キャンペーン」「広告グループ」「広告」「キーワード」の関係については、P.290で説明しました。そのときのおすすめは**1つの広告グループの中に、広告（文）は1つだけにする**ということでした。覚えていますか？

つまり、実質は「キャンペーン」と「広告」、「キーワード」の3つのタブを切り替えながら、それぞれの詳細をチェックするだけなのです。これならかんたんですよね。

「キーワード」の明細チェックの3つのポイント

管理画面ではまず、**「キーワード」の明細**からチェックしていきましょう。キーワードのチェックが一番わかりやすく、しかも重要です。さまざまな項目が並んでいますが、チェックするのはP.300で一覧表示した項目が中心です。

まずは、以下3つのポイントだけ押さえてください。

❶効果的に集客できているか？

「クリック数」や「クリック率」が高いキーワードをチェックしましょう。特に「クリック率」が高いキーワードは有望です。そのキーワードの「上限クリック単価（CPC）」と「平均クリック単価（CPC）」、「平均掲載順位」を確認してください。

上限クリック単価（CPC）	あなたが「この金額までだったら払ってもいい」と考える金額でしたね。現在では統計データやコンバージョンデータにもとづく自動入札が一般的になってきていますが、ここでは広告運用の正しい考え方を理解するため、手動入札のケースで考えています。
平均クリック単価（CPC）	実際のクリック費用は、上限クリック単価の範囲内で、ライバルの入札価格や品質スコアで決まるものでした。「平均クリック単価」とは、実際に発生したクリック単価の平均です。
平均掲載順位	あなたの広告が、検索結果画面で何番目に表示されているか、ということです。

　クリック率が高く、掲載順位がまだ上昇する余地があるものは、「上限クリック単価」を上げることで、さらにクリック率が高まる可能性があります。後述のとおり、コンバージョン率が低い場合は問題ですが、より多く予算を割くことも検討しましょう。

　一方、クリック数が多いものは、「インプレッション（表示回数）」と「クリック率」を確認してください。インプレッションが多すぎる＝クリック率が低い場合、品質スコアに影響が出ることがあります。キーワードと広告がマッチしていない可能性がありますので、チェックしてみてください。

❷効果的にコンバージョンできているか？

　つづいて、「コンバージョン」「コンバージョン率（CVR）」「顧客獲得単価（CPA）」をチェックしてみてください。

　コンバージョン率が高いものは有望です。「平均掲載順位」が低いようであれば、上限クリック単価を上げて、品質スコアに磨きをかけることによって、さらにコンバージョンを伸ばすことができるでしょう。また、コンバージョン単価が安いものも有望です。これも上限クリック単価をあげるなど予算を多く振り分けることを検討しましょう。

　一方、コンバージョンが多いものは、「顧客獲得単価」を確認してください。もし、コンバージョンが多くても顧客獲得単価が高ければ、効率が悪い販売を

していることになります。上限クリック単価を下げたり、品質スコアに磨きをかけたりするなど対策をして様子をみましょう。

また「コンバージョン率」「コンバージョン」が少なくて「顧客獲得単価」ばかり大きくなっているものをチェックしましょう。これは、ひとことでいえば赤字を垂れ流している状態なので、上限クリック単価を落とす、入札を止めるなどの対応が必要です。

❸「クリック率」が高いのに「コンバージョン率」が低くないか？

広告の「クリック率」が高いということは、その広告が検索ユーザーから受け入れられているということです。それなのに「コンバージョン率」が低ければ、クリック後に遷移したランディングページがユーザーに響かなかったということです。

その場合は、あなたのランディングページを疑ってみてください。ランディングページが、

「その広告をクリックしたユーザーのマインドを本当につかむものになっているか」

をぜひ第三者的な視点でチェックしてみましょう。

リスティング広告のチェックについては以上です。一見難しく見えるかもしれませんが、この章で説明したとおり「リスティング広告の考え方」と「チェックのポイント」さえ押さえれば、すぐにある程度の成果を出せるようになります。

そしてリスティング広告の運用でもっとも大切なこと……それは、

そのキーワードで検索しているユーザーはいったいどのようなマインドなのか

をきちんと想像できることです。リスティング広告で大きな成果を出している人は、まちがいなくユーザーのマインドを深く理解しています。そのことを忘れないでください。

8-6

さまざまなWeb広告の強みを理解して使いこなす

ここまでリスティング広告を中心にみてきました。リスティング広告以外の
Web広告も、それぞれに特徴があります。たとえば、「あなた（の会社）のこと
を知らないユーザーを誘引する」「リピーターのみに働きかける」などの強みを
持つものがあります。それぞれのWeb広告の強みを知ることで、さらに強力
なWebマーケティングが実践できることでしょう。

ディスプレイネットワーク広告とリマーケティング広告

　本章の最後に、リスティング広告以外のWeb広告について説明します。
特に、ディスプレイネットワーク広告とリマーケティング広告は、P.272の
事例のとおり、リスティング広告と組み合わせるとさらに高い効果が期待でき
ます。ぜひ概要だけでもおさえておきましょう。

●ディスプレイネットワーク広告（コンテンツ向け広告）

　ポータルサイトやQAサイト、個人ブログなどで画像や動画、テキストなど
で構成される広告を見たことがあると思います。それらのうち、広告配信シス
テムを利用して表示されるものがディスプレイネットワーク広告です。
GoogleやYahoo!が提携しているWebサイトに配信しているものが代表的です
が、それ以外にもさまざまな企業が配信しています。

　P.272の事例＜シーン①＞で、I子がなにげなくギフトのサイトでプレゼント
を探しているときに表示されていましたね。リスティング広告が「ユーザーが
検索するとき」に表示される広告に対し、ディスプレイネットワーク広告は
「ユーザーがコンテンツを読んでいるとき」に表示されます。

　前述のとおり、リスティング広告はユーザーの顕在需要を取り込むものでし
た。一方、ディスプレイネットワーク広告は、まだユーザーが自分の欲求をぼ
んやりとしか意識していない状態、つまり気の向くままにWebを閲覧してい
るときに表示させることができるため、潜在需要を取り込むものといえます。

306

ディスプレイネットワーク広告は、Webサイトの内容にマッチする広告や、Webサイトを閲覧しているユーザーの興味関心を類推したうえで適する広告を配信システム（GoogleやYahoo!など）が判断して配信します。さらに広告出稿者のほうできめ細かく配信先Webサイトを指定することもできます。事例では、「結婚お祝いを探している人→新郎新婦の友だちのように適齢期の方が多い」と考え、ウエディングギフトのページに結婚相談所の広告を配信しています。この広告もクリック課金方式を採用しています。

　ディスプレイネットワーク広告は、見た目はバナー広告（P.310参照）と変わりませんが、こちらももちろんクリックするまで、いっさい費用はかかりませんので、無料で認知を広げる効果もあるといえるでしょう。

ディスプレイネットワーク広告の例

● リマーケティング広告

　リマーケティング広告は正確にはディスプレイネットワーク広告の一種です。ではなぜ、この広告だけ取り出して個別に説明しているのでしょうか。それは、この広告が

「一度あなたのWebサイトに訪問した人を狙い撃ちして広告表示できるから」

です。P.272の事例＜シーン③＞に登場した広告で、I子が始業前にマーケティングのポータルサイトをチェックしていたときに、前の晩にアクセスした

結婚相談所の広告が表示されていました。

　第4章で説明したとおり、ネットユーザーはあなたのサイトを一度訪問しただけでは「購入」や「問い合わせ」などのコンバージョンまでいく確率は決して高くありません。ほかのサイトも含めて何度も検索をくり返し、自分が納得するサイトでコンバージョンをおこないます。そんなユーザーに継続してアプローチするため、リストを取得することが必要です。

　しかし、どんなによくできたリスト取得のしかけでも、訪問者の10％を超える数のリストが取得できれば上出来といえます。特に、前述のとおりWebサイト構築直後はまだまだ成果が上がるサイトとはなっていません。サイト構築直後では、リスト取得率1％未満ということもザラにあるのです。

　一方でリマーケティング広告をすれば、一度訪問したほとんどのユーザーに広告を見せることができます。はじめはリマーケティング広告であなたのWebサイトへの再訪を促し、一定のアクセスのある中でサイトの分析と修正をして、サイトそのものやリスト取得のしくみを精緻化していき、広告に頼る比率を徐々に小さくしていく……これが、最初から結果を出し、長期的に結果を出し続けることができる方法です。

5つの顧客階層・AISASモデルと広告の関係

　続いて、リスティング広告とディスプレイネットワーク広告、リマーケティング広告の3つが、第3章でみた「AISASモデル」や「顧客階層」と比較して、どのように位置づけられるのか見てみましょう。「AISASモデル」とは、一般消費者の代表的な購買プロセスをモデル化したものでしたね。

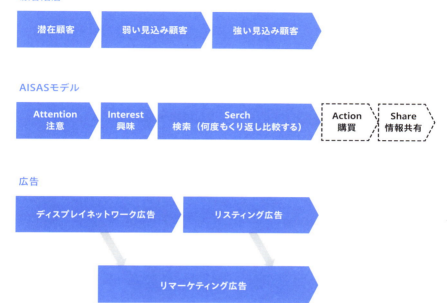

顧客階層と購買モデルとの比較

上図のとおり、この3つの広告を組み合わせることにより、顧客階層でいえば「潜在顧客から強い見込み顧客まで」、AISASモデルでは「注意～検索」までを網羅します。

なかでも、「①あなたのサイトを知らないユーザーを訪問させる」「②一度訪問したユーザーに再訪を促す」という、**Webサイト単体ではもっとも不得意な部分をカバーする**ことができるのです。どんなにWebサイトのコンテンツに自信があっても、来訪されなかったり存在を忘れられたりしてはユーザーを育てていくことはできません。

Webマーケティング開始直後から最短で成果を出すためには、**当初からこの3つの広告を活用**して集客し、少しずつ結果を出しながら並行してサイト分析して、より成果の上がるサイトへと育てていくことが必要です。

なお、一度あなたの商品を購入したユーザーはリストが手に入るため、未購入ユーザーほど広告の必要性は高くないと思われますが、特にリマーケティング広告はリピーター育成に有効な場合もあります。

Facebook広告／Instagram広告

Facebook と Instagram はどちらも Meta社（旧Facebook社）が運営しています。1つの管理画面から、PCやスマホのFacebook本体はもちろん、Facebook メッセンジャーやFacebookと連携したアプリやWebサイト、Instagramにまで出稿できます。

静止画や動画はもちろん、それらを組み合わせたり、スライドショーとして見せたりするなど、表現力の幅が広いことが特徴です。基本的にはクリック課金ですが、表示回数による課金やアプリのダウンロード回数に対する課金などを選べる場合もあります。

Facebook広告／Instagram広告は、ユーザー登録情報をもとに広告主が狙いたいターゲットを細かく指定して、それに合致するユーザーの画面に配信されます。Facebook／Instagramはユーザーの多種多様な属性情報を保持していますから、地域・年齢・出身校・趣味趣向など、ターゲットを細かく絞ることができるのです。

そのほかのWeb広告と活用のポイント

Web広告にはさまざまな種類があり、すでに説明した4つのほかにも以下のようなものがあります。いずれもWebマーケティング開始当初に必須のものではありませんが、使い方次第では大きな効果を出すことができます。

ここでは各広告の概要と、その広告を利用する際に特におさえておきたいポイントに絞り、簡潔に説明します。

●バナー広告

多くのユーザーが閲覧するポータルサイトなどにバナー画像を貼らせてもらう広告です。

Web広告の中で、もっとも従来の広告のイメージに近い広告です。見た目はディスプレイネットワーク広告と変わりませんが、こちらは動的に表示内容が配信されるものではありません。リスティング広告などと違い、出稿するだけで定額費用を払う必要があり、また、その費用も著名なサイトであれば数十万円と、だれでもかんたんに出稿できるレベルとはいえません。また、費用

が高いぶん、出稿してみるまで成果が見えないというリスクがあります。

　一般にバナー広告は、あなたの扱う商品やサービスに適確にマッチした場合には大きな成果を出す場合もありますが、なかなかそういった媒体を見つけ出すのは難しいものです。ただし、昨今ではバナー広告の人気も落ちてきたため、交渉次第では低価格で広告を出すことも可能でしょう。

　長いスパンで最適な媒体をコツコツと探していく心づもりで取り組むべき広告です。

●メール広告

　著名なメルマガや部数が多いメルマガの冒頭や文末に、あなたの商品やサービスについての広告を掲載してもらう手法です。以前は効果が高い広告として位置づけられていましたが、現在ではメルマガは以前ほど読まれない傾向にあるので、効果を出すのは難しくなっています。

　バナー広告と同じく、あなたの商品・サービスに適確にマッチするメルマガであれば大きな効果を発揮する場合もありますが、長期戦であることを自覚して腰を据えて取り組む必要があります。

　こちらもそれなりの初期費用がかかる（十万円〜）のが一般的ですが、交渉次第で価格を下げることができるのもバナー広告と同じです。

●記事広告（Webメディア）

　ポータルサイトやニュースサイトなどのWebメディアの記者に、客観的に商品やサービスを紹介する特集記事を書いてもらう広告です。選んだ媒体とあなたのビジネスの相性、媒体の影響力、および記事の出来（＝記者の執筆力）次第で、バナー広告よりも効果は高くなります。

　また、Webメディアがインターネット上で価値あるメディア（Googleに高い評価をもらっているメディア）であれば、そこからリンクを貼ってもらうことによるSEO効果もあります。よく格安での記事広告掲載をうたうメディアもありますが、影響力がまったくなく効果が出ない場合もありますので、料金と効果のバランスを考えて実施することが重要です。

●アフィリエイト広告

　「アフィリエイター」と呼ばれる人々のブログやWebサイトに、あなたの商

品・サービスの紹介記事を書いてもらい、そこからあなたの販売ページにリンクを貼ってもらいます。その後、ネットユーザーがアフィリエイター経由で、あなたの販売ページを訪問し商品・サービスを購入した場合に、アフィリエイターに販売手数料を支払うタイプの広告です。広告というよりは、成果報酬型の販売代理店に近いイメージです。

　商品・サービスを販売するためには、数多くのアフィリエイターを集める必要があります。そのために、ASP（アフィリエイト・サービス・プロバイダー）という仲介会社に登録（有料）することで、多くのアフィリエイターにあなたの商品・サービスを取り扱ってもらうようにアピールすることができます。

　毎月数万円程度のASP登録料以外には成果報酬のみ支払が発生しますので、リスクが少ないように思えるかもしれません。しかし、多くのアフィリエイターにサービスを理解してもらい、彼らのWebで紹介（アフィリエイト）を始めてもらうためには、それなりの手間と時間がかかります。また、あなたの商品・サービスの紹介の仕方について、あなたの意図しない方法で紹介されるケースもあり、アフィリエイター1人ひとりとの関係構築や統制など、それなりのノウハウも必要となります。

　Webマーケティング開始後、すぐに結果を出すことは難しく、長い期間腰を据えて取り組む姿勢が必要です。

施策編

第9章

リスクを回避する
「守り」のマーケティング

| 記事執筆 コンテンツ作成 | ソーシャル メディア （SNSなど） | Web広告 |
| SEO ※狭義のSEO | | |

※広義のSEO

Webサイトの構築・運用

守りのWebマーケティング

9-1
急にアクセスがこなくなったら
……SEOの対策と分析

Googleはユーザーに価値あるWebサイトを上位表示させるため、「価値がない
のに価値があるように装うサイト」を検索結果上位から排除したいと考えてい
ます。具体的には、ガイドラインを違反したWebサイトに、ペナルティを与
えるなどの施策をとっています。本節ではペナルティとその対策について、み
ていきましょう。

もしGoogleのペナルティをもらったら

　ある日突然、あなたのWebサイトが検索エンジンの結果表示に表示されな
くなった。あるいは、順位が大幅に落ちた……。

　こうした場合、以下3つの要因が考えられます。

●Googleのアルゴリズムに変更があった

　Googleは日々アルゴリズムを変更しており、ペナルティと関係なく順位が
動くこともあります。また、順位の大幅な下落等は一時的なものであることも
多いです。

　心あたりがなければ、あたふたせず、2週間程度様子をみることも必要で
す。仮にGoogleのコアアップデートなど大幅なアルゴリズム変更であれば、
GoogleからX（旧Twitter）で実施が広報されたり、変更が入って数日以内に
SEO会社のコラムやSEOに強い個人ブロガーの記事に関連する投稿がされた
りしますので、そういった情報に注意しておきましょう。

●自動判定に抵触した

　もし、アルゴリズムの変更ではなくて、様子を見ても順位が戻らない。ある
いは、心あたりがあれば、ペナルティを受けている可能性があります。そのう
ちの1つが、Googleアルゴリズムが「ガイドラインに違反している」と自動判

定した場合です。

　自動判定に抵触した場合は、**Googleからサーチコンソールに通知がきません**。自動判定に抵触したと思いあたる箇所を修正していきます。正しい対応ができれば、検索結果表示が戻ることもありますが、かならずしも以前と同じ順位に戻るとは限りません。

　ちなみに、Googleアルゴリズムの自動判定に抵触することを「自動ペナルティ」と表現することがあります（なお、Google公式はアルゴリズムによる自動判定に抵触することをペナルティとは表現していません）。

●手動ペナルティ判定に抵触した

　Googleの担当者の目視による**手動ペナルティ**を受けるケースもあります。検索結果から表示されなくなるなどの厳しいペナルティは、この手動ペナルティの場合だけです。

　手動ペナルティの場合は、**サーチコンソールに通知がきます**。通知の内容に従い、適切な処置などをして、あらためて再審査リクエストすることが必要です。

> **参考** 再審査のリクエスト
> https://support.google.com/webmasters/answer/35843

　再審査に合格した場合、再度Googleにインデックスされることになりますが、不合格が続く場合、新しいドメインでのWebサイトの再公開をすることになります。もちろん、再公開したとしても、以前と同じようにGoogleから評価されて検索エンジンからの流入が戻るには、少なくとも半年～1年以上はかかってしまいます。ペナルティの怖さを自覚し、極力そのような事態を受けないような、ユーザーにもGoogleにも好まれる施策を心がけましょう。

ネガティブSEO（逆SEO）対策は原則不要

　ネガティブSEO（逆SEO）とは、悪意のある第三者が、競合サイトの検索エンジン順位を下げるために、大量の低品質な被リンクを送信する行為です。結論から言えば**ネガティブSEO対策は原則不要**です。

　Googleは、ネガティブSEO対策に力を入れており、アルゴリズムの更新に

より、低品質な被リンクは評価されなくなっています。そのため、たとえネガティブSEOの攻撃を受けたとしても、検索エンジン順位が有意に下がることは考えにくく、原則放置でも問題ありません。

ただし、Googleから手動のペナルティの警告があった場合や、どうしてもネガティブSEO攻撃が気になる場合は、Googleサーチコンソールから否認ツールを使うことができます。

否認ツールは、Googleに特定の被リンクを評価しないように指示できるツールです。しかし、否認ツールは強力なツールなので、誤って価値ある被リンクを否認対象に含めないように注意が必要です。

9-2

"Web専門家"としての
「情報セキュリティ」施策

多くのID／パスワードの利用、個人情報や顧客情報の取扱い、Webサイトの対策……。Webマーケティング担当者は一般社員とくらべものにならないぐらい多大な情報セキュリティのリスクを抱えています。しかも、Webの専門家であるわけですから失敗は許されません。情報セキュリティのポイントを確実におさえたうえでマーケティング業務に取り組みましょう。

情報セキュリティを意識する必要はあるのか

「○○の会社がランサムウェアに襲われたらしい」
「××の企業が個人情報を流出させてしまった」

　大企業を中心に、このようなニュースを頻繁に耳にしますね。しかし、実際には中小企業や個人のレベルのほうが、情報セキュリティ事故は多い傾向にあります。なぜなら、大企業ほど情報セキュリティ意識が高くなく、情報セキュリティに対する費用も十分にかけられない（かけない）ことが多いからです。
　私がそのような説明をしても、中小企業経営者のなかには、

「うちには盗まれて困るデータなんてないから大丈夫だよ」

とおっしゃる方も多いのですが、Webマーケティングに取り組む以上、なんらかの形で顧客情報を扱っているのではないでしょうか？
　さらに悪意がある者は、その会社が保有するデータだけを狙っているのではありません。セキュリティ対策の強固な大企業を攻撃するための踏み台として、中小企業の管理するWebサイトなどが利用されるケースも多いのです。
　幸か不幸か、大企業ほど知名度がないためニュースにはなりにくいですが、いったん情報セキュリティ事故を起こして顧客や関連会社に迷惑をかけた場合、信用失墜や多大な賠償コストにより甚大なダメージを受ける可能性がある

第9章 リスクを回避する「守り」のマーケティング

戦略編

施策編

のは中小企業や個人も同じです。

　ここでは、中小企業や個人ができるだけ費用をおさえながら実施できる、Webマーケティング／Webサイト運営上の情報セキュリティ対策のポイントについて説明します。

情報セキュリティ対策5つのポイント

　情報セキュリティ対策というと、高度な知識が必要で難易度の高いものをイメージするかもしれません。もちろんそういった知識が必要なケースはありますが、頻繁に発生する情報セキュリティ事故のほとんどは、基本的な知識や対策をするだけで防げるものです。

　まずは以下の5つに対応するだけで、かなり情報セキュリティの脅威を防ぐことができます。

・ID／パスワードを適切に管理する
・ソフトウェアのバージョンを常に最新に保つ
・ウイルス対策ソフトを導入し、最新に保つ
・重要なデータは暗号化する
・セキュリティ意識を高め、ヒューマンエラーを防いだり騙されたりしないようにする

　以下、1つずつ見ていきましょう。

●ID／パスワードを適切に管理する

　ID／パスワードを詐取したり乗っ取ったりする攻撃は非常に多くあります。特にWebマーケティング担当者であれば次のように数多くのID／パスワードを利用しているのではないでしょうか。

Googleアカウント／各種SNSアカウント／CMSなどWebサイト管理シ
ステムのアカウント／各種Webサービス（SEOツール）のアカウント……
などなど

　これらを人目の付くところに書き記したりしないなどはもちろん、パスワー
ドについては以下のことに気をつけましょう。

・英数字や記号などを含めた長い文字列とする
・辞書に記載されていない意味のない文字列にする
・管理するパスワードが多い場合、パスワードマネージャーの利用も検討
　する

　また、2段階認証を導入すると、セキュリティの堅牢性が飛躍的に高まりま
す。2段階認証とは通常のID／パスワード認証に加え、所持するスマートフォ
ンに1回限りのパスワード（ワンタイムパスワード）を送付したり、指紋認証
をしたりなど、異なる2つの方式で認証をするものです。
　2段階認証の導入には認証対象のシステムやソフトウェアが対応している必
要がありますが、利用できる場合は積極的に活用しましょう。

●ソフトウェアやプラットフォームのバージョンを常に最新に保つ
　使用しているソフトウェアやシステムで、提供元からセキュリティパッチや
アップデートが公開された場合、すみやかに適用して最新の状態に保つように
しましょう。メジャーなソフトウェアやシステムの場合、旧バージョンの脆弱
性公表後にセキュリティパッチ未適用のものを狙って攻撃（ゼロデイ攻撃）さ
れる危険性があります。

●セキュリティソフトウェアを導入し、最新に保つ
　アンチウイルスソフトウェアを導入し、常に定義ファイルを最新に保つこと
でマルウェアの侵入などを防ぐことができます。ネットワークに対するハッキ
ングについては、ファイアウォールが有効です。

第9章　リスクを回避する「守り」のマーケティング

戦略編

施策編

319

●重要なデータの暗号化、バックアップ

Webマーケティング担当者はお問合せメールなど、顧客に関する情報を取り扱うことが多くあります。

顧客情報など重要情報は、送受信中や保存時には必ず暗号化するなどの対策をしましょう。自社のWebサイトでSSL証明書を使用（https化）することで、Webサイトと顧客のブラウザ間の通信を暗号化・保護できます。WebサイトのSSL証明書使用はサーバ管理者側で対応が必要です。

また、定期的なバックアップを実施し、元データと異なるロケーションに保管することにより、万が一のデータ損失に備えることができます。

●自社内でのセキュリティ意識を高める

Webマーケティング担当者は一般的な従業員以上に、高いセキュリティ意識が求められます。チームでWebマーケティングを実施している場合はメンバーに対してセキュリティ教育を実施し、ヒューマンエラーを防いだり騙されたりしないようにしましょう。特にフィッシング詐欺やマルウェア、各種攻撃の手口や対策をしっかり伝えておくことで、対応能力が大きくアップします。

ID／パスワードの管理と関わりますが、そもそも各担当者に与えるシステムや情報へのアクセス権は必要最小限とします。アクセス権は定期的に見直し、不要になった際にはすみやかに削除しましょう。

WordPressのセキュリティ

WordPressは、世界中のWebサイト構築において主流のCMSプラットフォームであり、非常に多くのサイトで利用されています。各種統計によると、

・世界のWebサイトのうち42.9%がWordPressを使用
・CMS市場におけるWordPress利用シェアは64.2%
・日本国内では、Webサイトの約84%がWordPressを使用

などとされています。この普及率の高さは、同時にセキュリティリスクも高い

ことを意味しています。なぜなら世界でもっとも広く使われているCMSであるため、攻撃者にとって効率的に多くのターゲットにアクセスできるからです。

このようにセキュリティリスクの高いWordPressで、特にどのような点に注意すべきなのか、以下の表で列挙します。

本体、テーマ、プラグインのすべてを最新に保つ	WordPressのサイトでも、セキュリティを保つもっとも基本的な方法は常に最新のバージョンにアップデートすることです。さらにWordPress本体だけでなく、テーマやプラグインも定期的に更新することが重要です。
セキュリティプラグインを利用	セキュリティプラグインは、マルウェアスキャン、ファイアウォール、ログイン試行の制限など、多岐にわたるセキュリティ機能を提供します。
利用しないテーマやプラグインは削除	不要なテーマやプラグインは、セキュリティ上のリスクを増大させる可能性があります。使用していないものは削除することで、攻撃の窓口を減らすことができます。
IDはadmin以外を使用	デフォルトの「admin」というユーザー名は、攻撃者によく狙われます。異なるユーザー名を使用することで、さまざまなID／パスワードを使用してログイン認証の突破をはかる攻撃（パスワード攻撃）のリスクを軽減できます。
レンタルサーバーのセキュリティ機能を利用する	高品質なレンタルサーバーを選ぶこともセキュリティ対策の1つです。たとえば、海外IPアドレスからのアクセス遮断などの対応をかんたんにできる機能をもつサービスもあります。
PHPは最新（推奨）のバージョンを利用する	WordPressはPHPというスクリプト言語で動作しています。セキュリティの脆弱性を避けるため、PHPも常に推奨される最新バージョンを使用することが重要です。

あなたのWebサイト構築でWordPressを利用しているのでしたら、前項の5つのポイントに加え、WordPress独自のセキュリティ対策をぜひ実施してください。

第9章 リスクを回避する「守り」のマーケティング

戦略編

施策編

9-3
企業の信頼を崩壊させる 「炎上」への対策

SNSは企業と個人が双方向に情報発信をしながら信頼関係を深めていけるツールであり、現在のWebマーケティングには欠かせないもの。しかし、双方向に発信するツールなだけに、企業やWeb担当者がコントロールできる範囲は限られています。そのことをしっかり理解しないと発生してしまうのが**SNSの炎上**。諸刃の剣でもあるSNSを適切に使いこなすポイントをおさえましょう。

炎上とはなにか

　SNSにおける「炎上」とは、企業や従業員の不適切な言動や行為に対して、不特定多数のSNSユーザーから批判や誹謗中傷などが殺到してしまう状態のことです。

　炎上自体はSNS（オンライン）で起こりますが、企業や従業員のSNSアカウントによる発信だけが原因とは限りません。企業や従業員がSNSを利用していなくても、オフライン（現実社会）で不適切な行為をした結果、SNS上で批判などが殺到することもよくあります。

　つまり、従来からあった不満やクレームが、SNSの拡散力で従来以上に可視化されたり、より過激になったりしたすることもあります。

　あなたがWebマーケティング担当者として、たとえ適切に企業のSNSアカウント運営を行っていても、一般従業員のアカウントやオフラインでのクレームなどが企業SNSアカウントに飛び火し炎上することもありえます。

　一般従業員全員のSNS使い方指導や行動指針策定などはWebマーケティング担当者の直接的な業務ではないかも知れませんが、有事の場合は業務上密接に関わってくるものであり、当該業務の担当部門との連携は必要でしょう。

　炎上の具体的な原因はさまざまですが、たとえば次の例が挙げられます。

- Webサイトや SNS への不適切なコンテンツの投稿
- 顧客に対する不適切な対応やコメント
- 顧客の個人情報の不適切な取扱い
- ステルスマーケティングなど不適切な企業活動
- その他、法令違反を始め CSR（企業の社会的責任）に反する企業活動全般
- 社員の不適切な行為（例：自動車メーカーの従業員が飲酒運転で逮捕されるなど）

SNS の炎上を防ぐには

SNS の炎上は、企業の信頼性およびブランドイメージに深刻なダメージを与える可能性が非常に高いです。炎上を防ぐためには、いくつか対策があるので紹介します。

以下の内容（特に一般従業員の SNS 利用教育など）は Web マーケティング担当者の責務を超える可能性もありますが、SNS 運用のプロとして責任部門と一定の連携をすることが望まれます。

●ソーシャルメディアガイドラインやポリシーの策定

ソーシャルメディアの使用に関する明確なガイドラインやポリシーを策定しましょう。社内向けポリシーでは、企業公式の SNS アカウントの管理方法と従業員の個人アカウント利用の基準を定めます。

このポリシーに従って、従業員が企業の代表者として適切にふるまい、企業の価値観を体現していくことになります。また、社外向けにも、企業がフォロワーや顧客とどのように関わるかを明示し、企業のコミュニケーションの態度を一貫していくことが大切です。

●従業員教育

従業員に対して、SNS の適切な利用方法だけでなく、社会的配慮、文化的敏感さ、多様性への理解についても教育することが重要です。これにより、従業員がオンライン上での行動が企業のイメージに与える影響を理解し、責任あ

る情報発信ができるようになるはずです。

●コンテンツの事前チェックプロセスの策定

　炎上のリスクを最小限におさえるためには、公開前にコンテンツを複数の目でチェックするプロセスが必要です。この事前チェックにより、誤解を招く表現や不適切なコンテンツを事前に排除し、企業が発信するメッセージを常に適切に保つことができます。

●「炎上対策マニュアル」をあらかじめ準備しておく

　万が一炎上が発生した場合に備えて、「炎上対策マニュアル」を準備しておくことも重要です。このマニュアルには、炎上の初期対応、関連部署とのコミュニケーションプロセス、公式声明の発表方法など、炎上時の対応策を具体的に記載します。

　SNSは、企業と顧客とのコミュニケーションツールとして非常に強力ですが、適切な管理がなければ自らの価値を大きく毀損してしまう「諸刃の剣」です。上記の対策を実施することで、炎上リスクを減らし、しっかりと企業のブランド価値を守っていくことが大切です。

$$9\text{-}4$$

Webマーケッターがおさえたい法規制

本章の最後に、Webマーケティング担当者が特におさえておきたい法規制について説明します。ここで説明する法規制はいずれもWeb上で適切に発信することを求めています。Web担当者として基本かつ必須知識ですので確実におさえておきましょう。

ECサイトを取り扱うなら「特定商取引法(特商法)」に注意

インターネット販売をふくむ通信販売は、一般的な店舗販売などにくらべてトラブルが生じやすいものです。そうした取引(販売)から消費者を保護するために、事業者が守るべきルールを定めた法律が特定商取引法になります。

インターネット販売では「特定商取引による表記」として、消費者がわかるように一定事項を表示することが義務づけられています。

「特定商取引による表記」の項目例

- 事業者名:株式会社Z社
- 運営責任者:山田太郎
- 住所:東京都港区Z町1-2-3
- 電話番号:03-1234-5678
- メールアドレス:info@example.com
- 商品代金以外の必要料金:送料、手数料
- 注文方法:Webサイト上での選択とカートへの追加
- 支払方法:クレジットカード、銀行振込、代金引換
- 商品の引渡し時期:支払確認後、3営業日以内に発送
- 返品・交換について:商品到着後7日以内に限り受付

上記は一例ですが、ECサイト開設に関わる各種サービスなどでは、多くの

第9章 リスクを回避する「守り」のマーケティング

戦略編

施策編

テンプレートを紹介しています。そうした中から、あなたの業種に適切なものを選ぶのがよいでしょう。

なお、特商法の通信販売に関しては、

- 広告に「返品の可否および条件の記載」をしていない場合、契約後8日間は消費者側から契約の解除ができる
- あらかじめ承諾をもらった方以外には、電子メール広告を送ってはいけない

などに特に注意が必要です。

個人情報保護法と個人情報保護方針（プライバシポリシー）

第4章P.109で説明した、個人情報保護方針（プライバシポリシー）は、個人情報保護法にもとづくものです。ここでは、同法について見ていきましょう。

個人情報保護法では、消費者個人の権利を守るために、個人情報を取り扱う事業者の義務などが定められています。個人情報とは、生きている個人に関する情報で、本人を識別できる情報のことです。また、ほかの情報とカンタンに照合することで個人を識別できる情報も含みます。

個人情報の例

氏名、住所、生年月日、電話番号、メールアドレス、顔写真や声（本人を特定できる場合）など

これら個人情報を1件でも取り扱う事業者はすべて個人情報取扱事業者となり、個人情報保護法に従わなくてはなりません。具体的には、次のルールを守ります。

- 個人情報を取得するときは、利用目的の通知または公表が必要
- 利用目的の範囲内で利用する
- 本人から同意を得ずに第三者に提供しない
- 本人から開示・修正・削除の請求があった場合、適切に対応する

　以上のようなことを「企業として徹底する」と明確にすることで、顧客への信頼性を担保できます。そのために、自社の個人情報保護方針（プライバシーポリシー）を策定し、Webサイトに掲示するのです。

　Webサイトに掲載するプライバシーポリシーの項目例を以下に挙げます。

プライバシポリシー（項目例）
1. 個人情報の定義
2. 個人情報の収集方法
3. 収集および利用の目的
4. 利用目的の変更
5. 第三者への提供
6. クッキーの使用
7. 情報の管理
8. プライバシーポリシーの変更
9. お問合せ窓口

　なお、インターネットで検索するとさまざまな雛形（サンプル）を見つけることができますが、安易にそのまま利用することはおすすめできません。法律事務所のWebサイトなどで作り方を説明している場合がありますので、それらを参考にして自社の実情にあったものを作成しましょう。

第9章 リスクを回避する「守り」のマーケティング

戦略編

施策編

おわりに

　本書を読み終えた今、あなたは次のような感想をお持ちのこと
でしょう。

「Webマーケティングって、一般の（リアルな）マーケティング
とあまり変わらないんだな」
「Webマーケティングって特殊なことをやるわけではなくて、あ
たりまえのことを地道にやることが大事なんだな」
「Webマーケティングも結局、お客様の気持ちを第一に考えてい
けばいいんだな」

　あなたの感じているとおり、Webマーケティングもリアルの
マーケティングも考え方は同じです。「顧客との信頼関係を構築
し、期待してもらう」という原理原則を押さえた上で施策を進め
ていけば、方向性を見間違うことはありません。
　実際、本書の第1章〜第3章の戦略編はWebマーケティングに
取り組む人だけでなくマーケティングに関わるすべての方に読ん
でほしい部分です。特に、

「あなた独自の強み（USP)を抽出し、物語化する」

「顧客について徹底的にリサーチし、さらにUSPとすり合わせる」

などは、リアルとWebの双方のマーケティングの要諦になります。

　そして、Webマーケティング独自の部分であるSEOやリスティング広告も基本は同じ。

「リアルな（人間の）顧客以外に、Googleなどの検索エンジンも"顧客"と考え信頼を得ることで、SEOやリスティング広告など、施策の正しい方向性が明らかになる」

　私が実施してきたコンサルティングやセミナーでも、常にこのように説明しています。そうした説明に対し「目から鱗が落ちた」「頭の中でモヤモヤしていたものが解決した」など多くのありがたい感想をいただきますが、これは決して私個人の力で作りあげたものではありません。これまでコンサルティングやセミナーの中で多くの質問や疑問などを投げかけてくれたクライアントや受講者のみなさま、彼らとのキャッチボールの中で作りあげたものです。

　私が多くの方にWebマーケティングの戦略を伝えていくなかで、私自身も逆にいろいろなことを教わりました。そのたびに徹底的に考え、どうすれば「失敗の確率を下げて、施策を成功に導けるのか」を自問自答し続けてきました。こうして完成したものが本書の構成のベースです。本書の目次構成にしたがって戦略策定と施策を進めていけば、そのまま成果をあげる「Webマーケティングの最強の勝ちパターン」となる……そう言い切れるぐらいに改良に改良を重ねてきた、と自負しています。

こうした経緯で体系化し、徹底的に噛み砕いた「Webマーケティングの集合知」を、私が直接コンサルティングやセミナーをできないほかの多くの方にも届けたいと考え、本書の執筆にいたったのです。

　執筆にあたって、技術評論社の佐久未佳さんに多くの示唆に富むアドバイスと献身的なご支援をいただきました。こうして形にできたのは、佐久さんのお力の賜物です。本当にありがとうございました。

　そしてもちろん、これまで私のコンサルティングやセミナーを受けてくださったすべてのみなさま。本書はみなさまとの共著です。ぜひまた、美味しいお酒と肴をいただきながら、楽しくマーケティング談義をさせていただきたいと思っています。

　最後に本書を手に取ってくださった読者の方。あなたにもぜひ、本書を読んでいただいて、その感想をフィードバックしていただければ、心から嬉しく思います。

2024年11月　西俊明

索引 Index

記号・数字

#（ハッシュタグ）	210
3C	037
5フォース	034

A・B

ahrefs	124
AIDMA	065
AISAS	065, 308
alt属性	266
ASP	312
Buyクエリ	142

C・D

canonicalタグ	248
CLS	252
CPA	301
CPC	279, 286, 300
CTA	128
CTR	258, 288, 300
CV	127
CVR	119, 127, 279, 300
Doクエリ	142

E・F

E-E-A-T	018, 242
Facebook	195
Facebook広告	310
FID	252

G

GA4	125
Googleアナリティクス	125

Google系

Googleキーワードプランナー	147, 150
Google検索コアアップデート	174, 314
Google検索セントラル	244
Google検索品質評価ガイドライン	243
Googleサーチコンソール	175, 261
Googleサジェスト	146
Googleタグ	130
Googleトレンド	166
Googleビジネスプロフィール	224, 228
Goクエリ	143
GSC	175, 261

H・I

HTMLサイトマップ	112
Instagram	194, 204
Instagram広告	310

K

Keyword Tool	150
KGI	023, 024
Knowクエリ	143
KPI	023, 024

L・M・N

LCP	252
LINE公式アカウント	196, 219
LinkedIn	192
LTV	087
MEO	225
MFI	251
note	197

P

PDCA	086, 198

索 引

PEST 分析 034
PR 278
PSI 252
PV 126

S・T・U

Semrush 124
SEO 100, 217, 239, 314
STP 041
TikTiok 196
Twitter 193, 201
URL の正規化 246
USP 046
UU 127

W・X・Y

Web 広告 275
WordPress のセキュリティ 320
X 193, 201
XML サイトマップ 112, 264
YMYL 155, 244
YouTube 194, 213

あ行

アーンドメディア 189
アトリビューション分析 136
アフィリエイト広告 311
アメーバブログ 197
アルゴリズム 174, 190, 314
アンカーテキスト 250
一貫性の法則 171
一般顧客 068
イベント 126
インサイト 016
インタレストグラフ 192
インデックス 246
インデック数の分析 264
インフルエンサーマーケティング 211

インプレッション 285, 298, 300
ウェブサイト作成機能（Google ビジネスプロ
フィール）.. 228
エンゲージメント 127
炎上 202, 322
エンティティ 253
オウンドメディア 188
オーナー登録 229
お客様の声 108
オファー 082
オフページ SEO 240, 267
オンページ SEO 240, 254

か行

会社概要 106
外部環境 033
外部施策 239, 267
外部リンクの数の分析 263
カスタマージャーニーマップ 071
カリギュラ効果 171
関連キーワード 150
キーワード（リスティング広告）........... 291
企業の購買プロセス 070
記事群 161
記事広告 311
希少性の法則 171
逆 SEO 315
キャッチコピー 077, 110
キャンペーン 209, 221
キャンペーン（リスティング広告）......... 290
共起語 149
クチコミ機能（Google ビジネスプロフィール）... 227
クラスターページ 163
クリック単価 300
クリック率 258, 300
クロール／クローリング 246
クロールバジェット 253
経営戦略 022
経営ビジョン 022
経営理念 021

Index

検索意図 139, 280
検索キーワード 141
検索クエリ 141
検索パフォーマンス（GSC） 176
コアアップデート 174, 314
コアウェブバイタル 251
広告グループ（リスティング広告）.......... 291
広告代理店 299
広告のコンバージョン分析 304
広告の集客分析 303
顧客獲得単価 301
顧客の関係別階層 067
個人情報保護法 326
個人情報保護方針 109, 327
コンテンツ 077
コントラスト効果 171
コンバージョン 118, 127, 300
コンバージョンタグ 301
コンバージョン率 127, 300

さ行

ザイオンス効果 080, 171
ザイガニック効果 171
参照元（指標） 128
自社を選ばなければならない理由 078
シズル 169
自動ペナルティ 315
手動ペナルティ 315
上限クリック単価 304
ショッピング機能（Instagram） 209
新規ユーザー（指標） 127
深層心理 016
心理法則 170
ステップメール 233
ストーリーズ（Instagram） 205, 207
スモールワード 156
セグメンテーション 041
セッション 023, 126
宣教師 068
潜在顧客 067

相対性の法則 171
ソーシャルグラフ 192
ソーシャルメディアのアルゴリズム 190
測定ID 130

た行

ターゲットマーケティング 040
ターゲティング 041
滞在時間（指標） 258
タイトルタグ 255
地図エンジン最適化 225
直帰率 118, 128, 258
強い見込み顧客 067
ディスプレイネットワーク広告 306
定量目標 023
ディレクトリマップ 112
テクニカルSEO 240, 246
デモンストレーション効果 171
投稿機能（Googleビジネスプロフィール）... 226
特定商取引法 325
トピッククラスター戦略 162
ドメインパワー 154
トリプルメディア 188

な行

内部施策 239
内部リンクの数の分析 263
ネガティブSEO 315

は行

ハイライト（Instagram） 207
ハイレベルサイトマップ 112
バズ 189
発見タブ（Instagram） 207
ハッシュタグ 210
はてなブックマーク 165
バナー広告 310
ハロー効果 171

333

索引

パンくずリスト 250
バンドワゴン効果 171
ビジネス用プロフィール（Instagram）..... 208
ビックワード 156
否認ツール 316
ピラーページ 163
被リンク 267
被リンク営業 269
品質スコア 287, 301
ファン 068
フィード投稿（Instagram）...................... 206
プライバシーポリシー 109, 327
プライベートグラフ 193
ブランド 186
プレスリリース 278
フレッシュネス 176, 259
プロフィール画面（Instagram）................ 211
平均エンゲージメント時間 127
平均クリック単価 304
平均掲載順位 304
平均セッション時間 128
ペイドメディア 188
ページごとの分析 133
ページスピードインサイド 252
ページビュー 126
ペナルティ 314
ベネフィット 103
ペルソナ 042
返信機能（Googleビジネスプロフィール）... 227
返報性の法則 080, 171
ポジショニング 041
ポスト（X）... 202

ま行

マーケティング 027
マーケティングファネル 065, 156
マイクロコピー 128
マイクロモーメント 144
マインドシェア 087
マクロ外部環境 033

マップ（Instagram）................................ 207
ミクロ外部環境 033
見出しタグ 256
ミドルワード 156
メール広告 311
メタディスクリプションタグ 256
メルマガ 230
モバイルファーストインデックス 251

や行

ユーザー数（指標）................................. 127
ユーザー属性分析 134
ユニークユーザー 127
よくある質問 108
読まれる記事 138
弱い見込み顧客 067

ら行

ラッコキーワード 145
ランディングページ 280
リール（Instagram）............................... 206
リサーチ 032
リスティング広告 275
リピーター 068
リピートユーザー（指標）........................ 127
リポスト（X）.. 203
リマーケティング広告 307
流入元の分析 133
流入元別の貢献分析 136
リンクスパム 268
レコメンドシステム 196
レポート作成 134
ローカルクエリ 143
ローカルパック 144
ロングテールSEO 157

西 俊明（にし・としあき）

合同会社ライトサポートアンドコミュニケーション 代表社員／CEO。経済産業大臣登録中小企業診断士。Webマーケティングやソーシャルメディア活用を中心に、独立後16年で270社以上のコンサルティングを実施。250回以上のセミナー・研修の登壇実績をもつ。SNS総フォロワー数4万7千人超。2020年からは完全趣味で始めた資格学習サイト＋SNS運営で年間売上1,000万円以上を4年連続継続中。戦略策定からマーケティング施策まで一気通貫で設計・構築できるデジタルマーケティングに特化した中小企業診断士。

著書に『ITパスポート最速合格術』(技術評論社)、『絶対合格応用情報技術者』(マイナビ)、『やさしい基本情報技術者問題集』(SBクリエイティブ)、『問題解決に役立つ生産管理』(誠文堂新光社) などがある。

保有資格

・中小企業診断士
・宅地建物取引士（宅建）
・FP技能士2級
・基本情報技術者
・情報セキュリティマネジメント
・初級システムアドミニストレータ
・ITパスポート
（第1回試験1,000満点合格、約4万人中2名のみ）

著者Webサイト＆SNS

・Webサイト　　https://light-support.net/
・YouTube　　　https://www.youtube.com/@nishi0809

・X（旧Twitter）　https://x.com/toshizo2023ip

●お問い合わせについて

本書に関するご質問は、FAXか書面でお願いいたします。電話での直接のお問い合わせにはお答えできません。あらかじめご了承ください。下記のWebサイトでも質問用フォームをご用意しておりますので、ご利用ください。

●問い合わせ先

〒162-0846　東京都新宿区市谷左内町21-13
株式会社技術評論社　書籍編集部
「Webマーケティング最強の1冊目」係

FAX：03-3513-6183
Web：https://gihyo.jp/book/2024/978-4-297-14567-5

装丁デザイン	井上新八
本文デザイン・DTP	リンクアップ
編集	佐久未佳

Webマーケティング最強の1冊目
～予算／知名度／センスに頼らず成果を得る方法

2024年12月12日　初版 第1刷発行

著者　　西 俊明
発行人　片岡 巌
発行所　株式会社技術評論社
　　　　東京都新宿区市谷左内町21-13
　　　　電話　03-3513-6150（販売促進部）
　　　　　　　03-3513-6166（書籍編集部）
印刷・製本　日経印刷株式会社

定価はカバーに表示してあります。
本書の一部または全部を著作権の定める範囲を超え、無断で複写、複製、転載、テープ化、ファイルに落とすことを禁じます。

Ⓒ2024　合同会社ライトサポートアンドコミュニケーション

造本には細心の注意を払っておりますが、万一、乱丁（ページの乱れ）や落丁（ページの抜け）がございましたら、小社販売促進部までお送りください。送料小社負担にてお取り替えいたします。

ISBN978-4-297-14567-5 C0034
Printed in Japan